CW00550165

1 MONTH OF
FREE
READING

at

www.ForgottenBooks.com

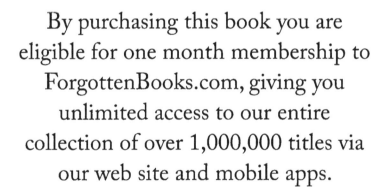

By purchasing this book you are eligible for one month membership to ForgottenBooks.com, giving you unlimited access to our entire collection of over 1,000,000 titles via our web site and mobile apps.

To claim your free month visit:

www.forgottenbooks.com/free998865

* Offer is valid for 45 days from date of purchase. Terms and conditions apply.

ISBN 978-0-260-99119-5
PIBN 10998865

This book is a reproduction of an important historical work. Forgotten Books uses
state-of-the-art technology to digitally reconstruct the work, preserving the original format
whilst repairing imperfections present in the aged copy. In rare cases, an imperfection in
the original, such as a blemish or missing page, may be replicated in our edition. We do,
however, repair the vast majority of imperfections successfully; any imperfections that
remain are intentionally left to preserve the state of such historical works.

Forgotten Books is a registered trademark of FB &c Ltd.
Copyright © 2018 FB &c Ltd.
FB &c Ltd, Dalton House, 60 Windsor Avenue, London, SW19 2RR.
Company number 08720141. Registered in England and Wales.

For support please visit www.forgottenbooks.com

Beschreibung

der

heiligen Orte

zu

Arenberg.

UNIVERSITY

Von

Johann Baptist Kraus,

Pfarrer zu Arenberg.

Dreizehnte Auflage.

Der Erlös ist zur Unterhaltung der Anlagen bestimmt.

x

Coblenz 1885,

Buch- und Notendruckerei von Philipp Werle.

DD901
A7K6

73347

Dem werthen Leser
mein Ave!

Vorbemerkung.
—=—

Dieses Buch enthält die Beschreibung hiesiger Gott geheiligter Orte in ihren Bauten und An=lagen, welche ihr Dasein, außer Gott, zahllosen Opferwilligen in deren Liebesgaben verdanken.

Der Zweck dieser Beschreibung ist, nicht nur be=treffende Leser mit jenen heiligen Orten genauer bekannt zu machen und zum Besuche derselben einzuladen, sondern auch die heilsamen Eindrücke, welche bei dem Besuche empfunden wurden, durch wiederholtes Lesen zu erneuern und zur segens=reichen Benutzung zu beleben, zugleich aber auch aufzumuntern, mehr und mehr in den christlichen Gemeinden, wo solche heilige Orte, besonders die Leidensstationen des Herrn und seiner geliebten Mutter noch nicht vorhanden sind, als Orte großen Segens für alle, welche sie zu benutzen wissen, zu errichten.

Dieses Buch soll ferner als sicherster Führer dienen in nachstehend verzeichneter Reihenfolge mit

Angabe der Seite dieser Beschreibung, wo be=
zügliche Erklärung zu lesen ist. An den Haupt=
bauten der Anlagen sind betreffende Namen ver=
zeichnet, bei Scheidewegen ist auf einer Tafel
Aufschluß gegeben.

V

Seite.

Den Fremden aber, welche einen Begleiter
wünschen, stehen Führer, kennbar durch grüne
Mütze mit rothem Kreuze, zu diesem Dienste be=
reit. Jeder derselben hat eine gedruckte Instruc=
tion des Kirchenvorstandes und Verordnung der
Polizei=Behörde gesetzlich bei sich, welche er, auf

Verlangen, denjenigen vorzuzeigen hat, welche seinen Dienst in Anspruch nehmen wollen. Für einmaliges Führen an alle betreffenden Orte, im Zeitraume von 1½ Stunde, ist eine Mark als Lohn zu zahlen, gleichviel ob eine Person oder mehrere zugleich geführt wurden: es ist derselbe Betrag, welcher für dies Buch: „Beschreibung der hl. Orte zu Arenberg" gezahlt wird. In der Kirche darf nie, an den übrigen hl. Stätten aber nicht während des vor= und nachmittägigen Hauptgottesdienstes an den Sonn= und Feiertagen geführt werden. Die schöne Kapelle vom allerh. Sakramente hinter dem Hochaltar, wird gegen eine besondere Liebesgabe zum Besten der Kirche gerne geöffnet; man gedenke zugleich, daß die Instandhaltung der hl. Orte in ihren Bauten und Anlagen des Opfers sehr bedarf, da kein Fonds dazu vorhanden ist.

Arenberg, am Feste der hh. Schutzengel 1885.

Der Verfasser.

Einleitung.

—

Einiges über Errichtung und Nutzen der heiligen Kreuzwege.

1. Im schönen Rheinlande, auf einer Anhöhe in der Nähe der Feste Ehrenbreitstein, liegt Arenberg, ein Dörf= lein, das bisher sogar seinem Namen nach, wenig gekannt war, und gewöhnlich nach dem Schilde*) eines Gasthauses genannt zu werden pflegte, welches als Wohnung des Försters, meistens nur Jäger besuchten, wenn sie in die nahe gelegenen Wälder zur Jagd gingen, oder von da zurückkehrten. Arm und selbst in seinen Straßen ver= nachläßigt, hatte es nichts Vorzügliches, als eine herr= liche Lage mit weiter Aussicht auf den Rhein und dessen Umgebung, sowie nach der Eifel, dem Hunsrücken und Westerwalde. Doch solch' schöne Aussicht haben auch benachbarte Ortschaften; jetzt aber ist es zu einem freund= lichen Dorfe erwachsen, und vom Frühjahre bis zum Spätherbste werden die Wege, welche von allen Seiten dorthinführen nicht leer von Pilgern; denn es ist ein Lieb= lingsort der Bewohner der ganzen Umgegend, ja selbst der Ferne geworden. Und was war die Ursache, daß dieses ursprünglich so arme, verlassene Dörflein aus seiner Unbekanntheit herausgezogen, Gegenstand freundlicher Begrüßung von nah und fern, ein Magnet zahlloser Besucher wurde? Es ist der nun allgemein bekannte heilige Kreuzweg daselbst, errichtet in jener Zeit, in welcher .

—

*) Zum Rothen Hahn.

solche in dieser Gegend selten, und nur in vernachläs=
sigtem Zustande sich befanden. Seitdem ertönen dort fort
und fort fromme Gebete und Gesänge der Pilger und
der Bewohner des Ortes bei Haltung des heil. Kreuz=
weges und immer mehr blühte hierdurch in der Pfarr=
gemeinde das religiöse Leben auf, sowie auch Wohlstand
im Zeitlichen, indem die Zehrpfennige der Pilger, weil
Opfer für Gott, den Segen mitbrachten. Statt nach be=
rührtem Hause, wie früher, jenes Dorf zu benennen,
bezeichnet man es jetzt meistens mit dem Namen Oelberg,
und bekundet hierin den Zweck, warum man jenen Ort
besuchet: der Oelberg aber mit seiner Grotte des blut=
schwitzenden Heilandes ward zuerst gegründet, von ihm
aus schreitet man zu den anderen heiligen Leidensorten
Jesu und Mariä. Diese thätige Liebe zu diesen heiligen
Orten ward bald mehr und mehr Antrieb zur Nachahmung
in Errichtung dergleichen Kreuzwege auch in anderen
Ortschaften; man fühlte ein Bedürfniß, solche zu besitzen
und suchte dies möglichst zu befriedigen; möge es allge=
mein so gefühlt werden, daß man alle Kräfte aufböte,
demselben nachzukommen, und zwar überall, wo thunlich,
in dem Tempel der Natur, worin ja auch der Herr seinen
blutigen Kreuzweg ging, sein blutiges Opfer darbrachte
und sein Grab erhielt.

2. Der gütige Gott hat die ganze Welt für die
Seele des Menschen, dies sein Bild und Gleichniß, und
so für sich selbst, zu seiner Verherrlichung geschaffen: er
schuf vorerst die Welt, bildete dann als Werkmeister des
Menschen Leib und hauchte ihm die Seele ein, damit
der Mensch erkenne, daß er ihm mit Leib und Seele
angehöre, daher auch nur für ihn leben, Alles zu seiner
Verherrlichung thun und benutzen soll. Welches aber ist

das bewunderungswürdigste Werk seiner Liebe, ergrei=
fender als selbst die Schöpfung der Welt? Wohl nichts
anderes, als das blutige Erlösungswerk; wo aber ver=
möchte man dies besser zu betrachten, als in jenem
Tempel, worin es der Herr vollbrachte, den er selbst im
Anfange der Zeiten baute! Es ward die ganze Natur
bei Christi tödtlichem Leiden ergriffen: erschütternd wird
es so auch auf unser Herz einwirken und die Natur un=
sere Gefühle unterstützen und beleben. Wie die Erde
beim Tode Christi bebte und Felsen zersprangen, so wird
sie mahnen, uns von ihr nicht beschämen, sondern die
Liebe Jesu im Leiden und Tode in unsern Herzen er=
greifenden Anklang und theilnehmenden Nachklang finden
zu lassen; ja ihre Felsen, Berge und Hügel werden in
sanftem Echo gleichsam unsere Gebete und Gesänge auch
zu den ihrigen machen und den Herrn in seiner leidenden
Liebe verherrlichen helfen und so unsere Andacht beleben.
Wie einst die Sonne und die übrigen Sterne beim Lei=
den und Sterben Jesu am Kreuze sich in Dunkel, wie
in einen Trauerflor hüllten, so werden nun die Sterne
am Abende bei unserm Besuche des Kreuzweges gleich
Lampen in den Händen der Engel erscheinen, uns zu
leuchten und zu ermuntern, auf diesem Wege der Liebe
Gottes in heiliger Liebe zu wandeln, zu betrachten, zu
bewundern, in Dankbarkeit die Leiden Jesu in ihren Ver=
diensten zu benützen; beim Sonnenschein aber werden alle
ihr Licht mit dem der Sonne vereinigen, und hierin um
so herrlicher im Bilde des Lichtes der Welt, welches Jesus
selbst ist, auf diesem seinem Wege der Liebe strahlen, der
da führt zum ewigen Lichte des Himmels. Für alle
Menschen auch hat Christus gelitten, für alle ist er ge=
storben; aller Nationen gemeinschaftlicher Tempel ist die

Natur; darin das blutige Erlösungswerk öffentlich, feier=
lich zu verehren in Betrachtung und Erwägung desselben,
erscheint so auch am geeignetsten, und dies zugleich als
Aufforderung zur allgemeinen dankbaren Theilnahme.
Auch ist dort der Zugang für Jeden zu jeder Stunde bei
Tag und Nacht geöffnet, und es ist diese Anlage im Freien
eine immerwährende Aufforderung zur Betrachtung der
Leiden des Herrn, die dort bildlich vor Augen gestellt
werden. Dabei kann der eigentliche Leidensweg Jesu
Christi auf diese Weise am ähnlichsten in seiner Lage,
Länge und Beschwerlichkeit nachgebildet werden: man sieht
lebendiger und fühlender Jesu Schritte, Fälle und die
Entfernung der einzelnen Leidensstationen von einander;
man wandelt gleichsam mit dem Leidenden, ersteigt mit
ihm den Calvarienberg, wo er seine Leiden vollendete;
man erkennt hierin zugleich den Himmelsweg als steilen,
mühsamen, leidenreichen, wandelt ihn mit Jesus, und so
hoffnungsvoll und getröstet.

In der Natur auch vermag man zur durchgängigen
Verzierung und Belebung des Kreuzweges die Naturreiche
am geeignetsten zu benützen: das Mineral= und Pflan=
zenreich durch schöne Gruppirungen mit Steinblöcken,
Bäumen, Sträuchen und anderen Pflanzen verschiedener
Art; man ordne aber alles einfach, nicht überhäuft,
sondern naturgemäß: das Thierreich wird dann beson=
ders in Vögeln reichlich vertreten erscheinen, zumal wenn
deren Nester Schutz erhalten: denn gar gerne wählen
die angenehmsten Singvögel solche Orte zu ihrem Aufent=
halte. So denn auch vermag man die Natur auszusöh=
nen in ihrem Pflanzenreich, deren Baumzweige man bei
Ausführung Jesu zur Kreuzigung mit Füßen zertrat,
die sie zum feierlichen Einzuge desselben in den Tempel

hingegeben hatte! auszuſöhnen die Erde in ihrem Mine=
ralreiche, da Felſen deſſelben beim grauſamen Morde
des Schöpfers zerſprangen, ſie ſelbſt erbebte.

Man ſuche ferner die Kreuzwege möglichſt durch
Baumalleen zu decken, damit die Pilger bei Sonnen=
ſchein Schutz während Haltung des Kreuzweges finden
und ungeſtörter ſich mit den Leiden Chriſti betrachtend
zu beſchäftigen vermögen, indem anders die Andacht,
durch zu drückende Sonnenſtrahlen geſchwächt werden
oder der Beſuch bei großer Hitze gänzlich unterbleiben
könnte. Man lege ihn würdevoll an als Weg der Liebe
Gottes und der Erlöſung der Menſchen, als königlichen
Weg des Gottesſohnes, worauf er den Triumph ſeiner
Liebe im Leiden bis zum Tode feierte. Auch möge man
dabei mehr, was die Natur, als das, was die Kunſt bie=
tet, benutzen, weil in den Naturgegenſtänden ſolche Kunſt
des Schöpfers ſich entfaltet, welche ſterbliche Hände nach=
zubilden unvermögend ſind. Die Darſtellung der Lei=
densſcenen ſollen ebenfalls natürlich in Geſichtsbildung,
Körperhaltung, Bewegung und Gruppirung ſein, und
nicht nur von denkendem Geiſte, geſchickter Hand, ſon=
dern auch und beſonders von fühlendem Herzen gefertigt
ſein, dann werden ſie auch bei Betrachtung die Gefühle
hervorrufen, die da ſtattfinden ſollen. Was die Bildniſſe
betrifft, ſo ſei man nicht unbedingt gegen gute Copien,
gemacht aus Thon oder anderen Maſſen nach Vorbildern
guter Meiſter; der Kreuzweg ſoll keine Gallerie menſch=
licher Kunſtwerke ſein, woran man die Kunſt bewundere,
ſondern ein Gegenſtand der Betrachtung für's Herz und
Leben; auch mögen dieſelben Bildniſſe weit verbreitet
ſein, das iſt gleichviel, überall ſollen ſie ja nicht der Kunſt
huldigen, ſondern blos religiöſen Sinn erwecken und pfle=

gen; wer Kunst-Gemälde oder Statuen schauen will, findet selbe bei Kunst-Ausstellungen; zum Ankaufe der Kunstwerke fehlen ja auch meistens die Mittel, und die Reparatur solcher Gegenstände bei Beschädigung würde schwie-
riger. Entsprechend den Ereignissen aber, die sie darstellen sollen, müssen sie möglichst naturgetreu ausgeführt
sein, und die Figuren gleichsam sprechend in ihrer Bedeutung erscheinen; ja als Buch sollen sie dienen, worin wir
die schmerzvollen Begebenheiten des Herrn zu lesen vermögen: um gut lesen zu können, müssen gut die Ausdrücke
sein; keine Mißgestalt, noch solche Darstellung, welche das
Schamgefühl verletzen oder den Ernst der Betrachtung,
die Frömmigkeit und Andacht des Herzens stören könnte,
darf eine Stelle finden. Die Bildnisse, diese Denkmäler
der Liebe Jesu im Leiden, sollen die Leiden Jesu bezeichnen und den betrachtenden Geist auf Jesum lenken, an
Jesum fesseln.

3. Wie im Himmel Gott selbst das Buch ist, worin
die Seligen in höchster Wonne stets lesen, so ist es im
Reiche Gottes auf Erden das Leben und insbesondere
das Leiden Jesu, worin die Gläubigen zur Vervollkommnung ihres Geistes und Herzens lesen: ein offenes Buch
nennt daher der heil. Laurentius Justianus den gekreuzigten Heiland, woraus man alle Tugenden durch Lesung
und Beherzigung erlernen könne; ja er ist ein Buch, inwendig und von außen beschrieben: inwendig sind es die
Seelenleiden, die man liest, äußerlich die körperlichen
Leiden. Wie man im Buche der Natur die Allmacht,
Weisheit und Liebe des Schöpfers liest, so in jenem
Buche des Leidens Jesu die Liebe und Erbarmung des
göttlichen Erlösers; wie man am Firmamente in den
feurigen Buchstaben der Sterne Gottes Größe liest, so

in den Wunden Jesu die Größe seiner Liebe; herrlicher und beglückender strahlt daraus das Blut der Liebe, wie aus den Sternen Licht und Wärme. Ja dieses Buch der Leiden am Leibe Jesu, mit dessen heiligem Blute geschrieben, ist werthvoller, als selbst das geschriebene göttliche Wort, denn es ist geschrieben mit dem Blute der Erlösung und dem Feuer der Liebe; jede Wunde ist ein Mund, der da lehrt, jeder Blutstropfen hat seine Stimme, die Liebe und Gnade ruft. Geheimnißvoll bewegen sich die erblaßten Lippen, spricht der geschlossene Mund, sehen die im Marterblute gerötheten Augen und hören die mit diesem Blute befeuchteten Ohren; die angehefteten Hände und Füße bewegen sich geheimnißvoll, ja alle Glieder des Leibes, alle Gefühle der Seele bewegen sich im großen Geheimnisse der Liebe Gottes, und sein durchbohrtes Herz erweitert sich in Liebe bis zu uns; alles verkündet eine Liebe, die alle Begriffe übersteigt, und der Ruf dieser Liebe bringt zum Himmel und zugleich in unser Herz.

Da wir aber den Gekreuzigten in seinen Leiden nicht persönlich vor uns haben, so gibt seine geliebte Braut, die heilige Kirche, uns Bildnisse davon zur Betrachtung, welche die einzelnen Scenen der Leiden ihres Bräutigams uns versinnlicht darstellen. Das Hauptbild von allen ist das Crucifix, sowie das Kreuz der Fingerzeig bei allen Leidensstationen des Herrn ist. Das Crucifix war das Buch, woraus die größten Heiligen ihre Weisheit des Geistes und der Tugend des Herzens schöpften, so unter anderen die Heiligen Bonaventura, Thomas von Aquin, Edmundus: es ist das Buch, worin, wie der heilige Bernhard lehrt, die Fülle der Wissenschaft zu finden sei, sowie es auch der h. Ambrosius als Buch vollkommener Weisheit

bezeichnet. Es war schließlich das einzige Buch der Weis=
heit und Tugend des heil. Philipp Nerius; alle anderen
Bücher, die er besaß, veräußerte er zur Unterstützung
der Armen. Der heil. Benetius nannte es sein Buch,
sein liebstes Buch: es war sein Buch im Leben und
noch beim Sterben. „Mit diesem Buche schließe ich mein
Leben!" sprach er und so geschah es. Den Kranken, die
in keinem andern Buche mehr lesen können, reicht der
Priester dieses Buch zur tröstlichen hoffnungsreichen Be=
trachtung und Lesung. Aus diesem Buche predigten die
heiligen Apostel*); ja der heil. Joseph von Leonissa glaubte,
das Crucifix predige eindringlicher als er selbst, hielt
daher ein solches bei seinen Predigten stets in seiner Hand,
es den Versammelten vorhaltend, so wie es ja auch der
heil. Augustin die Kanzel nennt, von welcher der Herr
alle Tugenden lehre: es spricht verständlich, mögen wir
dessen Mahnung auch hierbei beachten**): „Nehmet diese
Reden wohl zu Herzen!" Denn auch Richterstuhl nennt
jener Heilige das Crucifix, worauf der göttliche Richter
sein Urtheil über die Ungläubigen und der Menschen
Bosheit ausspreche. Also wie man Kindern beim Lernen
durch Bilder behilflich ist, so die heil. Kirche ihren Kindern
durch diese Bildnisse zur Erlernung der heilsamsten und
beglückendsten Wahrheiten: für Unwissende, Ungelehrte
sind sie selbst die faßlichsten Schriften.

4. Auch in den Kirchen mögen zugleich betreffende
Stationsbilder angebracht werden zur Haltung des Kreuz=
weges in Zeiten, wo die Witterung, selben im Freien
zu halten, unzulässig macht, ebenso für Schwächliche,
Kränkliche, die den mühsameren Kreuzweg im Freien zu

---

*) 1. Corinth. 1, 23. **) Luc. 9, 44.

besuchen nicht vermögen. Auch würden diese die Gläu=
bigen bei Anhörung der heiligen Messe stets erinnern,
daß der Herr dieses allerheiligste Opfer und Opfermahl
zum Andenken an sein leidenreiches Leben und seinen
Tod eingesetzt hat und so dazu beitragen, daß dieser Zweck
des Herrn vollkommener erreicht werde; zugleich würden
sie das Gotteshaus auf's anschaulichste als jenen Ort be=
zeichnen, wo durch das heilige Meßopfer das blutige
Opfer Jesu unblutig erneuert wird, und an Den als
gegenwärtig im Tabernakel erinnern, der mit seinem
Blute der Liebe den Kreuzweg geheiligt, ihn als Erlö=
ser der Menschen gehalten und so eingeführt hat. Da
aber zur Haltung des Kreuzweges die Leidensscenen Jesu
der Wahl des Betrachtenden überlassen bleiben, so dürfte
es wohl zweckmäßig sein, sofern schon außerhalb der Kirche
die allgemeine übliche Ordnung der Leidensstationen, wie
sie von dem ehrwürdigen Pater Capuziner Martin von
Cochem bezeichnet und von der heil. Kirche in Verbindung
bezüglicher Abläße anerkannt wurde, statt hat, im Got=
teshause selbst die Leidensstationen Jesu mit dem bluti=
gen Leiden Jesu am Oelberge zu beginnen; denn hier
begann sein blutiger Leidensweg, und die von ihm von
da bis zur Verurtheilung zum Kreuztode ertragenen
Leiden waren wohl die schmerzlichsten für ihn.*)

Die Darstellungen der weinenden Frauen und der
Ueberreichung des Schweißtuches durch Veronika dürften,
weil sie mehr Theilnahme und Hilfe, als die Leiden
Jesu selbst bezeichnen, wegfallen; erstere könnte, jedoch
auch mit der Begegnung Jesu und Mariä, letztere mit

*) Wer jedoch die Abläße gewinnen möchte, kann ja die hierzu
bezeichneten Betrachtungen wählen, denn nicht mit der bildlichen Dar=
stellung, sondern mit den damit verbundenen hölzernen Kreuzen wur=
den bei Segnung die Abläße verbunden.

dem Falle des Herrn unter dem Kreuze, zugleich mit der Nachtragung desselben durch Simon, zur Unterstützung theilnehmender Gefühle der Betrachtenden verbunden werden; auch die Kreuzabnahme und Grablegung der Leiche Jesu waren an sich keine Leiden des Herrn, wir sollen aber bei Betrachtung derselben unsern Schmerz= gefühlen vollen Raum geben und mit Maria, der schmerz= haften Mutter die Schmerzen der Liebe zu Jesus lebhaft theilen. Bedenken wir, was der heil. Pastor nach einer Verzückung, während welcher er sehr geweint, zum Abte Isaak, von ihm darüber befragt, sagte: „Ich war im Geiste mit der Mutter des Herrn am Fuße des Kreuzes: könnte ich allzeit so weinen!" Wohl thut man, die er= greifendsten größten Leiden Jesu insbesondere zu be= trachten und nicht so sehr auf Gewinnung der Abläße bei Haltung des Kreuzweges zu sehen, sondern vielmehr auf Veredlung der Gefühle heiliger Liebe, denn der Grad der Liebe bestimmt den Antheil an den Abläßen: die Kreuzweganbacht auch ist nicht eingeführt der Abläße wegen, sondern diese gewährt die h. Kirche zur größern Aufmunterung den Kreuzweg zu halten.

5. Wo thunlich, lege man die Kreuzwege in Ver= bindung mit dem Kirchhofe an, dadurch das Andenken an die Verstorbenen recht zu beleben; denn so werden wir ja durch die Gräber auf's kräftigste gemahnt die Abläße für die Entschlafenen zu gewinnen und ihnen hierdurch über das Grab hinaus die Fortdauer unserer Liebe zu bewähren. Auch würden wir dadurch ernstlich an unsere Todesstunde erinnert und angefeuert, uns da= rauf so vorzubereiten und vorbereitet zu erhalten, daß wir ihr mehr mit Hoffnung, als mit Furcht entgegen= sehen können. Solch' schöner Gebrauch, in dieser Weise

für unsere Verstorbenen in Liebe thätig zu sein, wird zugleich auch für uns nach unserem Tode fortdauern, was uns in Anbetracht unserer Sündhaftigkeit, im Leben und beim Sterben tröstlich, nach dem Tode heilsam sein würde. Auch hat Christus seinen Kreuzweg beendigt im Grabe, welches den Garten, worin es war, zum Gottes= acker gemacht hat.

6. Ferner sorge man auch für gute, zweckmäßige Bücher zur Haltung des Kreuzweges, die nicht als Ge= genstand der Betrachtung Tugenden zur Uebung, Sünden zur Vermeidung enthalten, sondern das Leiden Christi selbst zur Belehrung, Bewunderung und Beherzigung vorhalten: denn dazu ja sind die Kreuzwege errichtet, und wer gut daselbst betrachtet, lernt zugleich die Tugend lieben und üben, das Laster verachten und meiden. Rath= sam ist's, ein Buch zu gebrauchen, worin verschiedene Andachten zur Abwechselung vorhanden sind, und es wä= ren solche vorzuziehen, welche der Geist der heiligen Schrift in passenden Schriftstellen durchweht, und wovon jede einzelne Andacht ihren eigenen Character hat, einen eigenen Ideengang, der in Verbindung mit dem Leiden Jesu durchgeführt ist.*)

*) Siehe das Buch Der h. Kreuzweg Jesu Christi in zwölf ver= schiedenen Kreuzweg-Andachten Zu haben im Pfarrhause zu Arenberg. Preis 1 Mark. Dieses enthält folgende Andachten: 1) Der Blut= bräutigam und seine Braut. 2) Jesus der gute Hirt und seine Schäf= lein. 3) Jesus der Meister und sein Jünger. 4) Jesus als König und sein Diener. 5) Der Heiland und der Büßer. 6) Maria als Führerin auf dem Kreuzwege ihres göttlichen Sohnes. 7) Der Kreuzweg Jesu und Mariä. 8) Der Schutzengel und sein Schützling. 9) Die armen Seelen im Fegfeuer und die um sie Trauernden. 10) Jesus, die lei= dende Liebe. 11) Der betrachtende und betende Christ. 12) Der Pilger an den Leidensstationen Jesu. Als Einleitung dieses Buches gehen vier Betrachtungen voraus: I. Der Kreuzweg Jesu Christi. II. Erforder= nisse zur würdigen Haltung des hl. Kreuzweges. III. Nutzen des wur= digen Besuches des hl. Kreuzweges. IV. Einiges über den Ablaß. Als Anhang folgen mehrere Lieder zum Gebrauche bei Haltung des Kreuzweges.

7. Insbesondere trage man Sorge, daß der Kreuz=
weg als Weg leidender Liebe des Herrn an den Sonn=
und Feiertagen, als Tagen des Herrn, feierlich gehalten
werde; so würden diese heiligen Tage heilsam und dank=
bar in Verehrung dessen beschlossen, wodurch der Herr
auf Erden wandelnd, sein großes Erlösungswerk vollen=
det hat. Es würden dadurch zugleich die Tage des
Herrn dem Herrn ganz gegeben, dem sie ganz gehören:
mit der hl. Messe, Communion und Predigt würden sie
begonnen, mit Christenlehre, Vesper oder einer anderen
Andacht fortgesetzt, mit der Kreuzweganbacht beendigt.
Hierdurch würden am Tage des Herrn alle Tempel des=
selben zu seiner Verehrung benutzt: der lebendige Tempel,
welcher der Christ selbst ist, durch innere Andacht; der
in Stein erbaute, die Kirche, durch den Morgen= und
Nachmittagsgottesdienst: der Tempel der Natur durch
den Abendgottesdienst, wie auch der Herr nach dem Be=
suche des Tempels zu Jerusalem am Tage, den Abend
im Gebete am Oelberge oder auf Bergen zuzubringen
pflegte. Zugleich würde in den Gemeinden, worin dieser
Gebrauch herrscht, den sonntägigen, so nachtheiligen Be=
lustigungen entgegen gewirkt, sie würden beschränkt, mehr
und mehr abgekürzt oder selbst ferngehalten; die so ver=
derblichen Seelenkrankheiten der Trink=, Spiel= und Tanz=
sucht würden mehr und mehr geschwächt, weniger gefähr=
lich, sehr vermindert, ja deren verderbliche Kraft nach
und nach zernichtet, die dem Herrn geheiligten Tage als
Tage des Herrn erscheinen und des Fürsten dieser Welt
so vielfältige Triumphe an diesen Tagen, wenigstens an
solchen Orten aufhören, wo jene Triumphzüge der Ver=
ehrung der leidenden Liebe Jesu in Uebung sind. So
manche an diesen Tagen übliche Zusammenkünfte von

Frauen vermöchten ebenfalls dadurch vereitelt zu werden, wobei so häufig der Zunder der Zwietracht und Feind= schaft durch ehrabschneiderische, verläumberische und ohren= bläserische Gespräche gelegt, Friede und Glück untergra= ben wird. Selbst auch manch' knechtliche Arbeit, ver= anlaßt durch Mangel an höherer Beschäftigung, würde unterbleiben; dagegen die Pfarrkinder in solcher Sonn= tagsschule in jenes Leben der Betrachtung eingeführt werden, wodurch die Heiligen so großartige Weisheit und Tugend erstrebten.

Solch' feierlicher sonntägiger Besuch des hl. Kreuz= weges wäre auch eine feierliche Einladung zur allge= meinen Theilnahme; die Aufmerksamkeit würde mit hei= liger Gewalt auf denselben hingezogen, Liebe zu demselben mehr und mehr entzündet; die Freude an höheren Ge= nüssen würden bald denen der Welt vorgezogen, die Sehn= sucht nach Haltung des Kreuzweges stets lebendiger, und die Befriedigung derselben allmählig Bedürfniß und sich daher auch auf die Wochentage*) ausdehnen; und wenn man auch nicht wie der heilige Alphons von Liguori und so viele andere Heilige täglich den Kreuzweg hielte, so würde doch die Betrachtung des Leidens unseres lie= ben Herrn dem Herzen theuer und vielfach eine der Haupt= beschäftigungen im Leben werden. Welch' Seelenvortheil erwirkte dies! Daher denn auch spricht der selige Leo= nardus von Ponto Maurizio: „Der Kreuzweg ist in Wahrheit ein Gegengift gegen das Laster, ein Zügel gegen die rebellischen Leidenschaften, ein Stachel für's Herz, der die Seelen zum Entschlusse bringt, ein tugend= haftes Leben zu führen. O möge es mir erlaubt sein,

---

*) So in hiesiger Pfarrgemeinde.

daß ich knieend zu den Füßen aller ehrwürdigen Prälaten, Pfarrer, Beichtväter und Diener Gottes ihnen sage, daß dieses Mittel größtentheils in ihren Händen ist: Be= mühen Sie sich mit allen Kräften und allem Fleiße, daß in jeder Pfarrei die heilige Ue= bung des Kreuzweges eingeführt wird, so werden sie bald einen großen Damm errichtet sehen, der im Stande ist, den so entsetzlichen Strom von Lastern zurückzuhalten. O wie viel Gutes bringt diese so heil= same Uebung unter den Menschen hervor, die von den frommen Pflegern nichts anders verlangt, als das Nach= denken der Beschimpfungen und grausamen Qualen, die aus Liebe zu uns der gute Jesus erduldet hat. Darum mit dem Gesichte mich auf die Erde werfend, bitte ich im Innersten Jesu Christi, mit allen Kräften, die ich habe, ehrwürdige Pfarrer, das euch anvertraute Volk dieses großen Schatzes nicht berauben zu wollen. Wenn der= jenige, der das eine Talent verborgen gehalten hatte, in die äußerste Finsterniß geworfen wurde, wie wird es denn dem ergehen, der ein so großes Kapital seinem Volke vorenthält?"

8. Wie der Herr in Liebe seinen Kreuzweg eröffnete und mit seinem heiligen Blute einsegnete, so suchen wir überall Kreuzwege zu errichten und sie durch kirchliche Segnung als Segenswege zu eröffnen. Wie der Herr mit Sehnsucht und unaufhaltsam seinen Leiden entgegen ging, so besuchen wir gerne die dem Andenken an seine Leiden geheiligten Wege, lassen wir uns davon durch minder wichtige Beschäftigung nicht abhalten. Wie der Herr gerne von seinen Leiden sprach, so beschäftigen wir uns gerne durch Betrachtung derselben. Wie der Herr einem heil. Edmund seine Leiden als Schule der Weisheit be=

zeichnete und ihn aufforderte darin zu lernen, wie er seinen Bräuten Catharina von Siena, Gertrudis, Mechtildis und Brigitta die Betrachtung seiner Leiden als ihm sehr angenehm, ihnen aber als sehr heilsam bezeichnete, so that er dies hiermit auch uns; wie jene des Herrn Wort beachteten und Heilige des Himmels wurden, so beherzigen und befolgen auch wir dieselben, damit auch wir werden, was sie sind: „Heilige des Himmels."

Erste Abtheilung.

Der Oelberg, die Kreuzwege, die Kapellen und die damit verbundenen Anlagen.

I. Der Oelberg.[a)]

I. Einiges im allgemeinen.

1. Die ersten Christen, welche ihren hohen Beruf und ihre erhabene Bestimmung so klar erkannten, so warm fühlten, wandelten, obwohl dem Leibe nach auf Erden, dem Geiste nach im Himmel.[b)] Die unendliche Liebe Jesu zeigte dem Jünger der Liebe und durch diesen ihnen und uns im Bilde das himmlische Jerusalem, Geist und Herz mit Sehnsucht darauf hinzuziehen.[c)] Wie der Herr im Bilde diesen Ort seiner Verherrlichung dem

---

a) Andachten hierüber findet man im Buche: Liebe im Leiden: vollständiges Gebet- und Betrachtungsbuch. Siehe Verzeichniß am Schlusse dieses Buches. b) Phil. 3, 20. c) Offenb. 21, 2.

Auge seiner Braut, der heiligen Kirche, entfaltete:
so sucht diese dessen Lieblingsorte, und durch ihn
besonders merkwürdig gewordene Orte Palästina's,
dieses heiligen Landes, überall auf Erden ihren
Kindern zu versinnlichen und so das Andenken
der Liebe Jesu, welche dieser unser Heiland selbst
so beglückend bewährte, lebendig und segensreich
zu erhalten, und segnet selbe, sie als heilig und
höchst verehrungswürdig zu bezeichnen.

2. Unter diesen Orten zeichnet sich besonders
der Oelberg und der dort befindliche Garten Gethsemani aus: er erscheint wie ein zweiter Garten
Edens, wie ein zweites Paradies auf Erden. Er
war vorzüglich Lieblingort des Herrn, wo dieser
in unbegrenzter Liebe als Gottmensch mit seinen
Jüngern, sowie einst als Gott in sichtbarer Gestalt im Paradiese mit Adam und Eva wandelte.
Daselbst verweilte er so oft mit seinen Geliebten
und gab ihnen geistiges Olivenöl in seinen salbungsvollen Worten. Von dieser Lehrstätte aus
sandte er sie in alle Welt zu lehren, was er sie
gelehrt. Dort ruhte er so oft am Abend nach
vollbrachtem Tagewerk von seinen Mühen und
Arbeiten aus, betend zum Vater für die Seinigen. Auf diesem Berge vergoß er Thränen der
Liebe und des Mitleids über jene, welche seine
Liebe verkannten, nicht benutzten.[a] Dort bereitete er sich vor zum blutigen Erlösungswerke;
stellte sich dar dem Vater als Versöhnungsopfer,
übernahm den Leidenskelch zur Sühnung der
Sündenschuld der Menschen und ließ sich fesseln

---

a) Luc. 19, 41.

als Opfer der Erlösung; nahm auf sich als Er=
löser die Sündenlast der Menschen, die ihn mit
Betrübniß und Angst erfüllte, zu Boden warf
und Schweiß und Blut erpreßte. Dort betrat er
den blutigen Kreuzweg, den schmerzlichen Todes=
weg; versammelte zum letztenmale seine Jünger
um sich, theilte ihnen seine göttliche Gewalt mit
und segnete sie. Dort auch stieg er zum Himmel
und hinterließ im Boden seine Fußtapfen zur
steten Erinnerung, daß nur seine Wege zum
Himmel führen. Die Palmbäume des Oelbergs
erinnern an die himmlische Belohnung, die Oel=
bäume an die himmlische Freude.

3. Siehe so im Oelberge zu Jerusalem sowie
in jedem nachgebildeten eine Schule der Weisheit
und Tugend; erkenne darin den Berg der Liebe,
der Thränen und des Gebetes, der Ruhe und
Himmelfahrt Christi; der Berg des Segens und
der Beglückung. Pilgere oft dahin, wie es die
Heiligen thaten: er stellt unserm Auge im Bilde
dar, was unser Geist aufsucht. Betrachte da Je=
sus in den Werken seiner Liebe, lausche auf seine
Worte, seine Klagen und Gebete. Lerne lieben
von ihm in eigener Aufopferung, und leiden mit
Ergebung in den Willen des Vaters. „Hast du
noch nie deinen göttlichen Heiland am Oelberge
betrachtet?" fragte einst der heilige Franz von
Assisi, „hast du noch nie die schönen Worte ge=
hört, die er gesprochen: Vater nicht mein, son=
dern dein Wille geschehe? Siehe, so spricht auch
jeder, der mit Christus leiden will." Erkenne
auch du diesen Berg als Weihrauchshü el und

OF THE
UNIVERS

Myrrhenberg[a], verweile gern daselbst in heiliger
Andacht und Liebe zum Leiden; pflücke dir so
ein Myrrhenbüschlein[b] und trage es in Liebe
zu Jesus an deiner Brust. Wie eine heilige
Theresia durchwandle diesen Garten, schenke deine
ganze Aufmerksamkeit deinem Heilande in allen
seinen Leiden und Werken der Liebe; pflücke
darin die geistlichen Blumen der Tugenden, ver=
einige sie zum Strauße und heilige sie deinem
lieben Herrn als Gaben dankbarer Liebe. Erkenne
in ihm auch für dich eröffnet ein Paradies. Hier=
hin fliehe zu deinem Gotte der Liebe und Er=
barmung, wenn dich die Dornen und Disteln
der vom Fluche getroffenen Erde quälen; hier
freue dich deines Erlösers; ruhe aus von deinen
Mühen und Arbeiten gleichwie Christus; hier
sende deine Anliegen zum Himmel; denn wisse,
Jesus betet als zweiter Adam mit dir, und sein
Gebet bringt zum Herzen des Vaters; hier fürchte
nichts, denn nicht wird dich der Cherub mit flam=
mendem Schwerte wegtreiben, sondern der Engel
des Herrn wird dich trösten und stärken.

II. Der Oelberg zu Arenberg.

1. Diese Gott geheiligte Anlage auf dem
Johannishügel des Hüttenberges besteht seit dem
Jahre 1845. Es war bis dahin dieser nun so
freundliche Garten ein öder und abschreckender
Ort, welcher deßhalb hierzu gewählt wurde, um
zu deuten, daß auch aus einem öden, sündhaften
Herzen ein Paradies gemacht werden könne; so=

---

a) Hohesl. 4, 6. b) Hohesl. 1, 12.

dann auch, weil an mehreren Wegen gelegen, um Wanderern, besonders alten Leuten, eine heilige Ruhestätte zu bieten, in Aufforderung, hier Erholung in Gott zu suchen; insbesondere aber wurde dieser **Garten Gethsemani**[a] angelegt um Trauernden und Leidtragenden eine Zufluchtsstätte zu eröffnen, daselbst nach dem erhabenen Vorbilde des Erlösers Trost und Hülfe von Gott zu erflehen.

2. Der Eingang zum Oelberge ist an dessen östlicher Seite zwischen Felsen aus Kieselconglomeraten und Tropfsteinen, welche von Zierbäumen und Sträuchen umgeben, von Schlingpflanzen theilweise bedeckt sind. Ueber demselben steht in großer Schrift von eingelegten weißen Steinchen: „Eingang zum Oelberge." Ein Thor von Eichenästen ohne Rinde schließt denselben. Die angenehmste Ueberraschung begrüßt hier den Eintretenden durch die Naturreize, welche sich dem Auge darbieten. Die Wegeinfassung dieser Anlage besteht aus Kugelbasaltsteinen verschiedener Größe, welche sich ins Innere der Anlage in stets größeren Kugeln ausdehnt; bie kleinste derselben hat 7, die größte 94 Centm. im Durchmesser; hinter dieser steht eine Trachytsäule[b] mit dem katholischen Gruße: „Gelobt sei Jesus Christus! In Ewigkeit, Amen.", darüber eine Urne mit einer Aloepflanze. Die obere Fläche umgeben an der nördlichen und westlichen Seite holländische Linden und Buxbäume, an der südlichen aber

a) Joh. 18, 1. Matth. 26, 36. b) Vom Drachenfels am Rhein wie die am Ausgang des Kreuzweges Mariä.

Tannen. Die Felsengruppe dehnt sich aus bis
zu einer Erhöhung, worauf ein Tempelchen in
schneeweißem Quarze mit Pfeilern aus silber=
grauen Bergkrystallen sich erhebt. Dessen Form
ist achteckig; englische kleine Schiefersteine bilden
das Dach, Amethysten den Boden. In der Mitte
desselben steht wahrhaft geisterhaft ein Engel[a]
in weißem Gewande, mit einer Hand zum Him=
mel, mit der andern auf des Herrn in Stein
eingegrabenen Fußtapfen zeigend und gleichsam
sprechend: „Willst du zum Himmel gelangen, so
wandle des Herrn Weg.“ Die Südseite schließt
ein Glasgemälde, worauf ein Engel eine Rolle
hält, mit den Worten: „Dieser Jesus, der von
euch weg in den Himmel aufgenommen worden,
wird ebenso wiederkommen, wie ihr ihn sahet hin=
gehen in den Himmel“.[b] Die andern Seiten stehen
offen. Roth= und Edeltannen umgeben dasselbe.
Diese jeden Besucher fesselnde Gruppe ist dem
Andenken der Himmelfahrt des Heilandes geweiht.

3. Von da führt ein Weg zum Garten Gethse=
mani: man gelangt zuerst zu einer Terasse, sodann
auf einem an beiden Seiten mit Fichten umpflanz=
ten Wege zum Ort des Verrathes. Dieser ist ein
freier Platz; nördlich begrenzt durch eine hohe
röthliche Felsenwand. Eine Säule von schwarzen
Steinen enthält auf weißem Marmor in schwarzer
Schrift die Worte: „Ort des Verrathes des Herrn
durch Judas Iskariot!“ Neben dieser steht eine
Salomonsweide, welche zugleich warnend an Sa=
lomons, dieses weisen Königs Untreue im Alter

---

a) Gefertigt von Scherf in Kalk. b) Apostelg 1, 11.

erinnert. Westlich befindet sich eine Schlucht, welche an den ewigen Abgrund erinnere, in welchen Judas durch seine Untreue sich gestürzt hat. Den Weg hierhin überschatten Coniferen, Lärchen, Eichen und Buchen. Vom Orte des Verrathes führt ein ansteigender Weg zur Grotte der schlafenden Jünger. In einem Felsengeklüfte ist der h. Petrus mit einem Schwerte sitzend, der h. Jakobus und h. Johannes zu dessen beiden Seiten liegend, als Schlafende, dargestellt. Ein Dach von milchweißem Glase, verziert mit Schlingpflanzen schützt sie vor Regen und Schnee und bewirkt eine milde Dämmerung in bezüglichem Raume; im Hintergrunde aber senkt sich ein geheimnißvolles Abendroth herab. Die Statuen sind aus festem Steine gemeißelt und sehr entsprechende Abbildungen von Schlafenden.[a] Ein hoher Hügel umgibt selbe nördlich und östlich, bepflanzt mit Rothtannen wovon viele stark und sehr hoch sind. Den Statuen zunächst erheben sich Lebensbäume. Am Fuße dieses Hügels führt der Weg hinauf zur Grotte des blutschwitzenden Heilandes. Diese ist felsenartig, gebildet aus röthlichen vulkanischen Schlacken, welche so gemauert sind, daß man bei den vielen Vertiefungen doch keinen Mörtel sieht; das Innere[b] hat regelmäßige Wände, bekleidet theils mit braunen Steinen, theils mit grauen Krystallen; der hintere oder westliche Theil bildet einen Halbkreis, der vordere oder östliche ist offen.

---

a) Von Bildhauer Fleige zu Munster in Westfalen. b) 3 M. 76 Ctm. hoch und tief, 3 M. 13 Ctm. breit.

An der Rückwand erblickt man über einem kleinen Felsen hellgrauer, merkwürdiger Bergkrystalle,
in Glas gebrannt einen Engel im Levitengewande,
von Wolken umgeben, in seinen Händen einen
Kelch haltend, worauf er betrübt hinblickt, und
mit dem er sich traurig dem Herrn zu nähern
scheint.[a] Es sinnbildet diese. Darstellung, daß
der himmlische Vater von seinem geliebten Sohne
den Leidenskelch nicht wegnehmen wollte[b], ihm
aber Kraft verlieh, denselben zu trinken[c]: „Es
erschien ihm aber ein Engel vom Himmel und
stärkte ihn." Die gewölbte Decke besteht aus
grauen Bergkrystallen.

Auf einer kleinen Anhöhe, gebildet aus schönen
braunen und gelblichen Tropfsteinen sieht man
in der Mitte der Grotte die herrliche Statue,[d]
den knieend betenden und blutschwitzenden Heiland
darstellend, mit sanft vorwärts gebeugtem Körper,
zum Himmel gerichtetem Blicke und ausgebreiteten, nach oben erhobenen Armen. Der Ausdruck
des Angesichtes und die ganze Haltung der Statue stellt das innere Leiden des Heilandes und
zugleich dessen gänzliche Ergebung in den Willen
des himmlischen Vaters dar, man glaubt, die
Lippen im Gebete bewegt und die Worte zu hören[e]: „Mein Vater! wenn es möglich ist, so
gehe dieser Kelch an mir vorüber, doch nicht wie
ich will, sondern wie du willst." Neben der Statue stehen künstliche Pflanzen, welche das Innere
freundlich ausschmücken; sie sind aus Zink ge-

a) Gefertigt in Paris. b) Luc. 22, 42. c) Luc. 22, 43. d) Gemeißelt von Bildhauer August Michels zu Coblenz. e) Matth.
26, 39.

macht und den lebenden in Gestalt und Ueber=
malung täuschend nachgebildet. Die äußeren
Wände bekleiden Schlingrosen, wilde Weinreben,
schottischer Epheu.

Südlich und östlich umgibt die Grotte ein
freier Platz, an dessen Grenze von Rothtannen
überschattete Felsenufer sich erheben, deren Fuß
eine steinerne Bank bildet.

Die kirchliche Einsegnung des Oelberges fand
statt am 14. Juni 1846. Als Beschützer dieses
heiligen Ortes wurde jener Engel erwählt, wel=
cher dem Heilande am Oelberge mit himmlischem
Troste erschien; und bisher hat noch keine fre=
velnde Hand es gewagt, diese heilige Stätte bös=
willig zu verletzen.

II. Der Kreuzweg der hl. Gottesmutter Mariä.

I. Einiges im allgemeinen.

1. Wohl Niemand außer dem Heilande hat
je solche Schmerzen empfunden, wie Maria, die
hl. Gottesmutter, daher auch wird sie die schmerz=
hafte Mutter Gottes genannt. Nicht verdorben
war ihre Natur durch Sünde, ohne Sünde em=
pfangen[a] und geboren; frei von jeder Sünde, ja
von jeder Anwandlung zur Sünde lebte und starb
sie. Wie sie und ihr Wandel heilig waren, so
war rein, zärtlich und innig ihre Liebe zu Jesus;
kein Sterblicher hat je den Herrn so geliebt, wie

---

a) Siehe III. Die Kapelle der unbefleckten Empfängniß der
allerseligsten Jungfrau Mariä.

Maria; sie lebte in aufopfernder Liebe nur für
ihn, daher auch wird sie Mutter der schönen
Liebe[a] genannt. In ihrer Heiligkeit haßte sie
unaussprechlich die Sünde; in ihrer Liebe zu Gott
verabscheute sie dieselbe als Beleidigung Gottes
von ganzer Seele; in ihrer Liebe zu den Men=
schen betrübte sie sich von ganzem Gemüthe, die=
selben damit befleckt zu sehen. Auf ihren ge=
liebten, göttlichen Sohn sah sie die Folgen der
Sünde gelegt, sah ihn als Büßer für die Men=
schen mit deren Sünden zur Sühnung beladen;
Haß gegen die Sünde, Betrübniß über die Sünder
durchbohrten ihr reines liebevolles Herz und wie
ihr geliebter Sohn für die Sünder aller Zeiten,
also für alle sündigen Menschen litt, so wurde
ihre Seele gleichsam von jeder Sünde und durch
jeden Sünder verwundet, und weil sie in ihrer
Liebe zum Sohne in demselben gleichsam aufge=
löst war, so empfand sie alle Leiden Jesu auf's
empfindlichste und schmerzlichste; der Schmerz
durchdrang ihr ganzes Sein. Wie das Herz des
hl. Augustinus in flammender, das des hl. Igna=
tius von Loyola in strahlender Liebe erschien,
so erscheint Mariä Herz mit sieben geheimniß=
vollen Strahlen, den Sinnbildern ihrer leidenden
Liebe; die Strahlen sind Schwerter, deren Spitzen
ihr Herz durchdringen. Wie Jesus, ihr göttlicher
Sohn, dem Jünger der Liebe mit den Wundmalen,
als den Gedenkzeichen seiner leidenden Liebe, im
Himmel vor des Vaters Thron erschien, das Haupt
umstrahlt mit sieben Sinnbildern seiner Macht,[b]

---

a) Sirach 24, 24. b) Offenb. 5, 6.

so wird Maria auf Erden mit diesen sieben Sinnbildern ihrer leidenden Liebe dargestellt. Wie
nur dieses Lamm Gottes es vermochte, die sieben
Siegel der Geheimnisse Gottes zu eröffnen[b], so
eröffnen die sieben Schmerzensschwerter das Herz
Mariä, es in seiner geheimnißvollen Liebe im
Leiden zu zeigen, und wie im Munde des Heilandes statt Zunge ein zweischneidiges Schwert,
als Sinnbild seines Richterwortes, sich zeigte,[c]
so verkünden diese Schwerter das Feuer der Liebe
Mariä im Leiden. Bedenken wir wohl, daß
Jesus vom Kreuze herab die unter dem Kreuze
im tiefsten Schmerze sich befindende Mutter als
unsere Mutter und uns als ihre Kinder bezeichnete, indem er zu dem uns vertretenden Jünger
sprach: „Siehe deine Mutter!" sowie zu seiner
Mutter, auf Johannes blickend: „Siehe dein
Sohn!"[c] Wir sollen sie also insbesondere als
schmerzhafte Mutter verehren und dies auch gerne
als Schmerzenskinder thun.

2. Die sieben Hauptschmerzen Mariä, womit sich zugleich alle ihre anderen Leiden verei-
nigten, werden auf ihrem Kreuzwege in sieben
Bildern zur Betrachtung und Beherzigung dargestellt; schauen wir sie nicht nur mit den Augen
des Leibes, sondern auch mit den Augen der
Seele, und öffnen wir dabei unsere Herzen der
guten Mutter im Schmerze theilnehmender Liebe.

Die Kapellchen der Leidensstationen Mariä
sind in Ziegelsteinen gebaut; alle haben verschiedene Gestalt und Größe, theils Tonnen- theils

---

a) Offenb. 5, 5. b) Offenb. 1, 16. c) Joh. 19, 26.

Kreuz= oder Sterngewölbe, und Schiefersteine
decken dieselben. Reichblühende Schlingrosen sind
daran eine zweckmäßige Verzierung. Die innern
Wände bestehen aus verschiedenen Arten Zier=
steinen. Die Rückwand bildet ein Altärchen mit
Pfeilern und Bogen, die das Bild umschließen;
der untere Theil erscheint als Altartisch mit Antipendium, in dessen Mitte aus kleinen Steinen
der Name Mariä erglänzt, der uns in seinen
Buchstaben zum Gruße Mariä: „Ave Maria" ein=
ladet. Am obern Theile befindet sich ein Kreuz
aus Oelbaumholz mit Rinde vom Oelberge zu
Jerusalem, umgeben mit Ziersteinen, sinnbildend
den Werth der Leiden Christi, sowie der in Liebe
zum Gekreuzigten geduldig ertragenen Leiden, in=
dem wir mit Christus erhöht werden, wenn wir
uns mit ihm bis zum Kreuze erniedrigen:[a] nur
im Kreuze sollen wir uns daher auch mit dem
Weltapostel rühmen[b] als gute Kinder der schmerz=
haften Mutter, als treue Schüler dem Schmer=
zenssohne Mariä gerne auf dem Kreuzwege folgen.

Die Bilder, in Thon gebrannt[c], entsprechen
bezüglichem Zwecke; die Figuren sind ausdrucks=
voll und betreffende Darstellungen genügend be=
zeichnet. Unter jedem Bilde steht in Stein ein=
gegraben die Angabe des Schmerzes mit pas=
senden Schriftstellen. Unter diesem Steine ist
eine in verhältnißmäßiger Länge und Breite ge=
staltete Marmorplatte als Altartischplatte; aus
gleichem Marmor besteht auch das Suppedaneum,
dieses ist mit jener Platte durch Laubwerk ver=

---

a) Philipp 2, 8—9. b) Gal. 6—14. c) Von Scherf in Kalk b. Deutz.

bunden, womit auch das Bild umgeben ist. Der
Boden besteht aus Mosaikplättchen, welche, wie
die Marmorplatten in Farbe dem Innern des
Kapellchens entsprechen. Die Häuschen sind vorn
durch einfache Gitter geschlossen.

3. Dieser Kreuzweg beginnt am Oelberge,
geht unterhalb des Kirchwegs der Gemeinde von
Immendorf her und endigt in der Nähe der letz=
ten Häuser dieses Dorfes. Der schöne breite Weg
ist mit Kies bedeckt und mit Steinen umfaßt.
Außer den freundlichen Kapellchen und den man=
nigfaltigen, angenehm überraschenden Anlagen,
bieten sich dem Auge der Pilger die reizendsten
Aussichten nach dem Rheine hin dar. Man sieht
die Eifelgebirge, darunter die Hochacht, den Kar=
melberg mit seiner Kapelle, den Hunsrücken und
einen Theil der Gebirge des Westerwaldes, sieht
den Rheinstrom mit seiner Umgebung in wahrer
Pracht bis weit unter die Städte Neuwied und
Andernach; der Rheinspiegel erscheint in fünf Ab=
theilungen, gleich fünf Seen. Schon dieser herr=
lichen Aussicht wegen lohnte es sich, Arenberg zu
begrüßen, doch mehr bezüglich des wahren Seelen=
genusses, den die heiligen Orte daselbst bieten.

II. Die sieben Schmerzensstationen Mariä im einzelnen.[a]

I. Die Prophezeiung Simeons.

1. In der Nähe der Oelbergsgrotte des blut=
schwitzenden Heilandes geht der Weg hinauf zu

a) Bezügliche Andacht siehe im Andachtsbuche: Liebe im Leiden.

dieser Station. Rechts ist ein Felsenufer mit
Burbaum bepflanzt; links begrenzen den Weg
Kieselconglomeratblöcke, gleich Felsen, bis hin
zur Station; das Kapellchen ist von Tannen
überschattet, von verschiedenen immer grünen
Ziersträuchen und einer Trauerlärche umgeben.
Zur Seite, der Oelbergsgrotte gegenüber, ist eine
Ruhebank, welche zur heilsamen Betrachtung über
den betenden und blutschwitzenden Heiland einladet.

2. Das Kapellchen ist im Innern und an der
vordern Seite mit Kieselconglomeraten^{a)} verschiedener Farben und Formen in passender Abwechslung bekleidet. Das Bild ist zunächst mit einem
Rahmen von Petrefakten umgeben, woraus auch die
Fläche unter demselben besteht. Die Altarplatte
und das Suppedaneum sind aus röthlichem Marmor gemeißelt und miteinander durch Epheuranken
verbunden, wovon auch das Bild umgeben ist:
den Boden bildet ein bräunlicher Mosaikteppich.

3. Das Bild stellt Simeon, diesen heiligen,
von Gott erleuchteten Greis dar, wie er das
Jesukind auf seine Arme nahm, Segenswünsche
über dasselbe, über Maria und Joseph äußerte,
dann zu Maria insbesondere sprach^{b)}: „Siehe
dieser ist gesetzt zum Falle und zur Auferstehung
Vieler in Israel und als ein Zeichen, dem man
widersprechen wird; und ein Schwert wird deine
eigne Seele durchdringen, damit die Gedanken
vieler Herzen offenbar werden.‟

Maria erscheint hier als Hohepriesterin^{c)}

---

a) Sämmtliche Conglomeraten hierselbst wurden in der Umgegend von mehreren Meilen aufgefunden, ebenso die verschiedenartigen Steinblöcke und Tropfsteine. b) Luc, 2, 34—35. c) Offenb. 12, 1.

opfernd ihren geliebten Sohn; Simeon weissagt
die schmerzlichste Theilnahme Mariä am Leiden
des geliebten Sohnes. Die vom Satan geschla=
genen Seelenwunden der Menschenmutter Eva
gingen in der Erbsünde über auf alle Kinder
derselben, Maria ausgenommen; doch erhielt
ihre Seele in ihrer Mutterliebe geistige Liebes=
wunden durch die Leiden und den Tod des er=
lösenden Sohnes; diese sollen ein Erbgut ihrer
geistlichen Kinder sein. Den Ungläubigen ist
Christi Leiden Thorheit oder Aergerniß[a]); es sind
diejenigen, welche verloren gehen, nicht aber die
seligwerdenden Gläubigen[b]); daher die Worte
Simeons: „damit die Gedanken Vieler offenbar
werden." Aber auch die Jesu wegen ertragenen
Leiden der göttlichen Mutter sollen wir zugleich
empfinden in kindlicher Liebe zu ihr und so des
göttlichen Sohnes leidende Liebe theilen, dessen
Blick ihr sagt[c]): „Du hast mein Herz verwundet!"

So denn auch ist die Schriftstelle unter dem
Bilde der Weissagung Simeons: „Ein Schwert
wird deine eigene Seele durchdringen[d])!" Dann
folgt die Klage der Schmerzensmutter: Höret
doch, all ihr Völker, und sehet meinen Schmerz[e])!"
Schauen wir hin in theilnehmender Liebe.

II. Die Flucht nach Aegypten.

1. Von der ersten Station steigt man eine
steinerne Treppe hinab in den breiten Weg, der
über die Brücke eines Baches, der an den Bach
Cetron[f]) erinnern möge, zu den übrigen Stationen

---

a) 1. Cor. 1, 23. b) Offenb. 11, 18. c) Hohesl. 4, 9. d) Luc.
2, 35. e) Klage Jerem. 1, 18. f) Joh. 18, 1.

führt. Rechts am Wege ist ein Ufer, bepflanzt mit
hochstämmigem Buxbaum; es geht bis zu einem
von zwei rothblühenden Kastanienbäumen über=
schatteten Ausgange zum Kirchwege; den Schluß
an diesem bilden große Conglomeratblöcke, verbun=
den durch Rothtannen; links am Wege stehen solche
hochstämmige Bäume, welche durch eine Hecke von
Petersträuchen verbunden sind, herrlich im Herbste
durch ihre zahllosen weißen Beeren, lieblich im
Sommer durch ihre honigreichen Blüthen, die
stets von summenden Bienen begrüßt werden,
ohne Jemanden zu belästigen. Daran schließt
sich über Felsenufer ein freundliches Birkenwäld=
chen, reichlich durchpflanzt mit Coniferen; am Ein=
gang zur Station steht eine Trauerbirke. Basalt
und Lavakugeln liegen zerstreut zur Zierde da
und mehrere Ruhebänke laden ein zum längeren
Aufenthalte. Das Innere der Anlage bildet
einen geräumigen viereckigen Platz, umgeben mit
einer Mauer von weiß=gelblichen Bruchsteinen,
welche mit großblühendem herabhängendem Sinn=
grün und Epheu belebt ist. An der westlichen Seite
befindet sich ein steiler und tiefer Abhang, der
sich hinunter in ein Wiesenthal erstreckt und mit
Waldholz, größtentheils mit Eichen bewachsen ist;
zum Schutze dient oben eine Weißdornhecke. An
dieser Seite steht das Kapellchen; es ist im In=
nern mit Schlacken verschiedener Farben bekleidet:
auch das Bild und die Schrift umgeben als Rah=
men Schlacken. Die Altarplatte und das Suppe=
daneum bestehen aus schwarzem Marmor und
sind durch blühende Winden verbunden, welche

auch um das Bild herum sich ausdehnen; ein
Mosaikteppich in grünen Plättchen bildet den
Boden. Neben demselben stehen Lärchenbäume
und einige Mahonien; Epheu rankt an allen
Seiten an den äußern Wänden hinauf.

2. Das Bild stellt dar die Flucht der heiligen
Familie nach Aegypten: Maria, die h. Mutter
Jesu sitzt mit diesem ihrem lieben Kinde auf
einem Lastthiere, welches der h. Joseph führt.
Sie entflohen dem Mordschwerte des Königs He=
rodes, der dem Kinde nach dem Leben strebte.
Eva, die erste Mutter der Menschen hat sich und
ihre Nachkommen durch die Sünde der Aufnahme
ins himmlische Vaterland unwürdig gemacht; die
zweite Stammmutter der Menschen, in höherer
Weihe, verließ mit ihrem Kinde die Heimath;
sie lebte im fremden Lande, kehrte dann zurück
andeutend, daß durch ihren Sohn das himmlische
Vaterland ihren Kindern wieder eröffnet werde.
Die Grotte zu Memphis, worin sie sieben Jahre,
bis zum Tode der Feinde Jesu[a] verweilten, steht
noch in hoher Verehrung, Priester schätzen sich
glücklich, darin die h. Messe lesen, Laien, darin
beten zu können.

Die Schriftstelle lautet: „Nimm das Kind
und seine Mutter und flieh' nach Aegypten[b] ";
darauf folgt die Klage der Schmerzensmutter:
„Herr! schau meine Trübsal, denn der Feind hat
sich erhoben[c]." Höre die Klage und schau, ob
nicht auch du in Sünde ein Feind des Jesukind=
leins bist.

---

a) Matth. 2, 29. b) Matth. 2, 13. c) Klage Jerem. 1, 9.

III. Die Aufsuchung des vermißten Sohnes.

1. Diese Station liegt in der Mitte des We=
ges, der sich getheilt darum hinzieht, und von einer
Birkenallee umgeben ist, welche schon bei der
zweiten Station anfängt.   Rechts am Wege von
der zweiten bis zur dritten ist ein Beet bepflanzt
mit Sinngrün und Hortensien, woran sich ein
Wäldchen von Lebensbäumen anschließt; links
zieht sich der Abhang hin, wovon oben Rede war.
Das Häuschen hat eine sechseckige Gestalt, die
Ecken bilden Pfeiler; die beiden vorderen sind
aus Etringer Hausteinen, die andern, sowie das
Gesimse, die Bögelchen mit den Kreuzchen, aus
Tuffstein gemeißelt.   Der Kreuzchen Hintergrund
sind schwarze Ziegelsteine.   Das Dach hat fünf
Giebel, über jedem Bogen einen.   Das Verdeck
ist ein Sterngewölbe von grauröthlichem Quarze.
Die vordere Hälfte ist offen, blos durch ein ein=
einfaches Eisengitter[a] umschlossen.   Die innern
Seitenflächen sind von dunkelgrünen Schlacken,
umfaßt von grauem krystallisirtem Quarze, eben=
so das Bild; ein weiteres Pfeilerchen von solchem
Quarze, welches im Bogen fortgeht, ist von der
innern Seite mit einem Bande von schwarzen
Schlacken, an der äußern mit solchem Bande von
weißem Quarze umgeben.   Die Fläche unter der
Schrift bilden gelbe Bergkrystalle, umfaßt mit
einem Rahmen von grünen Schlacken; die Schrift
selbst ist mit solchem von himmelblauen Schlacken
umgeben.   Der Boden besteht in einem schönen

---

a) 94 Centm. hoch.

bräunlichen Mosaikteppich; die äußern Wände sind von Schlingrosen und Epheu umrankt.

Dieses byzantinische Tempelchen entfaltet einen eigenthümlichen Reiz und macht auf jeden Besucher die angenehmsten Eindrücke.

2. Das Bild stellt die Aufsuchung des hl. Jesukindes durch Maria und Joseph dar[a]; es war im Tempel zu Jerusalem zurückgeblieben; Maria und Joseph suchten es bei den Reisegefährten, daher die Schriftstellen[b]; „Der Knabe Jesus blieb in Jerusalem, ohne daß es seine Eltern wußten.“ Sobann die Klage Mariä[c]: „Kind, warum hast du uns das gethan? Siehe dein Vater und ich haben dich mit Schmerzen gesucht.“ Jesus sprach darüber verwundert[d]: „Warum habt ihr mich gesucht? Wußtet ihr nicht, daß ich in dem sein muß, was meines Vaters ist?“ Siehe Jesu Liebe zum Hause seines himmlischen Vaters auf Erden! Welche ist die deinige zu demselben? Hast du aber den Herrn durch Sünde verloren, so wisse, wo du ihn wieder finden kannst und suchen sollst: im Gotteshause bei den Priestern.

IV. Die Begegnung Jesu und Mariä.

1. Zu dieser Station führt eine Allee, gebildet von hohen Rothtannen; die beiden Rabatten decken Mahonien. Zur linken Seite ist ein Tannenwäldchen, rechts eine Wiese, welche seltene Coniferen schmücken und zunächst Monatsrosen, dann Edel- und Rothtannen umgeben. Vor dem-

---

a) Luc. 2, 11—50. b) Luc. 2, 43. c) V. 43. d) V. 48.

3

selben stehen zwei schöne, hängende japonische So=
phoren, hinter denen an der Mauer Schlingrosen
hinaufranken; auch die Seiten zieren Rosen. Jene
Coniferen = Anlage stimmt in ihrem heiligen
Dunkel sehr ernst und nöthigt zur Geistessamm=
lung, um die nun folgende großartige Aussicht,
ohne dem Gebete und der heiligen Betrachtung
nachtheilige Zerstreuung genießen zu können.

2. Des Kapellchens äußere und innere Wände
sowie der Plafond, ein Kreuzgewölbe, bestehen
aus weißen schwarzgefleckten Quarzsteinchen; jene
sind durchbrochen von Lisenen, gebildet aus röth=
lichen vulkanischen Schlacken, gleichwie die vor=
deren Pfeiler. Ueber zwei breiten röthlichen
Marmortritten steht das Stationshäuschen, ge=
ziert an beiden Seiten mit künstlichen Schling=
rosen. Der Boden um dasselbe ist mit kleinen
rothen Kalkspathplättchen belegt; dasselbe um=
schließen von unten bis oben zwei stark hervor=
stehende Bogen aus vulkanischen Schlacken und
theilweise krystallisirten Quarzen. Das Häuschen
selbst ist umfaßt mit einem breiten Bande von
Alabaster, ebenso das Bild und die Schrift. Es
spitzt sich oben aus in Gestalt eines Daches, das
aus wellenartigen Wassersteinen besteht. Das obere
Dreieck ist umfaßt mit Schwefelkies und Fahlerz;
das Bild und die Schrift sind zunächst mit
einem Rahmen von Bleiglanz umgeben. Das
Feld unter der Schrift besteht aus weißröthlichem
Spath mit einem Rahmen von Fahlerz; der Sockel
ist bunter Quarz.

3. Das Bild stellt dar die Begegnung Mariä

und Jesu auf dem Kreuzwege. Nach den darunter verzeichneten Schriftstellen, spricht Maria: „Ich fand, den meine Seele liebt*);" aber sie erblickte ihn in tiefem Schmerze; selbst vom Schmerze überwältigt klagt sie: „Meine Augen vergehen vor Thränen, meine Eingeweide beben^b." Was fühlst du bei Betrachtung deines leidenden Heilandes? Wisse, diese deine Gefühle bezeichnen den Grad deiner Liebe. Maria hat den Geliebten auf seinem Kreuzwege gesucht und ihn sodann darauf begleitet: schauest auch du nach dem Herrn auf seinem Leidenswege, wandelst du gerne seinen Kreuzweg?

V. Kreuzigung Jesu.

1. Von jener Station geht man links hinab; der Weg ist daselbst überschattet von zwei hohen schmalblätterigen Eschen, welche durch Coniferen verbunden sind; es führt sodann weiter dorthin eine lange schöne Allee von amerikanischen Linden. Die Rabatten sind mit schön blühenden Rosen bepflanzt, umfaßt mit Buchsbaum. Die Fläche zur linken Seite ist mit Rothtannen und Lärchen bepflanzt, auf der zur rechten Seite steht das hl. Haus von Nazareth. Um das Kapellchen herum stehen Rothtannen, an die sich Blumensträucher anschließen. Vor dem Häuschen ist ein Rondel mit Ruhebänken, umzäunt mit Tannen.

2. Ueber eine Treppe von gehauenen Lavasteinen, felsenartig umfaßt mit Ziegelschlacken, schreitet man zum Kapellchen. Dies hat eine hohe Gestalt; die Wände bestehen aus kleinen

---

a) Hohesl. 3, 4. b) Klage Jerem. 2, 11.

röthlichen vulkanischen Schlacken, sowie das Feld unter den Schriften; die Pfeilerchen, Bogen und der Sockel des Chörchens aber aus weißem Quarze. Das Bild ist mit einem starken Rahmen von grauem, theilweise krystallisirtem Quarze umgeben. Die Altarplatte und die Schwellen bestehen aus weißem Marmor und sind durch Passionsblumen verbunden, womit auch das Bild umgeben ist. Ein schöner Mosaikteppich deckt den Boden.

3. Das Bild stellt Maria unter dem Kreuze ihres leidenden und sterbenden Sohnes dar. Die erste Schriftstelle heißt; „Sie kreuzigten ihn^{a)} "; in der zweiten spricht die leidende Mutter: „Mein Inneres bebt, mein Herz wendet sich um in mir, denn ich bin des Bittern voll^{b)}." Schauen wir den namenlosen Schmerz der guten Mutter der Leiden ihres geliebten Sohnes wegen, die wir verursacht durch unsere Sünden, hassen und meiden wir diese Ursache ihrer Leiden, bewähren wir so unsere kindliche Liebe zu ihr; denn durch Sünde kreuzigen wir gleichsam den Sohn Gottes von neuem^{c)}, Jesus ihre Liebe, der auch unsre Liebe sein soll.

VI. Kreuzabnahme Jesu.

1. Der Weg nach dieser Station ist links abwechselnd mit Götter= und Eichenbäumen bepflanzt, zwischen denen ein Zaun von Rainweiden sich hinzieht. Daran schließt sich ein tiefer und jäher Wiesenabhang, bepflanzt mit Fruchtbäumen. Nach dieser Seite hin hat man die reizendste Aussicht nach dem Rheine. Rechts befindet sich

---

a) Luc. 29, 33. b) Klage Jerem. 1, 20. c) Hebr. 6, 6.

ein felsenartiges Ufer von Epheu und Farren durchwachsen, oben von Spiräen überwachsen. Dahinter stehen auf ansteigendem Boden viele Ziersträucher bis hin zum Kirchwege. Der Fels und die Bepflanzung gehen auch um das Kapell= chen in einiger Entfernung davon. Vor demselben stehen zwei hochstämmige Traueresschen, zunächst um das Häuschen verschiedene Sorten Pyramid= eschen, sowie drei große Eichenbäume, welche das Kapellchen und die nahe Umgebung überschatten. Der Weg daselbst grenzt an einen Abhang, be= pflanzt mit Pappeln und Petersträuchen.

2. Das Kapellchen ist ähnlich dem ersten, also im Inneren ganz von den verschiedenartigsten Kieselconglomeraten bekleidet, so auch bestehen der Rahmen um das Bild und das Feld unter der Schrift aus Petrefakten. Die Altarplatte und das Suppedaneum sind rother Marmor, verbun= den durch Epheuzweige, welche auch das Bild umgeben. Ein bräunlicher Mosaikteppich bedeckt den Boden.

3. Das Bild stellt dar die Abnahme der Leiche des Herrn vom Kreuze; daher auch darunter die Worte: „Joseph aus Arimathea nahm Jesus vom Kreuze[a]". Niemand hatte ein größeres Recht auf die Leiche als Maria; sie nahm selbe aus den Händen des Joseph und des Nikodemus und ruft in ihrem Schmerze: „O ihr alle die ihr vorübergeht am Wege! gebet Acht und schauet, ob ein Schmerz gleich sei meinem Schmerze." Schauen wir die leidende Liebe Mariä, der

---

[a] Luc. 23, 52.

schmerzhaften Mutter, bitten wir sie, von der Fülle ihres Schmerzes der Liebe uns mitzutheilen, die dankbare Liebe zu ihrem geliebten Sohne, als unserm Erlöser, mehr und mehr in uns zu ent= zünden und so auch im Schmerze der Liebe uns ihr ähnlich zu machen.

VII. Die Grablegung Jesu.

1. Der Weg zu dieser letzten Station der Schmerzen der Gottesmutter hat rechts ein Felsen= ufer, gebildet aus vulkanischen Schlacken; beide Seiten sind bepflanzt mit Buchen und Eichen; links ist ein mit solchen Bäumen bepflanzter Ab= hang, der an einem Wiesenthale endigt; durch einen dunklen Hain führt so dieser Weg zur Sta= tion, die am nördlichen Ende eines freien Platzes steht, der von acht Ulmenbäumen überschattet ist. Rechts dehnt sich eine prachtvolle Felsengruppe von seltenen Conglomeraten, durchpflanzt mit den verschiedenartigsten Farrenkräutern, Coniferen und anderen Zierpflanzen, auf der entgegengesetzten Seite sind drei Sitzbänke, welche aus Tannenpfäh= len gefertigt sind. Links stehen Tannen, weiter unten Hainbuchen als Zaun. Den Hintergrund bilden Kiefern, Lebensbäume, Trauerulmen und Goldeschen. Längs jenem Ufer geht südlich nach Arenberg zu ein Weg, welcher zur ersten Station des Kreuzweges Jesu Christi, jenseits des Kirch= weges führt; er ist an den Seiten mit Trauer= ulmen, Ahorn mit weißlichen Blättern, Eichen und Buchen bepflanzt. Den Schluß bilden zwei hohe Rothtannen. Nördlich, zur Seite des Ka=

pellchens führt ein Weg nach Immenborf und der Kapelle der unbefleckten Empfängniß der allerseligsten Jungfrau Maria.

2. Das Kapellchen ist in seinen Pfeilern, Lisenen, Bogen, im Gesimse und Sockel mit Conglomeratsteinen in verschiedenartigem Braun gebaut und hat ein dem Zwecke entsprechendes ernstes Aussehen. Die Wände und das Tonnengewölbe sind bekleidet von theilweise krystallisirten, hellbraunen Quarzen. Das Bild umfaßt ein starker Rahmen von röthlichen vulkanischen Schlacken. Die Schrift und das Antipendium des Altartisches, welches röthliche Kalkspathsteinchen bedecken, sind mit bläulichem Quarze umfaßt. Die zwei Tritte zum Altärchen bestehen aus gelben uud röthlichen Conglomeratsteinchen, worüber röthliche Sandsteinplatten liegen; damit ist auch der Boden belegt. Die Seiten des Altärchens und des Bildes zieren Weinreben.

3. Das Bild stellt die Grablegung der Leiche Jesu dar, daher die Schriftstelle: „Man legte ihn in ein ausgehauenes Grab, in das noch Niemand gelegt worden war[a]". Maria, die gute Mutter, sieht die Leiche des geliebten Sohnes dem Grabe übergeben und spricht: „Ein Schmerz kommt mir über den andern, mein Herz trauert in mir[b]"! Trauern wir unserer Sünden wegen, legen wir diese in wahrer Bekehrung zu Grab, und leben wir ferner zur Freude des Himmels, damit unserthalben Jesus nicht vergeblich gelitten, Maria nicht vergeblich in tiefem Schmerze getrauert hat.

---

a) Luc. 23, 53.   b) Jeremias 8, 18.

III. Die Kapelle der unbefleckten Empfängniß der allerseligsten Jungfrau Maria.

1. Dieselbe steht am Anfange des Kirchweges der Gemeinde Immendorf. Von da geht man zu derselben unter einer Allee von Platanen. Von Arenberg kommend, steigt man zu derselben hinauf hinter einer Felsengruppe von Kieselconglomeraten, worin eine Grotte mit fließendem Wasser ist. Man kommt zuerst über einen von sechs starken Roßkastanien überschatteten freien Platz. Die Kapelle steht auf einer von Zierpflanzen theilweise bedeckten Felsenwand; worüber rechts und links die Wege zu ihr hinaufführen. Den großen freien Platz zur linken Seite begrenzen östlich Pappelbäume; den Hintergrund und die Seitenbepflanzung bilden Tannen; eine Hainbuchenhecke umschließt die Anlage. Schon beim Eintritt in dieselbe sieht man auf freundlicher Anhöhe die Kapelle und in ihr die Statue der unbefleckt Empfangenen. Die Kapelle ist einfach, von außen und innen in schneeweißem Quarze gebaut; nur das Chörchen gleicht im Innern einer Wolkensäule, von Bergkrystallen gebildet, worin die Statue sich befindet; Maria, wird hierdurch in ihren hehren Tugenden als Rauchsäule von kostbaren Spezereien[a] bezeichnet. Mit weißem Gewande, Goldgürtel und rosafarbigem Mantel umkleidet, steht sie da; in der rechten Hand hält

---

[a] Hohesl. 3, 6.

sie eine Lilie, die linke Hand ruht auf der Brust;
ihr Blick ist nach oben gerichtet. Sie erscheint so
im Wohlgeruche der Tugend, getragen von himm=
lischer Gnade, umgeben von göttlichem Schutze,
als himmlisches Wesen, weil rein wie ein Engel
von aller Sünde und belebt von der beseligenden
Himmelstugend, der schönen heiligen Liebe, über=
strahlt von göttlichem Wohlgefallen.

2. Wen sollte man außer Gott wohl mehr
ehren und lieben, als die Gottesmutter? und doch
hat gerade diese größte Heilige so viele Feinde.
Es ist unbegreiflich, daß es Menschen gibt, die
an Jesum zu glauben, ihn zu lieben vorgeben
und nichts von seiner heil. Mutter wissen wollen.
Glauben wir an den göttlichen Sohn, so müssen
wir auch an die Mutter des Gottessohnes glau=
ben, und glauben, daß sie den Sohn Gottes ge=
boren hat, also Gottesgebärerin ist, und daher
höher dasteht, denn alle Menschen und Engel.
„Gott hat sie auf den höchsten Gipfel der Macht
und Glorie im Himmel erhoben."[a] „Die Gnade
und Macht, die sie erhielt, ist größer, als je ein
Mensch oder Engel erhalten kann." Weil Gott die
heil. Maria hierdurch von allen andern Geschöpfen
auszeichnete, so müssen auch wir sie mehr ehren
als alle andere Geschöpfe im Himmel und auf
Erden und uns selbst in ihrer Erhöhung als der,
unserer geistlichen Mutter, geehrt fühlen. Und
wenn wir den Sohn lieben, so müssen wir auch
die vom Sohne so zärtlich geliebte Mutter lieben,
und sie lieben als das, wofür sie der göttliche

---

a) Papst Leo XIII. Encyc. 1. Sept. 1884.

Sohn selbst hielt, und als was er sie liebte: als seine Mutter, also als Gottesmutter. Wie Satan im Paradiese seine Bosheit in Lug und Trug zuerst gegen ein Weib, ausließ, und sie aus einem unsterblichen Ebenbilde Gottes zu einer Sterblichen mit entstelltem Gottesbilde machte, so sucht er im neuen Bunde die zweite Eva, Maria, durch Lug und Trug in ihrer hohen Würde zu verdunkeln, sie den schwachen Menschen als gewöhnliches Weib darzustellen und sie so jeder höhern Verehrung und Liebe zu berauben. Er kennt besser das Evangelium, als es solche Menschen, die sie gering achten, zu kennen scheinen; er weiß, was von ihr der Erzengel Gabriel verkündete, was Gott in ihr den Menschenkindern gegeben, welche Gnadenschätze der göttliche Sohn ihr als seiner geliebten Mutter für jene überlassen; er weiß, welche himmlische Geschenke er ihnen in ihr raubt.

Er haßt sie als das starke Weib, welches Gott den ersten Menschen schon als Gegnerin, die ihn besiegen werde, verkündete; er haßt sie als das Wunderweib, welches nicht durch einen Menschen, sondern durch Gott selbst Mutter wurde, weshalb sie auch der Erzengel Gabriel und die h. Elisabeth Gebenedeite unter den Weibern nannten, obwohl sie dies unter allen Menschen ist; er haßt sie als das mächtige Weib, dem zu lieb der Gottessohn, seine Wunderthätigkeit als Messias eröffnete, und das er vom Kreuze herab seiner Kirche als gnadenvolle Mutter gab: bei beiden Ereignissen nannte er sie nicht seine Mutter, son-

dern Weib, wie sie von Gott im Paradiese ge=
nannt wurde.

3. Ausgezeichnet erscheint sie unter allen Men=
schen insbesondere durch ihre unbefleckte Empfäng=
niß: wohl deshalb auch nennt sie der heil. Johan=
nes Chrysostemus, das vorzüglichste der Wunder=
werke Gottes; in dieser Beziehung auch sind auf sie
anwendbar die Worte des königlichen Propheten[a]):
„Großes wird von dir gesagt." Maria die De=
müthigste von welcher der heil. Bernard sagt: „Die
Benennungen die Demüthige und Maria sind
gleichbedeutend", übte nie ihre Demuth darin,
daß sie, wie ihr Ahne David, bekannte: „In
Sünden empfing mich meine Mutter[b]"; wohl
aber sprach sie[c]): „Großes hat an mir gethan,
der da mächtig und dessen Namen heilig ist."

Wie Jesus der Gottessohn von Ewigkeit her
vom Vater gezeugt ist[d]), so war die Empfängniß
Mariä, der Gottesmutter, von Ewigkeit her im
Willen des allwissenden und allmächtigen Gottes
beschlossen; von Ewigkeit her gedachte ihrer Gott
der Vater als seiner einstigen geliebten Tochter,
Gott der heil. Geist als seiner lieben Braut, der
Gottessohn ihrer als seiner guten Mutter: zu allen
diesen Verhältnissen mußte sie heilig sein, gött=
licher Schutz von Anfang ihres Seins an ihr zu
Theil werden; so denn auch wollte der heil. Kir=
chenvater Augustin bei Vertheidigung der Lehre
von der Erbsünde gegen die Pelagianer, der Ehre
und Würde Gottes wegen, keine Beziehung hierin
auf Maria. Die ersten Menschen schuf der Herr

---

a) Psalm 16, 8. b) Psalm 50, 7. c) Luc. 1, 49. d) Hebräer 1, 5.

LIBRARY OF THE UNIVERSITY

nach seinem Ebenbilde heilig, denn sie sollten Engel
des Himmels werden und mit ihren Nachkommen
dort die Lücken ausfüllen, welche durch Abfall
Lucifers und dessen Anhang entstanden waren.
Doch sie sündigten, verführt durch die Höllen=
schlange: es ward so die Heiligkeit der Urschöp=
fung der Menschen zerstört und hiermit der Zweck
ihrer Schöpfung; eine neue Schöpfung wurde
nöthig zur Erreichung jenes Zweckes, sowie zur
Entsündigung der sündhaft gewordenen Menschen,
sollten sie nicht das Loos des Verführers theilen.
Der Schöpfer selbst verhieß daher bald nach jenem
Sündenfalle der Ureltern, noch ehe er über sie
Strafe verhängte, und ehedem ein Mensch von
Eva der Stammmutter empfangen wurde, das
Weib welches die Erlösung anbahnen, Mutter
heiliger Hoffnung sein sollte: der Ursprung hei=
liger Hoffnung aber mußte heilig, ohne jegliche
Sünde sein: nur von einer durchaus Heiligen
konnte der Heiligende ausgehen. Jesus, der Er=
löser, nahm die menschliche Natur in seiner Mensch=
werdung an, diese konnte also. nur von einer hei=
ligen, nie entheiligten Natur ausgehen; als Er=
löser von den Sünden durfte er mit nichts Sünd=
haftem verbunden sein, nichts Sündhaftes an sei=
ner Person dulden, nichts annehmen als Theil
seines Wesens, was je durch Sünde Spuren teuf=
lischen Einflusses trug[a]; sein Leib, den er zur
Erlösung hingab, war Fleisch vom Fleische Mariä,
sein Blut, welches er zur Vergebung der Sünden
vergoß, Blut von ihrem Blute: unbefleckt mußte

---

[a] 2 Corinth. 6, 15.

sie daher empfangen sein. Nicht durfte sie geheiligt werden nach der Zeugung, vor ihrer Geburt, wie die Diener Gottes Jeremias[a]) und Johannes der Täufer[b]), nicht geheiligt vor der Empfängniß Christi, wie die Heiligen Henoch und Elias vor ihrer Auffahrt in den Himmel; keinen Augenblick durfte sie sündhaft, vom ersten Entstehen an mußte sie heilig sein, also schon bei ihrer Empfängniß, in nichts durfte Satan sagen können: „Ich habe Theil an ihr.“ Als Stammmutter zur Erlösung der Menschen erhielt sie daher, wie die erste Stammmutter, ihre Seele von Gott ohne Sünde bei der Empfängniß; als zukünftige Mutter des Gottmenschen mußte sie göttlichen Ursprung der Seele nach haben gleich Eva und Adam, deren Seelen Gott den Leibern einhauchte. Anwendbar in dieser Beziehung sind hier die Worte der edlen machabäischen Schmerzensmutter, dieses Vorbildes der Schmerzensmutter Maria, welche sie zu ihren Söhnen im wichtigsten Momente des Lebens gesprochen: „Nicht ich habe euch Geist, Seele und Leben gegeben und nicht ich habe Glied an Glied gefügt, sondern der Schöpfer der Welt, der den Menschen bei der Erzeugung bildet und der Urheber des Entstehens aller Dinge ist.[c]) Schon Eva sprach, da sie Mutter geworden: „Ich habe einen Sohn von Gott bekommen“. Anna, Phanuels Weib nannte ihren Sohn nach dessen Geburt Samuel d. h. „Erbetner Gottes[d]).“ Auch gab der Erzengel Gabriel im Auftrage Gottes dem Sohne des Priesters Zacharias den Namen Johannes, d. h.

---

a) Jerem. 1, 5. b) Luc. 1, 15. c) 2 Mach. 7, 22—23. d) 1 Sam. 19, 20.

Gnade Gottes.[a] Bestätigt Gott nicht auch dadurch,
daß er fortdauernd der Menschen Schöpfer ist, indem
er hohes Alter fruchtbar macht und oft die Jugend
unfruchtbar läßt? Sind nicht auch die Thränen
der um Nachkommenschaft Flehenden, wie der oben
erwähnten Anna, Geständniß des Glaubens, daß
von Gott die Nachkommenschaft zu erwarten ist?
Als Mutter der Lebendigen, was Maria in der
neuen Schöpfung werden sollte, mußte sie selbst
ungeschwächtes geistliches Leben, also das der Hei=
ligkeit haben, der Hauch des geistlichen Todes,
der Sünde, durfte sie nicht berührt haben, daher
auch wendet die h. Kirche die Schriftstelle: „Wer
mich findet, findet das Leben" auf sie an. Auch
bezeichnet sie der Prophet Isaias bei Empfängniß
und Geburt des Messias als Jungfrau und so
als wundervolles Wesen in besonderer Heiligkeit;
sie wird so auch die Königin der klugen Jung=
frauen genannt, deren Lampe heiliger Liebe nicht
erlischt, da der göttliche Gnadenquell in ganzer
Fülle unversiegbar sich an ihr bewährte. Auch als
zukünftige Königin der Heiligen, mußte sie unter
diesen die Heiligste, als Königin der Engel vom
englischen Geschlechte dem Geiste nach, also von
Gott ausgegangen sein, von dem nichts Böses
ausgehen kann. Wie herrlich zeigt sie Gott dem
Jünger der Liebe nach der geheimen Offenbarung[b]:
ihr Haupt geschmückt mit einer Krone hellleuchten=
der Sterne, als Sinnbild des ungetrübten Glau=
bens, als Ausfluß der göttlichen Weisheit. „Selig[c],

---

a) So auch Gott zu Abraham: Ich will sie (Sara) segnen und
dir von ihr einen Sohn geben, den ich segnen werde. Gen. 17. Aehn=
liches sprach der Engel zum Weibe des Manue. (Richt. 13.) b) Off=
12. c) Luc. 1, 45.

weil du geglaubt." Sie ist umleuchtet von der
Sonne der Liebe in herrlichsten Strahlen und so
davon zugleich durchdrungen: gänzlich als Licht der
Heiligkeit und Liebe in Gott; sie ist gekleidet mit
dem Gewande der Heiligkeit und goldenem Gürtel
der Gnade als Hohepriesterin mit dem göttlichen
Opfer, dem Kinde ihrer Liebe, das da an ihrem Her=
zen als ihr Alles ruht. Sie wird dargestellt mit
großen Flügeln als Engel im Fleische, schwebend
über Erde und Hölle selbst den Mond, als Sinnbild
des Wandelbaren, unter ihren Füßen. So wird
sie denn auch vom heiligen Geiste bezeichnet als
die Lilie unter den Dornen[a], als geschlossener
Tugendgarten, in den die Schlange nicht einzu=
bringen[b], als den versiegelten Brunnen, den sie
nicht zu verunreinigen vermochte. Ja er sprach:
„Ganz schön bist du und kein Makel ist an dir[c]."
Sie wird gepriesen als Vollkommene, Auserwählte,
welche wie die aufsteigende Morgenröthe herrlich
den Tag ihres Lebens begann und sich im Tugend=
schmucke entfaltete gleich der Sonne im herrlichen
Glanze bei Tag, gleich dem Vollmonde bei Nacht[d],
so auch als Mutter der schönen heiligen Liebe[e],
welche die Seele aller Tugenden und stark wie
der Tod[f] ist, die durch nichts besiegt werden kann.
Auch ihr Leib trug keine Spur der Erbsünde,
auch körperlich war sie, wie der heilige Dionys
sagt, der sie gesehen, vollendete Schönheit. Heilige[g]
bezeichnen ihn daher als Abglanz und Ausdruck
der Schönheit ihrer Seele und so beide in be=

a) Hohesl. 2, 2. b) dsf. 4, 12. c) dsf. 4, 7. d) dsf. 6, 9. e) dsf.
6, 9. f) Jes. Sirach. 24, 24. g) H. Epiphon der Kirchenschriftsteller
Nicephorus, h. Bernard, h. Humilitus.

wunderungswürdiger Harmonie. Ihre Schönheit
war eine heilige, worauf Gottes Wohlgefallen
ruhte und welche nur heilige Bewunderung dul=
dete und zur Verehrung der Tugenden und Liebe
zur jungfräulichen Reinigkeit anregte.

5. Vom Himmel auch wird ihr das Zeugniß
gegeben, daß sie voll der Gnade sei, keine Gnade
ihr fehle, also auch nicht die des Freiseins von
der Erbsünde. Der Herr war mit ihr nach des
Erzengels Gabriel Versicherung, wie sollte da
Satan irgend Einfluß auf sie gehabt haben, denn
mit ihr war ja der, dessen starker Arm die Sterne
hält, die Welten regiert und den Lucifer mit sei=
nem sündhaften Anhange aus dem Himmel warf.
Wie Judith von jener Zeit und jenem Orte der
Gefahr, worin sie sich durch Holofernes befand,
mit einen Schwur betheuern konnte, daß der
Engel des Herrn sie geschützt und unbefleckt er=
halten habe[a]: so ward Maria allzeit und überall
vom Herrn selbst geschützt. Auch als wohlge=
rüstetes Heer[b] gegen Satan wird sie bezeichnet
und so als mächtige Gegnerin desselben ohne ir=
gend eine Niederlage von ihm erhalten zu haben;
ja sie sollte gemäß Gottes Verheißung dem Teufel
den Kopf zertreten, dessen Macht brechen, wie sie
es auch that in ihrem göttlichen Sohne. So auch
preist sie die heilige Kirche in ihren öffentlichen
Gebeten[c] als uneinnehmbaren Thurm David's,
als elfenbeinernen Thurm in Stärke der Heilig=
keit, als Spiegel der Gerechtigkeit, der keinen An=
hauch der Sünde zuläßt, als Sitz der Weisheit,

---

a) Judith 13, 20.　b) Hohesl. 8, 6.　c) Laurentanische Litanei.

die sich vom Teufel nicht bethören läßt; als
Arche, die unbeschädigt über den Wassern der
Sündfluth schwimmt, als Arche des Bundes, die
in sich das Gesetz Gottes und den Gesetzgeber
selbst trägt; als goldenes Haus, worin die Tugen=
den und Gott selbst wohnen, als Pforte des Him=
mels, weil heilig und gnadenreich. So auch preist
sie selbe als heiligste, reinste, unbefleckte Mutter,
als mächtige Jungfrau. Ebenso stellt sie der Jünger
der Liebe als Triumphirende über die alte Schlange
dar: sie steht da über den Hörnern seiner Ge=
walt und den Kronen seiner Macht, zeigend, wo=
durch sie stark ist, in Christo ihrem Sohne, der
als Gott nie zuließ, daß Satan sie berührte. So
hat auch Gott vorher verkündet: nach ihr werde
stechen die Schlange, aber sie nicht erreichen[a], so=
wie auch sein giftiges Sündenwasser, gespieen nach
ihr aus seinen Rachen, sie nicht zu erreichen ver=
mochte[b]. Wie Gedeons Fell trocken blieb, obwohl
vom Thau die ganze weite Umgegend befeuchtet
wurde[c], so blieb Maria frei von jeder Sünde,
obwohl die übrigen Adamskinder davon befleckt
wurden. Wird nicht auch Esther als Vorbild
Mariä verehrt? Sie war die schönste unter den
Frauen, der König liebte sie mehr als die an=
deren und zeichnete sie unter allen auf's ehren=
vollste aus, denn er setzte die königliche Krone
auf ihr Haupt[d] und das Gesetz, was für Alle des
Reiches galt, daß, wer ungerufen, es sei Mann
oder Weib, in die Wohnung des Königs trete,

---

a) Genes. 3, 15   b) Offenb. 12, 15—16.   c) Richt. 6, 38—40.
d) Esther 2, 17.

4

mit dem Tode bestraft werden solle, galt ihr
nicht[a]. „Fürchte dich nicht, du sollst nicht sterben,
denn dies Gesetz ist gemacht worden für alle, aber
nicht für dich[b]“. Dies sprach der König selbst
zu ihr und ließ sie als Hochbegnadigte das goldene
Zepter küssen: so galt auch Maria nicht das Ge=
setz der durch die Sünde verdorbenen menschlichen
Natur, welche in der Erbsünde alle übrigen Men=
schen betroffen hat. Man verehrte diese Auszeich=
nung an ihr ohne bezügliche Eigenschaft insbe=
sondere hervorzuheben, Niemand befürchtete einen
Makel an ihr, Niemand bezweifelte ihre Voll=
kommenheit.

Es war dies von jeher und ist allezeit der
Glaube der Kirche; denn die Wahrheit dieses Dog=
mas liegt in der Natur der Sache begründet;
entspricht der Vernunft, der h. Schrift und An=
dacht der Gläubigen[c], es bestand dasselbe seit dem
Dasein Mariä. Als uralte Volksmeinung gibt
es so auch Papst Alexander VII. in einem aposto=
lischen Sendschreiben an, die größten Gelehrten
der Vorzeit bestätigen dies von ihrer Zeit, und
wo die Kirche von der Erbsünde sprach, wollten
sie Maria davon ausgeschlossen wissen[d]: und so
auch erklärten die Bischöfe des Erdkreises dies
als Glaube ihrer Gläubigen und baten um feier=
lichen Ausspruch Pius IX., der bei ihnen darüber
angefragt hatte. In diesem Sinne beging auch
die h. Kirche das Fest der Empfängniß Mariä[e].
Ein Dogma verkündet die h. Kirche feierlich erst

---

a) Esther 4, 11. b) Esther 25, 12—13. c) So die Väter des
Conciliums zu Avignon v. J. 1457. d) So Concilium zu Basel
1451 und Concilium von Trient. e) So im 7. Jahrhundert.

dann, wenn von Ketzern und Feinden der h.
Kirche solches verdächtigt oder geleugnet wird,
wie dies insbesondere in letzter Zeit in Betreff
dieser Wahrheit geschah, weshalb auch die feier=
liche Verkündigung dieser Glaubenslehre durch
den höchsten Statthalter Jesu auf Erden, Papst
Pius IX. vorgenommen wurde. Wie zu Ephesus
bei feierlicher Verkündigung Maria als Gottes=
mutter, so war bei dieser Verkündigung bei allen
Gläubigen frohlockende Freude, beglückende Wonne:
Votivkirchen, Kapellen, Säulen mit der Statue
der seligsten Jungfrau erhoben sich überall als
Andenken dieser freudenreichen Verkündigung, und
so ward in gleicher Weise und in kindlicher Ver=
ehrung der guten Mutter hier die heilige Kapelle
in geheiligtem Haine errichtet. Möge die Gottes=
mutter auch hier mit Wohlgefallen auf ihre sie
in Liebe verehrenden Kinder herabsehen und ihren
mütterlichen Segen in reicher Gnadenspende geben.

Wie die Hochbegnadigte selbst prophezeite, daß
alle Geschlechter sie ferner selig preisen würden,
was seitdem geschah und noch immer geschieht:
so erklärte sie auch selbst ihre unbefleckte Em=
pfängniß und der Wunderort zu Lourdes be=
stätigt[a] dies in seiner Heilquelle und in seinem
prachtvollsten Tempel als Wallfahrtsstätte zahl=
loser gläubiger Pilger. Und so auch offenbarte
Maria schon früher der h. Brigitta: „Wahrheit
ist, daß ich ohne Erbsünde empfangen bin.“

---

[a] Näheres: Die Grotten von Lourdes.

IV. Die Grotte von Lourdes.

1. So wird genannt die große Höhlung des Felsen Messabielle bei Lourdes, einem Städtchen Frankreichs an der spanischen Grenze. Sie ist berühmt geworden durch die Erscheinung der unbefleckt Empfangenen und die darauf erfolgten vielen Wunder bei vertrauensvollem Genusse des aus jenem Felsen fließenden Wassers. Sie besteht aus einer großen[a)] und kleinen Grotte[b)], in dieser fand die Erscheinung statt, in jener quillt das Wunderwasser. Letztere liegt am Boden und hat vom Eingange aus nach der entgegengesetzten Seite hin eine Abdachung gleich einem Zelte; jene steht mit dieser durch eine Spalte in Verbindung und befindet sich rechts oberhalb derselben; vom untern Theile der kleinen Höhle träufeln andauernd einzelne Wassertropfen auf einen Felsenstein herab, wovon sie fromme Pilger abzuküssen pflegen.

2. Die erste Erscheinung, welche sich öfters wiederholte, fand am 11. Februar 1858 statt: die Gestalt der Erschienenen war himmlisch, sanftfreundlich deren Blick, die Hände auf der Brust gefalten; sie schien mehr über dem Boden zu schweben, als darauf zu stehen; schneeweiß war ihr bis zu den Füßen gehendes Gewand; ein weißer Schleier hing in reichem Faltenwurfe vom Haupte über die Schultern herab; umgürtet war

---

a) Deren Höhe und Tiefe betragen 4 Meter, die Breite 8 Meter.
b) Deren Höhe beträgt 2 Meter, die Tiefe 2 Meter und die Breite 1 Meter.

sie mit einem himmelblauen breiten Bande, dessen
beide Ende bis nahe zur Erde herabhingen; ein
Rosenkranz in schönen Perlen hing an ihrem
rechten Arme, sie hatte auf jedem Fuße eine goldne
Rose, ein wilder Rosenstrauch umgab sie. Die
beglückte Seherin der Erschienenen war Bernar=
dine Soubirous, Tochter armer Eltern aus
Lourdes, sie zählte vierzehn Lebensjahre, war
schwächlich von Körper und hatte bis dahin noch
keinen Schulunterricht genossen, sie verstand nur
den Rosenkranz zu beten, dies aber war ihre Lieb=
lingsbeschäftigung. An jenem Tage war sie mit
zwei andern Mädchen ausgegangen, Holz zu sam=
meln. Sie kam zu jenem Felsen, die beiden an=
dern Kinder waren etwas vorausgegangen: da
erblickte sie plötzlich die in Licht strahlende Er=
scheinung: sie allein sah selbe, knieete nieder und
begann den Rosenkranz zu beten; die weitern
Erscheinungen fanden stets bei dieser frommen
Beschäftigung Bernardinens statt: die vielen bei
wiederkehrender Erscheinung dort Versammelten
sahen von derselben nur deren Abglanz im ver=
klärten Angesichte des begnadigten Mädchens.
Die Erschienene gab anfangs sich nicht zu erken=
nen, verlangte aber Buße, Gebet für die Sünder
und die Erbauung einer Kapelle am Orte der
Erscheinung; erst später auf wiederholte bringende
Bitte des Kindes, zu sagen, wer sie sei, erfolgte
die Antwort: „Ich bin die unbefleckte Empfäng=
niß", d. h. Ich bin von Anfang meines Werdens
unbefleckt, rein von jeder Sünde, auch der Erb=
sünde; gleichfalls bezeichnen diese Worte: „Ich

bin die einzig unbefleckt Empfangene"; so auch
sprach Jesus: „Ich bin die Wahrheit[a]", d. h. ich
verkünde nicht allein Wahrheit, den allein wahren
Weg zum Himmel, sondern in Allem erkenne
man an mir Wahrheit, in allen meinen Bezeich=
nungen, Reden und Handlungen; auf ähnliche
Weise spricht auch der h. Apostel: „Gott ist die
Liebe", also Liebe in allem und allezeit, nur er
ist die Liebe, wo Liebe lebt, da ist sie von ihm.

Bei drei verschiedenen Erscheinungen sagte
die heiligste Jungfrau der Bernardine ein Ge=
heimniß für selbe allein, und verbot es andern
zu offenbaren; einmal aber, bei großer Versamm=
lung daselbst sprach sie: „Trink und wasche dich
an der Quelle." Doch solche war nicht vorhanden.
Die Erschienene deutete zur rechten Seite der
großen Höhle hin, Bernardine fand aber auch
dort kein Wasser; sie scharrte hierauf mit ihren
Händen daselbst eine Hand tief den harten
Grund weg: da quoll langsam etwas Wasser
hervor, bald aber entströmte es stark. Dieses
Wasser ward Wunderwasser und blieb es bishe=
ran: die Gnadenvolle bewegt es zur Heilung,
wie einst der Engel des Herrn das Wasser des
Teiches Bethsaida zu Jerusalem in Bewegung
brachte[b], sowie auch der Blindgeborene auf Geheiß
Jesu durch Waschen im Teiche Siloe sehend wurde[c].

3. Die sichtbare Erscheinung Mariä der Un=
befleckten hat dort wohl aufgehört, als Gnaden=
quelle aber bewährt sie sich daselbst fortdauernd
für solche, welche in Kraft der göttlichen Tugen=

---

a) Joh. 14, 6.   b) Joh. 5.   c) Joh. 9.

den ihr nahen. Lourdes ist ein Gnadenort für
Leib und Seele geworden, aber auch Ort himmlischer Bestätigung unseres Dogmas von der unbefleckten Empfängniß der seligsten Jungfrau
Maria, ja sie selbst gab die Bestätigung und er-
neuerte sie in jedem hier gewirkten Wunder. Unsere begnadigte Seherin aber hatte viele Verfolgungen, besonders von weltlicher Behörde zu ertragen, war dabei andauernd körperlich leidend.
Sie wurde von den barmherzigen Schwestern zu
Levers liebevoll aufgenommen, erhielt im Jahre
1866 das Ordenskleid und als Klosterfrau den
Namen: Schwester Maria Bernard. Im Jahre
1878 legte sie die feierlichen ewigen Gelübde ab,
und starb schon im folgenden Jahre im Rufe
der Heiligkeit. ↗

Im Jahre 1864 am 4. April fand die Ein-
weihung der Lourdes-Grotte feierlichst durch Aufstellung einer der Erscheinung möglichst entspre-
chenden Statue statt. Die dabei gehaltene Prozession ging aus der Pfarrkirche von Lourdes dort
hin, sie war großartig, gebildet von 50 bis 60,000
Verehrern der unbefleckten Empfängniß, darunter
400 Priester und der Bischof von Tarbes; es
waren dabei vertreten alle Stände, auch der Mi-
litairstand und die verschiedenen Congregationen.
Der Weg dorthin war ein Triumphzug, Triumphbogen, Guirlanden und Fahnen in großer Fülle
verherrlichten ihn. Berge und Hügel widerhall-
ten, vom großartigen Lob Gottes und Mariä. Die
Gesänge und Gebete so vieler Tausenden, be-
gleitete die ergreifendste Musik.

4. Die durch so zahlreiche wundervolle Heilun=
gen weltberühmt gewordene Grotte verdient große
Verehrung und dies wohl auch in Nachbildung
derselben. Nicht jeder Fernwohnende kann nach
Lourdes pilgern; doch wie die durch den Herrn
und dessen heilige Mutter in Palästina merk=
würdig gewordenen Orte vielfach nachgebildet
wurden: so geschieht Aehnliches auch bezüglich der
durch die Erscheinung der Unbefleckten merkwürdig
gewordenen Grotte in Frankreich und dies geschah
gleichfalls hier. Wohl konnte jene Gegend nicht
nachgebildet werden, doch es genügt die Nachbil=
dung des Felsens mit den Grotten und diese wur=
den möglichst treu ausgeführt. Den Fluß Gave
ersetzen zwei über einander liegende Teiche.

Siehe also jene wunder= und gnadenreiche
Grotte hier dargestellt: Heiligung durch Erschei=
nung der Gottesmutter hat sie nicht, doch heilige
du, o Besucher, dieselbe durch heilige Gebete und
heiligen Wandel; bringe du, o Leidender, festes
Vertrauen auf Hülfe der heiligen Mutter mit,
welches die zu Lourdes Geheilten bewährten; wirst
du hier auch nicht Heilung finden, so doch sicherlich
Trost in den Leiden und Stärke zur Ertragung
derselben durch die Fürsprache der Unbefleckten bei
ihrem göttlichen Sohne, dem, da er am Oelberge
in größter Angst und Noth Blut schwitzte, auf
sein wiederholtes Gebet um Abhilfe nur diese
Gnade und nicht Befreiung vom Leidenskelche
zu Theil wurde: so auch verlangte Bernardine
in schmerzvollster Krankheit nur Kraft und Geduld
durch die Vermittelung der h. Gottesmutter.

Die Statue ist der in Lourdes ähnlich, in
festem Steine gemeißelt[a] und wie belebt über=
malt[b]; der Vorplatz der Grotte ist freundlich be=
pflanzt, zur linken Seite mit Rothtannen, Lärchen
und Pyramid = Silberpappeln, zur rechten Seite
mit Gleditschien, Hibiscus, Schlingrosen und edlen
Coniferen: der übrige Theil bis zum Teiche bilden
Steingruppen mit schöner Bepflanzung. Vor der
großen Grotte ist nördlich eine Vorhalle, wie in
Felsen eingehauen, versehen mit Kniebank und
Sitz; den vorderen Theil derselben zieren Schlan=
gencactus und andere Blumenpflanzen; an der süd=
östlichen Seite führt ein Weg hinauf zur Kloster=
kirche.

Der Grottenfels ist in seinen Schluchten
durchwachsen von Epheu, Farren und verschieden=
artigen Schling= und Marienrosen mit wohl=
riechenden Blättern. Der obere Theil des Felsens
ist überwachsen mit Ziersträuchern, Stauden und
Bäumen. Der Eingang zu dieser Anlage ist zur
Seite der sechsten Leidensstation Christi. Die
ganze Gruppe ist imposant; obwohl außergewöhn=
lich, so doch heimisch, gerne verweilt man daselbst,
denn dieser Ort ist ja der göttlichen Mutter ge=
weiht. Die ganze Anlage versetzt den Geist nach
Lourdes und stimmt das Herz zur Andacht, welche
die Liebe zu Maria entzündet. Sollten wir nicht
mit kindlicher Freude Alles für diese gute Mutter
thun, für dieses höchste und liebenswürdigste Wesen
nach Gott!

---

a) **Fleige** aus **Münster Westfalen**. b) **Bruch**, **Maler in Trier**.

5. Maria die Königin aller Engel und Heiligen steht höher als der größte Heilige, weil sie allein keine Spur der Sünden, noch die der Erbsünde an sich trägt: sie ist daher unter allen Menschen das schönste Geschöpf, makel=, fleckenlos: Gott selbst wählte sie sich zur Braut, nennt sie „meine Schöne, meine Einzige": und der Vater erwählte sie zur Mutter seines Sohnes, sie wurde daher Got=tesmutter, steht so auch höher als der vorzüglichste der Engel: Sie ist ewiges Mitglied der Gottes=familie in den drei göttlichen Personen geworden, weil Braut des h. Geistes und Mutter des Gottes=sohnes: sie wurde vergöttlicht; doch Gott konnte sie nicht werden, denn sie war nicht von Ewigkeit und alle ihre herrlichen Eigenschaften hatten Anfang und sind nicht unendlich in ihrer Er=habenheit, auch war sie als Mensch sterblich. Wir verehren sie daher auch nicht als Göttin, verehren und lieben sie aber nach Gott am mei=sten und geben ihr in Verehrung und Liebe den Vorzug vor allen Geschöpfen im Himmel und auf Erden und erkennen dieses ebenso als Pflicht gegen Gott, wie gegen Maria selbst: wir verehren sie wegen ihren göttlichen Beziehungen und ihren göttlichen Gnaden. Wer Maria nicht ehrt ver=achtet die Menschwerdung Jesu; wer Maria nicht liebt, verkennt das Göttliche, das Liebenswürdige an ihr. Wer aber Maria liebt, erscheint als Kind dieser Mutter der schönen Liebe, wer sie verehrt, als Diener und Verehrer Gottes in Verehrung der Gottesmutter.

V. Das heilige Haus von Nazareth.

1. Nazareth[a]), ein Städtchen in Süd-Galiläa im nördlichen Palästina auf dem Abhange eines Hügels, in einer der schönsten Landschaften gelegen, war einst reich an Blumen, Weinbergen und Waldung von Myrrthen-, Oel- und Eichbäumen. In dessen Nähe erhebt sich der Berg Tabor, in der Ferne der Libanon mit seinen hohen Cedern und mit Schnee bedeckten Gipfeln. Fünfzehn Berge umgeben es, gleichsam als Sinnbilder der Geheimnisse des heiligen Rosenkranzes. Doch in den heiligen Schriften des alten Bundes kommt der Name Nazareth nicht vor, keine Erwähnung geschieht davon; noch am Schlusse dieses Bundes war es gering geachtet, wie dies der Ausdruck der Verwunderung Nathanaels kund thut: „Kann denn aus Nazareth etwas Gutes kommen"? Ja dem Messias selbst gab man als Zeichen der Verachtung den Namen Nazaräner; die heiligen Apostel aber gebrauchten diesen mit hoher Verehrung und dies selbst wo sie Wunder wirkten; der römische Statthalter Pontius Pilatus gab dem Herrn in drei Sprachen diesen Namen als dem Könige der Juden; er nannte sich so selbst vom Himmel aus dem Saulus gegenüber.

Nazareth ward die Wohnstätte der großen Heiligen Joachim und Anna, der Eltern der heiligsten Jungfrau Maria sowie dieser größten Heiligen. Es zog das Auge Gottes und des Himmels ganz beson-

a) D. h. Blumenstadt, vom hebräischen Nezer Blume, Zweig, Sprosse.

bers auf sich und zwar auf das Haus, welches Stätte
der unbefleckten Empfängniß Mariä geworden,
auf das Haus, deren Geburt als die zweite Eva
im Urzustande. „Hier wirst du mit Milch genährt und von allen Seiten von Engeln umgeben", so ruft zu ihr der h. Johannes Damascenus:
ja Millionen von Engeln verherrlichten ihren
Geburtstag, stiegen zu ihr hinab*), dort auch stieg
der Erzengel Gabriel zu ihr hinab mit der so
beglückenden Botschaft, daß der heilige Geist über
sie kommen und die Kraft des Allerhöchsten sie überschatten werde. Dies geschah in diesem Hause und
Maria wurde dadurch Gottesmutter: hier nahm
der Sohn Gottes Fleisch an und wohnte viele
Jahre daselbst, betete, arbeitete, speiste und schlief
dort, und wie er, so die Heiligen Maria und Joseph.
Es wurde so Gottes Wohnung; auch hier gelten
des Engels Worte: „Siehe! die Hülle Gottes unter
den Menschen." Es bezeugen die glaubwürdigsten
Schriftsteller, daß bei Eintritt in dieses Haus
Geist und Herz selbst bei Sündern wunderbar
ergriffen würden.

Dieses wundervolle Haus erglänzte in seiner
himmlischen und göttlichen Auszeichnung und es blieb
in höchster Achtung und Verehrung bis zu dieser
Stunde: die heiligen Apostel machten daraus eine
Kirche, stellten darin einen Altar auf, welchen der
heil. Apostelfürst Petrus einweihte, sie hielten dort
Gottesdienst, brachten dort das h. Meßopfer Gott
dar, und es ward Wallfahrtsort der frommen
Gläubigen von nah und fern und aus weitester

---

a: Offenb. der h Brigitta.

Ferne selbst kam die h. Kaiserin Helena, Gattin Constantins des Großen[a]), sowie die h. Paula von Rom[b]) dorthin. Nachdem aber Akkon, diese letzte Stütze der Christen im heiligen Lande gefallen[c]) und das h. Haus der Gefahr der Zerstörung ausgesetzt war, da wurde es wundervoll versetzt nach Tersato in Dalmatien und einige Jahre später nach Loreto[d]) in Italien, wo es geblieben ist und fortdauernd nicht nur von dortigen Bewohnern, sondern auch von zahllosen Pilgern aller Länder sehr verehrt wird. Doch nur das Wohnhaus der heiligen Familie wurde weggetragen, nicht die anstoßende Grotte, diese Bet= und Schlafstätte der heiligsten Jungfrau Maria, worin ihr die frohe Botschaft vom Erzengel gebracht wurde und daher den Namen Verkündigungsgrotte erhielt. Die Mauern des h. Hauses wurden zu Loreto mit weißmarmornen Wänden zum Schutze derselben umgeben und diese mit Bildern geschmückt, welche sich auf das Leben Jesu und dessen heilige Mutter beziehen; hier aber wurde das Haus, wie es ursprünglich in Nazareth stand nebst Grotte nachgebildet, weil dies von größerem Interesse für die frommen Besucher erschien.

2. Das hier erbaute Haus Maria steht auf einem Hügel zwischen der vierten und fünften Schmerzensstation der h. Gottesmutter, zur rechten Seite der schönen Lindenallee. Der Vorplatz derselben bildet eine Steingruppe durchwachsen von Schlingrosen und immergrünen Pflanzen, deren

---

a) Im Jahre 326. b) 338. c) 18. April 1291. d) 10. Mai 1291. 10. Dezember 1294.

Blüthen theils weiß, theils blau oder gelb sind; daran schließt sich an zur südlichen und nördlichen Seite hin ein Ufer, mit gleichen Pflanzen verziert. Das Haus ist 4 Meter tief, 9,31 Met. breit, 4,16 Met. hoch; seine Richtung geht von Süden nach Norden. Es wurde erbaut aus Ziegelsteinen röthlicher Farbe, von verschiedener Form und Größe, das Verdeck ist aber nach orientalischer Weise oben flach, im Innern etwas gewölbt. Nur ein kleines Fenster, 86 Cent. im Quadrat hat es und zwar an der westlichen Seite, in dessen Nähe nördlich befindet sich die Thüre 2,40 Met. hoch, 1,33 Met. breit, an der östlichen Seite ein Kamin, 75 Cent. vom Boden entfernt, es brennt das Feuer sehr gut darin. In dessen Nähe an der nördlichen Seite ziert es ein Schränkchen 1,80 Met. vom Boden entfernt, mit einer Ober- und Untertasse, wie solche die heilige Familie gebrauchte.

Zwischen der Thüre und dem Schränkchen führen drei Tritte zur Verkündigungsgrotte, welche im Felsen ausgehauen erscheint, wie die zu Nazareth: überhaupt ist diese sowie das Haus, in Lage, Gestalt, Größe, Farbe und Einrichtung, den von Nazareth möglichst genau nachgebildet.

Die Grotte der Verkündigung war Nebenkammer des Hauses, ihre Höhe beträgt 2,70 Meter in der Mitte, an den Seiten 1,16 Meter, der innere Flächenraum 17 Quadratfuß, Tiefe und Breite ziemlich gleich; im Innern ganz von weißgelblichen Tuffsteinen erbaut: sie ist von oben herab beleuchtet. Rohrgeflechte dienten zu Schutz-

wänden vor den rauhen Mauern der Grotte,
sowie als Scheidewände für Schlafkammern
und sonst abzusondernde Räume. Sie sind zum
Aufstellen und Versetzen von einer Stelle zur
andern eingerichtet. Der Tisch diente zugleich
zum Betschemel, die Stühle sind ganz einfach ohne
Lehne, die Bette blos niedrige Lagergestelle mit
Polster, einfach und nahe dem Boden. So erschaue
auch hier die Wohnung der h. Familie: gedenke alle=
zeit derselben, deren einfachen und armen Einrich=
tung, und doch wohnte darin die erhabenste und
glücklichste Familie.

3. Auf einem erhöhten Bergkrystallboden, lich=
ten Wolken ähnlich, steht die Statue des h. Erzengels
Gabriel in würdevoller Haltung, der Blick ist auf
die h. Jungfrau gerichtet, welche östlich auf einem
Polster hinter einem Betstühlchen knieet, die Arme
kreuzweise über der Brust haltend; mit gesenktem
Haupte und wie lauschend auf des Engels Worte.[a]
Des Engels Gruß in blauem Glase, liest man
oberhalb dieser Gruppe, welche mit sanftgelbem
Lichte überstrahlt wird. Lieblich und doch ernst
ist die ganze Darstellung und erfreut die Besucher
auf ergreifendste Weise, was die unwillkürlichen
Ausrufe bei Hintritt zur Grotte bekunden. Man
glaubt beide Bilder lebend, glaubt zu hören das
Ave Maria des himmlischen Botschafters und zu
schauen die Herzensfreude Mariä und sie selbst
in Gott durch Demuth und Liebe aufgelöst. Drei
Mal des Tages beim Läuten der Betglocke ge=

---

[a] Beide meisterhaft ausgeführte Statuen sind von Künstler
Walter in Trier gefertigt.

denken wir dieses hehren und beglückenden Ereig=
nisses, wir erneuern die Verkündung sowie den
Gruß des Engels und wiederholen der demüthigsten
Jungfrau Entgegnung: fühlen wir auch all dies in
dankbar liebendem Herzen, sprechen wir aus die
Worte mit heiligem Munde, mit einer Engelszunge?

4. Die zwei großen Plätze zur nördlichen und
südlichen Seite des h. Hauses sind mit verschie=
denartigen Zierpflanzen geschmückt[a]. Darauf sind
in angemessener Entfernung vom h. Hause fünf=
zehn Häuschen aus Tuffsteinen erbaut, worin in
gelungenen Reliefbildern die fünfzehn Geheimnisse
des h. Rosenkranzes dargestellt sind[b]. Die Bilder
umschließen Nischen, worunter auf weißem Mar=
mor die betreffenden Geheimnisse in Goldschrift ver=
zeichnet sind. Die unteren vorderen Flächen zieren
Krystallkreuze, wovon die des freudenreichen Ro=
senkranzes weiß, die des schmerzhaften dunkel=
braun, die des glorreichen gelb, sowie auch die
Bepflanzungen an ersteren, dem freudenreichen
Rosenkranze, in weißblätterigen, die des schmerz=
haften in rothblätterigen, die des glorreichen in
goldgelbblätterigen Pflanzen verziert sind; da=
runter zeichnen sich aus weißblätteriger Ahorn,
dunkelrothe Trauerbuchen und Trauerbirken, dun=
kelrothe Eichen und Berberis, sodann goldgelb=
blätterige Eichen, Hollunder und Coniferen. Die
herrlichsten Fuchsien, Rosen und Pelargonien, die
ganze Anlage in allen ihren Gruppen erscheint
fremdartig und versetzt den Geist nach Palästina.

a) Pinus caerulea, pinus pinsapa, Abies Wellingtoniagigantea.
b] Gefertigt von Scherf zu Kalk bei Deutz.

VI. Der h. Kreuzweg Jesu Christi.

I. Einiges im allgemeinen.

1. Wen sollte nicht die Lichtstraße am Fir=
mamente, gebildet aus unzähligen Sternen, als
Wunder der Allmacht Gottes in Staunen setzen!
Mehr aber fesselt in Bewunderung eine Straße
auf Erden als Wunder der Liebe Gottes, und
diese ist der heilige Kreuzweg Jesu. Mehr ist
dieser als Sternenglanz am Himmelsgewölbe:
er ist der Himmelsweg, derselbe, worauf der Sohn
Gottes selbst als unser Erlöser in seine Herr=
lichkeit einging[a]. Er ist der Weg, den der Herr
mit seinen blutigen Fußtapfen bezeichnete, mit
seinem Blute heiligte und sowie als Andenken
seiner Liebe, so auch als Pfad der Liebe hinterließ.
Er ist der Weg seiner Liebe zum Vater in Ge=
horsam[b]; seiner Liebe zu uns im Leiden bis zum
Tode[c], der Weg der Genugthuung Gottes Ge=
rechtigkeit für unsere Sünden, der Erlösung der
armen Menschen. Er ist der Leidens= und To=
desweg Christi, der zur Schädelstätte führt, auf
welcher er am Kreuze starb; zum Grabe, worin sein
heiliger Leichnam ruhte; ist so der Weg der
aufopferndsten Liebe Jesu Christi. Der wahre
Kreuzweg des Herrn ist zu Jerusalem; Christus
selbst hat ihn eröffnet vor seiner Himmelfahrt und
so gedeutet, wohin er führe. Anfänglich kannte
man nur diesen, den in Liebe zu Jesu und im
Andenken an dessen Leiden Maria, die heilige

---

a) Luc. 24, 26. b) Joh. 14, 31. c) Joh. 3, 16.

5

Mutter, die Apoſtel, Jünger und Freunde Jeſu
nach frommer Ueberlieferung oft beſuchten und
ebenſo in gleicher Liebe die Chriſten jener und
ſpäterer Zeit. Indem aber dieſer heilige Weg
für die meiſten Gläubigen gar weit von ihrem
Wohnorte, daher die Reiſe dahin gefährlich, für
Viele unmöglich oder unzuläſſig iſt, ſo haben
fromme Päpſte erlaubt, ähnliche Wege allenthalben
zu errichten, und es ſind dieſe nachgebildeten,
ſofern nach kirchlicher Vorſchrift errichtet[a], in ihrer
Bedeutung und Segnung der heiligen Kirche für
fromme Beſucher derſelben ebenſo heilſam als
jener, den Chriſtus ſelbſt betreten.

2. Der ganze Kreuzweg iſt eingetheilt in vier=
zehn Stationen oder Ruhepunkte zur Betrachtung
der Haupt=Erreigniſſe des Leidens und Todes Jeſu,
welche daſelbſt bildlich in gewiſſer Reihenfolge
dargeſtellt ſind. Wo ſolcher Kreuzweg ſich befin=
det, da iſt insbeſondere anzuwenden, was der
heilige Paulus den Galatern ſchrieb: „Euch iſt
Jeſus Chriſtus vor Augen geſtellt worden, als wäre
er unter euch gekreuzigt[b]; denn hier ſehen wir uns
im Geiſte gleichſam verſetzt in die Zeit und an
die Orte, wo Jeſus litt. Wie der heilige Welt=
apoſtel in den Himmel entrückt, unausſprechliche
Geheimniſſe wahrnahm[c]; wie der Jünger der
Liebe auf der Inſel Patmos den Himmel geöff=
net und das Lamm Gottes am Throne des Vaters
erblickte[d]: ſo ſehen wir uns hier in jenes Land
verſetzt, wo Gottes Liebe ſo geheimniß= und wun=

---

a) Mit biſchöflicher Erlaubniß und nachheriger Segnung durch
einen dazu bevollmächtigten Prieſter. b) Galat. 3, 1. c) 2 Cor.
12, 2—4. d) Offenb. 1, 9.

dervoll sich offenbarte, jenes Lamm Gottes in
Liebe zu uns verblutete. Wir sehen da nicht nur
im Bilde mit leiblichen Augen die Denkmäler
des Leidens und Todes des Herrn; unser Geist
bringt zugleich zur lebendigen Anschauung der
Wunder der Liebe zu Jesu in dessen Leiden und
Sterben. Wohl uns, so wir diesen Weg oft be=
treten in Betrachtung, Bewunderung, Beherzig=
ung, Nachahmung und Theilhaftmachung der Liebe
Jesu Christi; wohl uns, wenn wir hier von ihm
lernen, dem Vater in allem bis zum Tode in
Liebe gehorchen, wenn wir gleich dem Herrn des
Vaters heiligen Willen in Selbstverleugnung
allezeit zu unserm Willen machen; dann wird
auch erfüllt werden des Vaters Wille: unsere
Heiligung[a]. Hören wir also des Propheten Auf=
forderung[b]: „Kommet und lasset uns den Weg
des Herrn hinansteigen. Er wird uns seine
Wege lehren und wir wollen seine Pfade wan=
deln.“

II. Der Kreuzweg Jesu zu Arenberg.

1. Dieser heilige Kreuzweg, gelegen zwischen
dem Filialorte Immendorf und dem Pfarrorte
Arenberg, beginnt in der Nähe der letzten Station
des Kreuzweges Mariä, der heiligen Gottesmut=
ter, und endigt an der westlichen Ecke des Kirch=
hofes. Neben dem Kirchwege ist ein eigener breiter
Weg dafür, ähnlich dem Kreuzwege Mariä an=
gelegt; an dessen Seiten sind die heiligen Statio=

---

a) I Theff. 4, 3. b) Jf. 2, 3.

nen, diese Denkmäler des segensreichen Leidens
und Todes Jesu Christi, theils rechts, theils links,
oder in der Mitte des Weges, sowie die Räume
sich hierzu am geeignetsten bewährten; der Boden
dieser und der übrigen heiligen Anlagen wurde
gekauft und ist Eigenthum der Kirche.

2. Keine geeignetere Lage konnte diesem
Stationswege gegeben werden, doch wurde er ge=
rade hier auch deswegen angelegt, um beide Dör=
fer durch eine Gottesstraße zu verbinden und zu
einem heiligen Orte zu vereinigen, diesen Kirch=
weg als Gottesweg auf's anschaulichste zu be=
zeichnen, und dadurch zu mahnen, denselben nur
mit edler Gesinnung und frommen Uebungen
zu wandeln, und vor allen sündhaften Zerstreu=
ungen, Gedanken, Reden und Handlungen abzu=
schrecken. Er wurde angelegt, um die Liebe
Christi in dessen Leiden und Sterben der Ge=
meinde unvergeßlich zu machen und ihr Gelegen=
heit zu geben, durch Betrachtung derselben Trost
und Muth bei eignem Leiden hier zu schöpfen,
zur Nachahmung des Herrn in Geduld und Er=
gebung bei Kreuz und Leiden anzumahnen, auf=
zufordern, der Erlösung von der Sünde durch
Christus stets dankbar zu gedenken, und selbe,
so man gesündigt, als reumüthiger Sünder an=
zustreben, sowie auch die von den Päpsten bei
würdigem Besuche des Kreuzweges bewilligten
Ablässe für sich selbst, und bittweise für die Seelen
im Reinigungsorte zu gewinnen. Der Haupt=
zweck aber, der uns in Allem leiten muß, ist ver=
zeichnet auf der marmornen Säule am Eingange

zur Anlage der Erlösungskapelle, in den Worten
des heil. Apostels[a]): „Alles zur Ehre Gottes".

3. Mit dem Bau desselben wurde begonnen
im Jahre 1845. Aus Mangel an Mitteln konn=
ten anfänglich nur sieben Stationen errichtet
werden, welche der Hochwürdigste Herr Bischof
von Trier, Dr. Wilhelm Arnoldi am Kirchweih=
feste, den 6. Juni 1847, feierlichst einsegnete.
Ueberaus groß war die Menge der Theilnehmer
an dieser Feierlichkeit. Die Predigt hielt der
hochwürdigste Herr selbst, worin er in salbungs=
vollen Worten den Besuch des heil. Kruzweges
sehr anempfahl und auf die Art und Weise wür=
diger Abhaltung und der damit verbundenen
Vortheile aufmerksam machte. Der Segen, den
jener edle Prälat auf diese Stationen herabgefleht,
ward von jener Stunde an ein Magnet, der aus
der Nähe und Ferne unzählige Pilger anzog. Es
erschien daher auch räthlich, den Kreuzweg in
seinen vierzehn Stationen mit Gottvertrauen zu
vollenden, und so wurde am 20. September 1852
der vollständige Stationengang von demselben
erhabenen Kirchenfürsten eingesegnet. Da aber
Bürger von Immendorf, aus Mangel an Bau=
plätzen im und am Orte, Häuser bis zur fünften
Station bauten, so wurde die Versetzung der
erstern, von Wohnhäusern umgebenen Stationen
nöthig und dem Kreuzwege gegenwärtige Aus=
dehnung gegeben. Die Einsegnung desselben fand
im Sommer des Jahres 1868 statt.

4. Die einzelnen Stationshäuschen sind ein=

---

a) 1. Cor. 10, 31.

fach, aber in ihrer Einrichtung und Umgebung
anmuthig und das Gemüth heilsam angreifend.
Sie haben eine schlanke schöne Gestalt; das Ma=
terial besteht aus Trierer und Heilbronner Sand=
steinen. Die Bilder stehen in einer Nische; der
Stoff derselben ist gebrannter Thon; sie sind in
Relief gearbeitet und ihrer erhabenen Bestim=
mung entsprechend ausgeführt[a]. Am untern Theile
des Stationshäuschens befindet sich eine gleich=
tiefe Nische, worin ein trauernder Engel mit ge=
senkten Flügeln, mit langem Gewande umkleidet,
eine aufgerollte Schrift zeigt, deren Inhalt mit
der Darstellung des Bildes in Verbindung steht.
Eine weitere darauf bezügliche Schriftstelle ist in
einer Vertiefung unter dem Bilde eingegraben.
Die vordere Spitze des Daches ziert ein schönes
Kreuz, unter dem die Nummer der Station ein=
gegraben ist. In der Rosette darunter befindet
sich ein hölzernes Kreuzchen von Oelbaumholz aus
Jerusalem, welches über einer Kapsel steht, worin
ein Steinchen betreffender Kreuzwegstation zu
Jerusalem aufbewahrt ist. Auf diesem durch Glas
geschützten Kreuzchen ruht die kirchliche Segnung.
Diese Kreuze mögen nach des hl. Apostels Paulus
Worte insbesondere erinnern, daß wir durch das
Kreuz mit Gott Versöhnte geworden[b], indem
Christus durch das Blut seines Kreuzes Frieden
gemacht[c], unsern Schuldbrief daran geheftet und
durch sein Blut gelöscht hat[d]. Sie sollen uns
mahnen „aufzublicken zu dem Anhänger und Vol=

---

a) Von Bildhauer **Albert Michels** in Coblenz. b) Ephes.
2, 16. c) Coloss. 1, 20. d) Coloss. 2, 14.

lender des Glaubens, zu Jesus, der für die ihm
vorgelegte Freude das Kreuz erdulbete, die Schmach
nicht achtete, und zur Rechten des Thrones Gottes
sitzt[a];" sie sollen uns aufmuntern, gerne mit
ihm zu leiden, damit wir mit ihm verherrlicht
werden.

Die erste Station.

1. Den Eingang zu dieser Station über=
schatten zwei Eichen. In Mitte desselben steht
eine dorische Lavasäule, worauf folgende Worte
eingeprägt sind: „Hiesige Gott geheiligte Anlagen
werden dem Schutze eines Jeden angelegentlich
empfohlen und es wird vor Verletzungen und
Entwendungen von Pflanzen, Blumen, Steinen
u. s. w. gewarnt." Das Stationshäuschen ist von
Felsengruppirung in Basaltsteinen umschlossen,
worüber Trauerweiden, Lärchen, Tannen, Gold=
regen und sonstige Ziersträucher sich ausbreiten,
welche dasselbe wie mit einer großen Laube umge=
ben; verschiedene Zierpflanzen bilden die nächste
Umgebung. In Mitte des Ausganges steht eine
Trachitsäule mit dem katholischen Gruße: „Gelobt
sei Jesus Christus! In Ewigkeit Amen." Auf
deren Rückseite: „O Jesu! Barmherzigkeit."

2. Das Stationsbild stellt dar, wie Jesus unser
Heiland nach der Verurtheilung zum Tode, ge=
bunden vom Richtplatze weggeführt wird, Pilatus
aber, der schwache und ungerechte Richter, seine
Hände waschend, sich unschuldig am Blute dieses
Gerechten erklärt, den er der Rotte zur Kreu=

---

a) Hebr. 12, 2.

zigung überläßt. Von den Schriftstellen ift die
erfte entnommen aus dem Propheten Michäas[a]
und enthält die Klage des Meffias über Israels
Volk, das als sein Ankläger ihn so boshaft be=
handelt; die Worte lauten: „O mein Volk! was
hab' ich dir gethan, oder was fiel dir schwer von
mir? Antworte mir." Die zweite ift entnommen
aus dem erften Briefe des hl. Petrus[b], welche
die ungerechte Verurtheilung Jesu des Heiligsten
bezeichnet, sie heißt: „Er, der keine Sünde be=
ging und in deffen Mund kein Betrug gefunden
ward, der nicht wieder schalt, als er gescholten
wurde, nicht drohte, da er litt, sondern sich dem
überließ, der ihn ungerecht verurtheilte."

Die zweite Station.

1. Der Weg von der erften Station bis zur
dritten ift rechts abwechselnd mit Rothtannen und
verschiedenen Arten Trauerlinden bepflanzt; ver=
bunden find diese durch azorischen Jasmin; links
aber stehen Lärchenbäume, verbunden durch Flie=
der; hinter diesen ift ein sanft anfteigendes Ufer,
welches sich bis zum Klostergarten ausdehnt, von
diesem aber durch eine hohe Weißdornhecke ge=
trennt ift. Vor diesem Zaune wechseln Roth=
tannen und Goldregen ab; der Zwischenraum ift
mit Flieder und rothblättrigen Haselnußsträuchen
ausgefüllt. Diese Station liegt links des Weges,
in Mitte des erwähnten Ufers, und ift mit einer
freundlichen Felsengruppe und Goldregenbäum=
chen umgeben.

---

a) Michäas 6, 3. b) 2, 22—23.

2. Das Stationsbild stellt die Scene dar, in der dem Heilande das Kreuz aufgelegt wird. Er empfängt es mit zum Himmel gerichteten Blicke, um anzudeuten, daß er es als Zuschickung des himmlischen Vaters erkenne, in Gehorsam und Liebe annehmen und tragen wolle, daher auch darunter die Schriftstelle[a]): „Vater, die Stunde ist gekommen." Die zweite Schriftstelle[b]): „Er ladet auf sich unsere Schmerzen!" bezeichnet, daß er das Kreuz zu unserer Erlösung übernahm.

Die dritte Station.

1. Diese liegt in der Mitte des Weges; schon von weitem sieht man sie zwischen immergrünen Zweigen. Rechts steht eine Cypresse. Nördlich erheben sich abendländische Lebensbäume, östlich virginische Wachholderbäume, südlich Taxus und Weymuthskiefer.

2. Das Stationsbild stellt den ersten Fall Christi unter dem Kreuze dar: die boshaften Führer aber gönnen ihm keine Ruhe, daher die Schriftstelle[c]): „Meine Feinde haben umgeben meine Seele, verschlossen ihr gefühlloses Herz." Die zweite aber gibt die Ursache seines Falles an, in den Worten[d]): „Unser aller Missethat hat der Herr auf ihn gelegt."

Die vierte Station.

1. Diese befindet sich auf der linken Seite des Weges. Rechts führt eine Stiege zum Kirch=wege; diesen ziert von der ersten Station an bis zur fünften eine prachtvolle Allee holländischer

---

a) Joh. 17, 1. b) Jsai 53, 1. c) Pf. 16, 19—20. d) Jsai 53, 6.

Linden, welche alle in Pyramidgestalt gezogen
sind. Zwischen denselben liegen Quarz=, Granit=
und Kalksteinblöcke, welche alle durch ihre Größe,
Schwere und ihre Formen merkwürdig sind. Der
Hintergrund dieser Steine und die Rabatten
sind mit Ziersträuchen verschiedener Art bepflanzt:
Schutz bietet eine Weißdornhecke. Den Kreuzweg
umgeben bis dahin rechts hochstämmige Lärchen,
links Tannen; Jasmin und Syringa bilden die
Wegumfassung bis zur fünften Station. Die
Station selbst umgeben Coniferen. Etwas entfernt
liegen sehr große bräunliche Felsblöcke: diese
Steine sind überaus schwer, der größte, in der
Nähe der Station, lag an einem Abhange; ihn
zu bekommen, mußte ein eigener Weg im Walde,
von da, wo er lag, bis zur Landstraße angelegt
und ein großer starker Schlitten von Eichenbalken
gefertigt werden. Um ihn die Anhöhe zu dieser
Station hinaufzubringen, genügten nicht sieben
Gespann Ochsen; es zogen zugleich mit an den
dazu benutzten Glockenseilen eine Menge Menschen.

2. Das Stationsbild stellt die Begegnung Jesu
und seiner heiligen Mutter Maria dar: unter
dem Kreuze wankend schaut Jesus auf sie mit
leidendem matten Blicke. Nach der ersten Schrift=
stelle werden ihm die klagenden Worte des Pro=
pheten David[a] in den Mund gelegt: „Sie ver=
gelten mir Böses für Gutes, Haß für meine
Liebe“. Maria erscheint, vor Schrecken und Mit=
leid überwältigt. Mutter und Sohn rufen[b]: „O
ihr Alle, die ihr vorübergeht am Wege, gebet

---

a) Psalm 139, 5. b) Jeremiä Klagel. 1, 12.

Acht und schauet, ob ein Schmerz gleich sei mei= nem Schmerze"! so die zweite Schriftstelle.

Die fünfte Station.

1. Diese steht mitten im Wege, der vor der= selben rechts weiter geht. Man sieht sie schon in der Ferne in freundlichem Diorama. Der Weg dahin ist rechts bepflanzt mit Rothbuchen, links geht die Tannen=Allee fort. Tannen bilden auch die Umgebung. Das Stationshäuschen steht in einer Felsengruppe. Unter den Felsblöcken zeich= net sich ein glänzend weißer Stein durch seine Schönheit und Größe aus; er lag am Abhange eines hohen Berges, zwölf Mann waren vier Tage hinduch beschäftigt ihn von da herabzuwälzen, zum Transport desselben aber sieben starke Pferde nöthig.

2. Das Bild stellt dar, wie Simon von Cyrene Hand an's Kreuz legt, um es dem Herrn tragen zu helfen. Es soll diese Scene insbesondere die Liebe zu Jesu entzünden und mahnen, als treuer Schüler desselben das eigene Kreuz der Leiden, Mühen und Entbehrungen bereitwillig zu tragen und hierin gleichsam einen Theil des Kreuzes Christi; daher die Schriftstelle darunter[a]: Wer sein Kreuz nicht auf sich nimmt und mir nachfolget, ist meiner nicht werth". Und[b]: „Er hat für uns gelitten, und euch ein Beispiel hinterlassen, damit ihr seinen Fußtapfen nachfolget[c]".

Die sechste Station.

1. Der Weg zu dieser ist rechts mit hohen

---

a) Matth. 10, 38. b) 1. Petr. 2, 21. c) Der Weg hinter dieser Station führt zum Kloster der Dominikanerinnen.

starken Silberpappeln bepflanzt, welche Allee bis
zur siebenten Station fortgeht. Diese Bäume
verbindet eine reichlich blühende Rosenhecke, welche
über das lange und breite Ufer dieses Weges sich
ausbreitet. Am Anfange dieser Allee steht auf
kleinem Felsen eine Säule von rothem Sandsteine,
worauf mit großen vergoldeten Buchstaben der
schöne Spruch steht, den Jeder zu seinem Wahl=
spruche machen möge: „Jesus, meine Liebe!"
Links ist ein Felsenufer, welches mit Mahonien
und Weigelien überwachsen ist; woran Rothtan=
nen und Lärchen sich anschließen. Rothtannen
und hochstämmiger Buxbaum umgeben das Sta=
tionshäuschen. Vor demselben geht eine Verbin=
dungstreppe zu dem Kirchwege und Oelberge
hinab. Der Weg rechts führt zur Grotte von
Lourdes. Die großen Quarzblöcke, welche dort am
Wege liegen, wurden mit Hebmaschinen im
Jahre 1857 bei allbekanntem kleinen Wasserstande
aus dem Mosel= und Rheinbette erhoben.

2. Die Darstellung des Bildes ist: Veronika,
eine fromme Matrone, reicht dem Heilande ein
Tuch zum Abtrocknen seines mit Schweiß und Blut
bedeckten Angesichts. Wie entstellt dieses sonst so
schöne und freundliche Angesicht Jesu, wegen der
für uns übernommenen Leiden und Mühen gewe=
sen, zeigt die Schriftstelle unterhalb des Bildes[a].
„Schmählich wird sein Antlitz sein unter den Män=
nern und seine Gestalt unter den Menschenkin=
dern." Und die andere[b]: „Denn er ist verwundet
um unserer Missethaten willen, zerschlagen um

a) Isai 52, 14. b) Isai 53, 5.

unferer Sünden willen." O Chrift! bedenke die=
fes, und liebe dankbar deinen Heiland.

Die fiebente Station.

1. Den Weg zu dieſer Station begrenzt links
eine Weißdornhecke, an deren Ende hinter einem
blaugrauen großen Steine mit weißen Abern eine
ſchöne Trauerbuche ſteht. Hinter dieſem Schutz=
zaune dehnen ſich nach Oſten zwei Teiche aus, wo=
von der zweite höher denn der erſte liegt. Der
Ausfluß des oberen geht unter einer Brücke durch
und rieſelt über ein Steinufer in den untern
Teich. Vom Frühjahre bis zum Herbſte zieren
dieſe Stelle blühende Callas und Cannas. Nörd=
lich umgibt das Waſſer eine Felſengruppe, be=
pflanzt mit einer amerikaniſchen Trauerweide und
mehreren ſchön blühenden Sträuchern, ſowie mit
Rabarber und Schlingpflanzen. Die öſtliche Ufer=
fläche decken Hortenſien; die Südſeite iſt bepflanzt
mit Schilfrohr; das weſtliche Ufer mit Pyramid=
Silberpappeln, rothblühenden Ribes, Fuchſien
und anderen Sträuchern und Stauden, darunter
Sumpfpflanzen. Die entferntere Umgebung bilden
verſchiedenartige hohe Bäume, auch ſind die Teiche
ſelbſt theilweiſe mit Seeroſen bedeckt. Dieſe Teiche
dienen nicht nur zur Verſchönerung der Anlage,
ſondern auch zur Erfriſchung der Pflanzen bei
langdauerndem Regenmangel. Der von Buchen
überſchattete Weg führt zur 'Grotte von Lourdes.
Das Stationshäuschen ſteht in der Mitte einer
gerundeten hohen Felſengruppe von Tropfſteinen
und Kieſelconglomeraten, umgeben von Rothtan=

nen. Die Treppe daneben führt zu der Erlöſungs=
kapelle und dem Gärtnerhauſe; ſie iſt unten
überſchattet von einer Trauerpappel und einer
Trauerkaſtanie, weiter hinauf von Goldregen.

2. Das Bild ſtellt dar den zweiten Fall Jeſu
unter dem Kreuze. Abermals niedergefallen unter
dem ſchweren Gewichte der Sünden der Menſchen,
zeigt ſich Jeſus in ſeiner Liebe als Sühnopfer;
daher auch die Schriftſtelle[a]: „Er hat die Sün=
den Vieler getragen und für die Uebertreter ge=
betet." Und die des Engels[b]: „Unſers Friedens
wegen liegt die Züchtigung auf ihm und durch
ſeine Wunden werden wir geheilt." Fühlſt du
nicht der Liebe Schmerz, dieſe Liebe durch deine
Sünden beleidigt zu haben?

Die achte Station.

1. Dieſe Station ſteht dem Eingange zur
Anlage der Erlöſungskapelle gegenüber, an der
nordöſtlichen Ecke des Pfarrgartens. Der Weg
zu derſelben iſt rechts mit babiloniſchen Trauer=
weiden und Lärchen bepflanzt, vor denen eine
Hainbuchenhecke hergeht; links zieht ſich ein Fels
hin, gebildet von Schlacken, über welchem Roth=
tannen ſtehen, in ſchöneren Jahreszeiten aber zu=
nächſt reich blühende Fuchſien oder Begonien.
Der ganze Weg ſcheint als Vorplatz zur Stations=
anlage ſelbſt zu gehören, indem die vordere Seite
des Stationshäuschens nach dem Wege hin ge=
richtet iſt. Die Umfaſſung'deſſelben bildet ein Halb=
kreis von ſehr ſchwarzen vulkaniſchen Schlacken,

---

a) Iſai 53, 12. b) Iſai 53, 5.

welche überwachfen find mit Farrenkräutern, öſt=
lich in einem Steinblocke endet, der ſeiner Größe,
Schönheit und Seltenheit wegen beſondere Auf=
merkſamkeit verdient. Dieſer iſt ein Conglomerat,
von ſehr harten Steinen verſchiedener Größe zu=
ſammengeſetzt. Als Umpflanzung erheben ſich rings
umher Hainbuchen und Schlingroſen, neben dem
Stationshäuschen aber zwei Tulpenbäume.

2. Das Stationsbild ſtellt dar den Herrn,
ſprechend zu den über ihn weinenden Frauen[a]:
„Weinet nicht über mich ſondern weinet über
euch ſelbſt und über eure Kinder". In Anwen=
dung dieſer Worte auf uns folgt auf der aufge=
zogenen Rolle des Engels die Mahnung[b]: „So
thuet Buße und bekehret euch, damit eure Sün=
den getilgt werden". Wie viele Thränen wahrer
Reue über deine Sünden haſt du vergoſſen?

Die neunte Station.

1. Zu dieſer führt ein ſanft anſteigender Weg,
welcher links von einem Schlackenufer, rechts von
ſolcher Rabatte begrenzt iſt, die ſchon in der ſieb=
ten Station beginnt; die Steine ſind von im=
mergrünen, weiß[c] und gelb[d] blühenden Pflanzen
durchwachſen, umgeben links von Eichen und Bu=
chen, ſodann von Taxus, Roſen und Evonimus[e],
rechts von Weißtannen und Lärchen, welche eine
Allee bilden, hinter dieſen begrenzt den Pfarrgar=
ten ein Hainbuchenzaun. Das Stationshäuschen
ſteht an der nördlichen Seite der Kirche über einer
Felſengruppe von Granitblöcken, wovon die Kirche

---

a) Luc. 23, 29. b) Apoſtel 3, 19. c) Arabis albida, Gänſekraut.
d) Alyssum sexatile. e) Evonimus radicans.

überhaupt umgeben ist. Die vordere Seite der=
selben ist errichtet in rothen vulkanischen Schlacken,
die inneren Wände bestehen aus braunen sammt=
artigen Weißbleisteinen [a]): Coniferen stehen um
dieselbe; sowie eine amerikanische und eine hol=
ländische Linde.

2. Das Stationsbild stellt dar den dritten
Fall Christi unter dem Kreuze. Christus liegt
da wie unter dem Kreuze begraben; die Bosheit
der Führer verfolgt ihn auch hier, der eine schlägt
ihn unmenschlich, der andere zieht ihn gewaltsam
in die Höhe. Dieser sein so tiefer und schmerz=
licher Fall, sowie die grausame Behandlung zeigt
die Strafbarkeit der Sünden der Menschen, für die
er Genugthuung leisten wollte, daher die Schrift=
stelle darunter in den Worten Jesu [b]): „Wenn
man dies am grünen Holze thut, was wird mit
dem dürren geschehen!" wenn so der Gerechte
leidet, wie wird es dem unbußfertigen Sünder
ergehen. Es folgen auf des Engels aufgezogener
Rolle die tröstlichen und aufmunternden Worte [c]):
„Er trug unsere Sünden selbst an seinem Leibe
auf dem Holze, damit wir abgestorben den Sünden,
der Gerechtigkeit lebten". Wie schwer war dabei
die Last deiner Sünden? Hast du sie auch mit=
gefühlt und die Erlösung des Herrn benutzt?

Die zehnte Station.

1. Links um die Kirche geht der Weg zu den
andern Stationen: die zehnte steht am Blumen=
garten der Kirche. Die Umpflanzung des Weges

---

a) Aus dem Bergwerke Friedrichs-Segen bei Braubach. b) Luc.
23, 31. c) Petr. 2, 24.

linker Seite besteht aus Roth= und Edeltannen sowie auch aus letztern der Zaun; die Wegumfassung aus Veilchen. Den Hintergrund dieser, der eilften und dreizehnten Station bilden schlanke virginische Wachholder=Pyramid=Bäume. Die Station umgibt ein sehr schönes Häuschen, dessen Wände von Ala= baster[a], mit Rändern von dunkelgrünen Schlacken umkleidet sind; ein Kreuz von röthlichem Alabaster schmückt den oberen Theil der Vorderseite; die innere Rückwand besteht aus größeren grünen Schlacken; den Mosaikboden bilden kleine läng= liche Schlacken in ähnlicher Farbe; solche hat auch die dreizehnte Station.

2. Das Stationsbild stellt die Entkleidung Jesu zur Kreuzigung dar, daher auch die Schrift= stelle darunter[b]: „Sie haben meine Kleider un= ter sich getheilt und das Loos geworfen über mein Gewand," und die des Engels, welche uns auf Jesus als Schlachtopfer unserer Sünden wegen insbesondere aufmerksam machen soll[c]: „Siehe das Lamm Gottes, siehe der hinwegnimmt die Sünden der Welt". Beherzige was dieses Gottes= lamm dir zuruft: „Selig, die ihre Kleider im Blute des Lammes waschen, daß sie Macht erhal= ten zum Baume des Lebens"[d].

Die eilfte Station.

1. Diese steht am Kirchhofe der Kinder. Das Häuschen ist ähnlich dem der zehnten, nur beste= hen die Wände aus glänzendweißem Quarze mit Rändern von grauweißem Bergkrystall, wovon

---

a) Aus Bous, Kreis Saarlouis. b) Psalm. 21, 19. c) Joh. 1, 20, d) Offenb. Joh. 22, 14.

auch, aber in größeren Stücken die innere Rück=
wand errichtet ist. Weißer Kalkspath in kleineren
Formen bildet den Boden; den obern Theil der
Vorderseite schmückt ein Kreuz von Tropfsteinen.

2. Das Stationsbild stellt dar die Kreuzigung
Jesu, bei der er als Sühnopfer der sündigen
Menschen mit den fürchterlichsten Qualen, die er
in Liebe zu uns erdulbete, die bewunderungswür=
digste Geduld verband; daher die Schriftstelle
darunter[a]): „Er hat sein Leben in den Tod ge=
geben und ist unter die Uebelthäter gerechnet
worden." Und die des Engels[b]): „Er wird ge=
opfert, weil er selbst wollte und öffnet seinen
Mund nicht; wie ein Schaf wird er zur Schlacht=
bank geführt". Worunter rechnest du dich? Wie
benimmst du dich in deinem Leiden?

Die zwölfte Station.

1. Diese steht an der Südseite der Kirche,
dem obern Kirchhofswege gerade gegenüber, und
ist ähnlich der neunten; die Seiten decken reich=
blühende Schlingrosen, wilde Weinreben und zwei
Eibenbäume.

2. Das Stationsbild stellt das Verscheiden
Christi am Kreuze dar: Christus neigt sterbend
sein Haupt; Maria, die geliebte Mutter, steht
unter dem Kreuze in tiefstem Schmerze; Johan=
nes, der treue Jünger, schaut wehmüthig hinauf
zum Herrn; Magdalena, die liebende Schülerin
Jesu liegt vom Schmerze der Liebe überwältigt
am Fuße des Kreuzes. Welche Gefühle bewegen

---

a) Isai 53, 12. b) Isai 53, 7.

dein Herz bei Betrachtung Jesu am Kreuze? Sind
es die jener Heiligen oder solche seiner Kreuzi=
ger*)? Die erste Schriftstelle verkündet in den
letzten Worten des Herrn dessen Tod^b): „Es ist
vollbracht!" die Schriftstelle des Engels aber schil=
dert die große Liebe des Vaters in Hingabe sei=
nes geliebten Sohnes für uns in folgenden Wor=
ten^c): „Denn also hat Gott die Welt geliebt, daß
er seinen eingeborenen Sohn hingab, damit Alle,
die an ihn glaub n nicht verloren gehen, sondern
das ewige Lebene haben".

Die dreizehnte Station.

1. Diese steht am Kirchhofe: wie beide vor=
hergehende Stationen ist auch diese von hohen
virginischen Wachholderbäumen umgeben. Weil
bei feierlicher Haltung des Kreuzweges in Prozes=
sion, diese über den Kirchhof geht, so ist auch auf
der Rückseite betreffendes Bild angebracht; das
gesegnete Kreuzchen aber im Innern des Häus=
chens. Die innern Seiten und die Decke desselben
bekleiden schneeweiße flache Muscheln, die vorderen
Theile weißer Kalkspath, mit Rändern von röth=
lichen, vulkanischen Schlacken; davon ist auch die
innere Rückwand errichtet; die obere Fläche schmückt
ein Kreuz von Tropfsteinen; der Boden ist Mo=
saik, ähnlich dem der zehnten Station.

2. Das Stationsbild stellt dar die Abnahme
der Leiche Christi vom Kreuze: Joseph von Ari=
mathäa und Nicodemus haben schon die Hände
und Füße des h. Leichnams Jesu vom Kreuze ge=

a) Hebr. 6, 6. b) Joh. 19, 30. c) Joh. 3, 16.

6*

löst und lassen diesen ehrfurchtsvoll in einem Tuche
herab, wobei der heil. Johannes Hülfe leistet.
Maria die schmerzhafte Mutter, schaut zu mit
sichtbarem großen Herzenskummer. Auf die Vollendung des blutigen Erlösungswerkes aufmerksam machend, steht darunter die Schriftstelle[a]):
„Der uns geliebt und gewaschen hat von unsern
Sünden mit seinem Blute". Durch die Worte
auf der Rolle des Engels aber[b]): „Ein Schwert
wird deine eigene Seele durchbringen, damit die
Gedanken Vieler offenbar werden", wird auf den
mütterlichen Schmerz Mariä bei dem Leiden und
Tode ihres geliebten Sohnes hingewiesen, den
auch wir durch unsere Sünden mit verursacht
haben, und aufgefordert, die Gefühle eines reu-
müthigen und bekehrten Herzens in wahrer kindlicher Verehrung und Liebe zu Maria zu bewähren.

Die vierzehnte Station.

1. Diese steht an der unteren Ecke des Kirch-
hofs, mehrere Schritte vom Eingange in die
Kirche entfernt; die Umpflanzung besteht in Coniferen. Die Wände des Häuschens sind im Innern
mit schwarzen, porigen Schlacken bedeckt und mit
Friesen hellgrüner Schlacken umgeben; auch am
Plafond sind solche schwarze Steine, jedoch verziert
mit weißen Muscheln. Die Rückwand ist aus
Spritzschlacken gebildet, der Boden belegt mit
verschiedenartigen Schlacken.

2. Das Bild stellt die Grablegung Christi dar.
Schon erwähnte heilige Männer tragen auf einem

---

a) Offenb. 1, 5. b) Luc. 2, 35.

Tuche die Leiche Jesu, zum Grabe; die h. Mutter
und Freunde Jesu folgen traurig. Das Grab
wurde geheiligt durch die Leiche Jesu, verherr=
licht durch dessen Auferstehung, und blieb seitdem
der Gegenstand hoher Verehrung der Gläubigen,
daher die Schriftstelle[a]: „Die Nationen werden
zu ihm beten und sein Grab wird herrlich sein",
Das ganze leidenreiche Erlösungswerk als Werk
der Liebe Jesu bezeichnend, folgt die Schriftstelle
auf der Rolle des Engels: „Daran haben wir die
Liebe Gottes erkannt, daß er sein Leben für uns
dahin gab"[b]. Lernen wir hierdurch, daß auch wir
unser Leben bis zum Tode in allen Leiden, Ent=
behrungen und Mühen in dankbarer Liebe Jesu
widmen sollen.

VII. Die Erlösungskapelle oder Kapelle der schmerzhaften Mutter.

I. Die Veranlassung des Baues dieser Kapelle.

1. Die Veranlassung des Baues dieser Kapelle
war die Erscheinung einer verstorbenen Jungfrau
aus Immendorf, Namens Elisabeth Sauer, ge=
boren den 30. Dezember 1816, gestorben den 8.
August 1843, eheliche Tochter des Maurers Jo=
hann Sauer und der Anna Maria geborene
Wagner. Ihre letzte Krankheit war ein Nerven=
fieber, wovon sie als Dienstmagd in Coblenz er=
griffen, hierauf aber in's elterliche Haus nach

---

a) Isai 11, 10.   b) Joh. 3, 16.

Immendorf in einem Wagen überbracht wurde,
wo sie starb. Dem Tode nahe, verlangte sie noch=
mals ihren Seelsorger zu sprechen, indem sie der
Mutter sagte, sie habe demselben noch etwas mit=
zutheilen; die h. Sterbesakramente hatte sie schon
empfangen; doch da derselbe in's Haus eintrat,
war sie eben verschieden.

2. Eine arme Wittwe aus Arenberg, Mar=
garetha Hahn, geborene Scharfenstein, geboren zu
Isenburg den 5. April 1802, verehlicht mit Jo=
hann Hahn, den 12. Dezember 1833, ernährte
sich nach dessen Tod, der schon im Jahre 1838
erfolgt war, durch Sandhandel und vom Tage=
lohne. An den von ihrem Sandgeschäfte freien
Tagen pflegte sie zur Sommerzeit im Pfarrgar=
ten zu Arenberg zu arbeiten, welcher an der Seite
der Kapelle und zwischen dem Oelberg und der
Kirche liegt. So war sie daselbst Montag den
7. August 1848 beschäftigt. Zur Zeit der Abend=
glocke hörte sie in der Gegend, wo jetzt die Kapelle
steht, laut und deutlich rufen: „Gnadenbild!
Gnadenbild! Gnadenbild!" hielt aber diesen drei=
maligen Ruf als den einer Fremden, welche den
Oelberg besucht und sich darüber so geäußert
habe. Zwei Tage später, zur selben Zeit der
Abendglocke und während des Gebetes, erblickte
sie an jenem Orte eine weibliche Gestalt, weiß
gekleidet, die auf dem Haupte eine Erhöhung,
gleich einer vorn gespaltenen Krone, hatte. Sie
sah aufmerksam dorthin und diese Erscheinung
daselbst sich erheben und nahe dem Boden und
in nicht weiter Entfernung von ihr, nach dem

Oelberge hin, alsdann von da in derſelben Rich=
tung wieder zurückſchweben, worauf ſie verſchwand,
Montag den 14. Auguſt, ebenfalls zur Zeit der
Abendglocke, hörte ſie zweimal Gnadenbild rufen,
und ſah an erwähnter Stelle dieſelbe Erſcheinung
und ſelbe in gleicher Weiſe zum Oelberge hin und
zurückſchweben, bevor ſie verſchwand. Die gute
Frau glaubte anfänglich die Erſcheinung ſei die
heil. Mutter Gottes geweſen und ſprach ſich
hierüber im Pfarrhauſe bei den Hausleuten
aus, denn der Pfarrer war abweſend; dieſe ta=
delten ihre Behauptung, einwendend: „Warum
ſollte euch denn die h. Gottesmutter im Garten
erſchienen ſein?“ Da wurde die Frau ängſtlich und
ging nur mehr ungern in den Garten zur Arbeit.
Am 16. Auguſt, Morgens zur Zeit der Halbmeſſe,
wurde ſie, beſchäftigt mit Ausgäten des Unkrautes,
durch ein Geräuſch in der Nähe veranlaßt auf=
zublicken, und ſah dieſelbe Erſcheinung und in
derſelben Weiſe, wie die letzteren Male. Obwohl
ſehr erſchrocken, blieb ſie dennoch an ihrer Arbeit;
in Gedanken aber war ſie ſtets mit der Erſchei=
nung beſchäftigt: da läutete die Betglocke zu Im=
mendorf, es war gegen zwölf Uhr Mittags. Sie ſah
auf und hin nach dem Orte, wo ſie ſchon drei=
mal die Erſcheinung geſehen, und welcher etwa
vierzig Schritte von ihr entfernt war. Die weiße
Geſtalt zeigte ſich wieder, kam ihr näher, und
ſie erkannte die Züge der vor 5 Jahren verſtor=
benen Eliſabetha Sauer, deren Angeſicht aber
war leichenblaß. Sie nahete mehr, bis auf drei
Schritte; in dieſer Entfernung umſchwebte ſie

selbe drei Mal, blieb dann stehen und sprach:
„Erschrecket nicht! ich bin Elisabeth Sauer. In
meiner schweren Krankheit zu Coblenz habe ich
gelobt, einen Bittgang nach Maria=Hilf bei Co=
blenz zu machen und dort für einen Groschen
Wachs zu opfern, sowie ein Heiligenhäuschen
zur Ehre der h. Mutter Gottes bauen zu lassen,
worin mehrere Menschen Raum finden können.“
Dringend bat sie, den Bittgang für sie ungesäumt
zu thun und den Herrn Pastor hiervon zu be=
nachrichtigen, damit das Heiligenhäuschen bald
gebaut werde, in welchem als erstes Opfer eine
Wachskerze von 10 Silbergroschen dargebracht wer=
den solle. Sie sprach weiter, daß sie andern davon
schon Mittheilung gemacht habe, aber erfolglos;
darauf verschwand sie. Sogleich nach dieser Er=
scheinung ging die Wittwe zum Pfarrhause und
erzählte das Vorgegangene, trat dann ungesäumt
die Pilgerreise nach Maria=Hilf an und brachte
dort bezeichnetes Opfer. Ganz erschöpft zurück=
gekehrt, mußte sie sich Schwäche halber zu Bette
legen, konnte weder essen noch trinken, fühlte
sich gänzlich entkräftet und hoffte Besserung nur
dadurch, daß sie ihre Aussage durch einen Eid
beglaubige. Auf ihr Andrängen wurde dem Jus=
tiz=Amte zu Ehrenbreitstein hiervon Anzeige ge=
macht, worauf am folgenden Tage, den 17. Au=
gust, Justiz=Amtmann Bernard Neumann und
Justizamtssecretär Asmann nach Arenberg zur Ver=
nehmung kamen; diese verlangten aber, daß auch
das Pfarr= und Sendamt vertreten sei, weßhalb der
Pfarrer und die Sendschöffen Christian Straube,

Joh. Knopp und Joh. Grenzhäuser sich ebenfalls
im Hause der Hahn einfanden. Dieser wurde
nun die Wichtigkeit des Eides erklärt und sie
auf's ernstefte gemahnt, nichts zu behaupten, worüber sie nicht Gewißheit habe; auch wurden ihr die
Folgen eines falschen Eides vorgehalten; sie aber
bestand darauf. Sie erzählte nun, was oben mitgetheilt wurde, leistete sodann feierlich den Eid
zur Bekräftigung der Wahrheit ihrer Aussage.
Das Protokoll, von ihr und allen Anwesenden
unterzeichnet, ist im Pfarrarchive hierselbst nie-
bergelegt. Ohne Schwur verdient die Hahn Glauben, denn sie war fromm, und obwohl arm und
schwächlich, wollte sie nicht von Almosen, sondern
von selbst erworbenem Brode leben. Sie hatte
auch keinen zeitlichen Vortheil in Betreff dieser
Sache zu erwarten, brachte vielmehr bis zur Vollendung des Baues der Kapelle manchen Krug
Oel und manche Kerze zum Opfer; auch bis zu
ihrem Tode beharrte sie auf ihrer Aussage als
wahre; sie entschlief im Herrn den 17. Juli 1860.

3. Möchte vielleicht Jemand hier einwenden:
„Warum offenbarte sich die Verstorbene in so
wichtiger Sache einer armen Wittwe und nicht
einer einflußreichen Person?" Eine ihrer nächsten
Verwandten[a] sprach damals: „Das beängstigt
meine Seele allezeit, daß ich nicht würdig gewesen, die Erscheinung gehabt zu haben." Und
vom Heilande heißt es: „Jesus frohlockte im heiligen Geiste und sprach: „Ich preise Dich, Vater,

---

[a] Ihre Mutter.

Herr des Himmels und der Erde! daß Du dies
vor Weisen und Klugen verborgen, Kleinen aber
offenbaret hast. Ja, Vater, denn also ist es
wohlgefällig gewesen von Dir[a]!" So auch sprach
er: „Den Armen wird das Evangelium geprediget,
und selig ist, wer sich an mir nicht ärgert[b]".
Oder möchte man einwenden: „Warum erschien
die Verstorbene dieser Frau erst nach 5 Jahren,
warum fünfmal, und warum rief sie fünfmal
Gnadenbild? warum in jener Gestalt, und warum schwebte sie zuerst zum Oelberge?" Hier
muß ich antworten, daß die Rathschlüsse Gottes
unergründlich sind[c], die Verstorbene aber nur
that, was Gott ihr erlaubte. Doch warum rief
Gott fünfmal Samuel und dies in verschiedenen
Zeiten, ehedem er sich ihm offenbarte[d]? Wollte
der Herr den Samuel nicht besonders aufmerksam auf seine Worte machen, die er hierauf zu
ihm sprach? Warum anders erschien der Herr
nach seiner Auferstehung so oft seinen Jüngern,
als um sie im Glauben an seine Auferstehung
und so an ihn und in seinem Erlösungswerke
zu bestärken. Und sollte sein jedesmaliges Ver-
schwinden nicht auf seine Himmelfahrt vorberei-
ten? Was die sich wiederholende Zahl fünf betrifft: so ist sie Bezeichnung der vorzüglichsten
Gnadenquellen, der heiligen fünf Wunden Jesu,
in denen er zugleich als herrliches Bild der Liebe
und Gnade erscheint, weil in ihnen als Erlöser,
durch dessen Gnade sie auch ihre Erlösung hoffte.
Ihr Angesicht hatte Todesblässe, anzuzeigen, daß

---

a) Luc. 10, 21. b) Luc. 7, 22—23. c) Röm. 11, 31. d) 1. Samuel 3.

sie noch nicht im Reiche der Lebendigen, im Him=
mel lebe; ihr Gewand war weiß, weil sie ohne
Sünde war; die Krone ihrer Tugenden hatte
eine Lücke, welche die Erfüllung des Gelübdes
ausfüllen sollte; sie flog zum Oelberge, ihre große
Sehnsucht nach Erlösung zu bezeichnen; denn am
Oelberge begann Jesus das blutige Erlösungs=
werk. Was schließlich der Ruf: Gnadenbild be=
trifft, so erkenne man diesen als Bezeichnung
dessen, als was das herrliche Bild betreffender
Kapelle sich schon bewährte; denn wie viele Lei=
dende und Bedrängte erhielten betend vor diesem
Bilde im Vertrauen auf Mariä, der hl. Mutter
Jesu, liebreiche Fürbitte, Trost und Hülfe, manche
selbst auf die wundervollste Weise; ja die eigen=
thümlichen Eindrücke, die dort jeder erhält, der mit
frommem Sinne eintritt, bewähren höhere Ein=
flüsse und nöthigen zum Geständnisse: „Hier be=
rührt eine Hand von oben.“ „Denn in dem
Orte ist wahrhaft eine gewisse Kraft Gottes a)“.
Lieber Leser, willst du dich davon überzeugen,
so gehe hinein mit edler Absicht und frommem
Herzen.

4. Die Krankheit, worin die Erschienene die=
ses Gelübde gemacht, war nicht jene letzte, son=
den eine frühere, da sie als Dienstmagd ebenfalls
in Coblenz schwer erkrankte; sie machte es mit
der Bedingung, wenn sie wieder gesund würde;
dies geschah, und die Verpflichtung dankbarer
Erfüllung war vorhanden, aber sie hatte hierzu
die Mittel nicht, wollte es daher später erfüllen,

a) 2. Mach. 3, 38.

sobald als möglich, sollte auch ihr elterliches Erbe
gänzlich dazu benutzt werden müssen. Dieses
offenbarte sie im Jahre 1841 einer Jungfrau,
mit der sie während einer gemeinschaftlichen Feld=
arbeit über Gelübbe sprach, und jener so auch
das ihrige offenbarte, jedoch mit der Bitte, Nie=
manden etwas davon zu sagen. Nach jener Er=
scheinung aber hatte diese keine Ruhe mehr, bis
sie ihrem Seelsorger und den Verwandten der
Erschienenen davon Mittheilung gemacht, was
aber erst nach allen betreffenden Verhandlungen
geschah. Diese Jungfrau war Elisabetha Weber
aus Arenberg, später Gattin des Gerichtsschöffen
Johann Klee. Auch hatte die Erschienene dieses
vor ihrer letzten Krankheit einer Alters= und Schul=
genossin, Anna Maria Sauer aus Immendorf,
mitgetheilt, Tochter des Sendschöffen Anton Sauer
und der Anna Catharina geborne Pfaffenhau=
sen; auch diese hat erst nach betreffenden gericht=
lichen Verhandlungen, ihrer Pathin, dies als
Beleg der Wahrheit jener Erscheinung mitgetheilt.
Das Gelübbe also war sicher gemacht; die Erfül=
lung war unterblieben, daher die Erscheinung.

5. Der Bau gelobten Heiligenhäuschens konnte
aber sogleich noch nicht in Angriff genommen
werden, weil die Mittel fehlten. Der Vater der
Verstorbenen, gemahnt durch eine Erscheinung im
Traume, welche einen blauen Maßstab in der
Hand hielt, ließ die Familie zur Berathung in
dieser Angelegenheit zusammenkommen, und es
erklärten sich einige Mitglieder derselben, welche
Maurer waren, bereit, das Häuschen unentgelt=

lich zu bauen, die Eltern aber wollten zehn Tha=
ler für Baumaterial geben. Doch ein Häuschen
dieser Art würde dem Gelübbe nicht entsprochen
haben, auch schien es zur ganzen Anlage nicht
passend, es mußte daher jenes Gelübbe auf
andere Weise wahrgenommen werden, und so
entstand unter Gottes h. Leitung die gegenwär=
tige Kapelle welche nicht nur wegen Erfüllung
jenes Gelübbes, sondern auch insbesondere, weil
sie selbst in Allem an die Erlösung der Menschen
durch Jesus Christus erinnert, Erlösungskapelle,
sowie auch weil darin Maria, die heil. Mutter
Jesu, in der so ergreifenden Statue das Opfer
der Erlösung auf ihrem Schooße zeigt, Kapelle
der schmerzhaften Mutter genannt wird. Die
Vorarbeiten begannen im Frühjahr 1849 durch
Wegfahren der Erde, dadurch die Vertiefungen
zum Grottenwerke um die Kapelle herum zu er=
halten; sodann wurden die Steinblöcke und Steine
überhaupt hierzu aufgesucht und an Ort und
Stelle gebracht. Am 15. October 1850 erst ver=
mochte der Grundstein zur Kapelle selbst gelegt
zu werden, worauf in diesem Jahre nur mehr
die Fundamente gemauert werden konnten. Im
Jahre 1851 wurde die Kapelle in Mauer und
Dach aufgeführt, im nächstfolgenden Jahre erst
der ganze Bau vollendet. Anfänglich sollte nur
eine kleine Betkapelle errichtet werden, auf An=
rathen eines frommen Bischofs[a] aber, der wäh=
rend den Grundarbeiten die heiligen Orte be=
suchte, wurde sie größer angelegt und zur Dar=

---

a) Weihbischof Dr. Godehard Braun von Trier.

bringung des hl. Meßopfers eingerichtet. Die
Auffindung des Materials dazu geschah oft auf
wunderbare Weise: so insbesondere die der pracht=
vollen weißen Quarzkrystalle, wodurch zugleich Herr
Wilhelm Stöck, Apotheker zu Bernkastel, seinem
edlen Herzen das werthvollste Denkmal setzte; er
ist schon in's Reich der Vergeltung hinübergegan=
gen. In einem bereits viele Jahre verlassenen
Gange des Silberbergwerks daselbst ließ derselbe
nach Krystallstufen forschen: viele Wochen hindurch
wurde darauf gearbeitet, ohne auch nur einen
solcher Ziersteine aufzufinden, und schon wollte man
hoffnungslos diese Arbeit einstellen, da drang der
Meißel durch und eröffnete einen leeren Raum,
dessen Wände aus jenen prachtvollen Krystallen
bestanden. Staunen fesselte die Schauenden und
es flossen Thränen der Freude. Die Anzeige
hievon begann mit den Worten: „Ein Wunder!"
Beim ganzen Bau konnte man die Hand des
Herrn als leitende und helfende deutlich erkennen.

6. Die Consercration des Altars und hiermit
die der Kapelle fand feierlich statt unter Assistenz
von fünfzehn Priestern am 20. September 1852,
dem Tage der Einsegnung der Stationen, Mor=
gens neun Uhr, durch den Hochwürdigsten Herrn
Bischof von Trier, Dr. Wilhelm Arnoldi, Hoch=
welcher gleich nach der Consecration, und so zuerst,
das heilige Meßopfer darin darbrachte. Sie
wurde geweiht der schmerzhaften Mutter und so
deren Schutz insbesondere empfohlen, und jeder
Eintretende verweilt gerne darin und von Ehr=
furcht durchdrungen.

Am Sonntage nach den Quatember=Fasttagen
im Monate September, da der feierliche Besuch
des Kreuzweges stattfand, und die Prozession zur
Kapelle kam, fiel die Hahn wie todt zur Erde;
besinnungslos wurde sie nach Hause getragen.
Nachdem sie sich von dieser Ohnmacht erholt hatte,
erklärte sie dem sie besuchenden Priester, daß in
der Nähe der Kapelle ein Arm von oben herab=
kommend, glänzend wie die Sonne, sie berührt
habe, was so gewaltig auf sie gewirkt, daß sie
bewußtlos zur Erde gesunken sei.

Schreiber dieser Zeilen war Zeuge von allen
betreffenden Verhandlungen, vor ihm wurden die
Zeugnisse abgelegt, und er weiß, daß sie wahr
sind; versage o lieber Leser! auch Du dieser
Wahrheit Deinen Glauben nicht und lasse Dir
dieses Ereigniß als ernste Mahnung dienen, eif=
rigst für das Heil Deiner Seele zu sorgen.

II. Die Umgebung der Kapelle.

1. Der Haupteingang zur Anlage der Kapelle
ist in der Nähe der achten Station des Kreuz=
weges des Herrn; hinter demselben steht eine
rothe marmorne Säule, welche einst das Innere
der alten nun zerstörten Kapelle der Feste Ehren=
breitstein (Helfenstein) zierte, worauf der Haupt=
zweck der Anlage sämmtlicher heiligen Orte in
den Worten[a]: „Alles zur Ehre Gottes" verzeich=
net ist.

Man schreitet durch einen in Conglomerat=
steinen erbauten Bogengang, dessen Gewölbe aus

---

a) 1. Corinth. 10, 31.

rothen vulkanischen Schlacken besteht und der über=
wachsen ist von immergrünen Sträuchen und
Schlingpflanzen. Der untere Theil der Anlage ist
mit Lärchen, Lebensbäumen, Stechpalmen, Weiß=
und Rothtannen bepflanzt, in der Mitte des freien
Platzes steht eine Trauereiche. Von hier aus
sieht man die Kapelle am besten; denn man steht
auf erhöhtem Boden, der Façade derselben ge=
genüber, gleichsam auf einer Emporkirche, indem
diese Anlage die Gestalt einer Kirche hat, wovon
der mittlere Theil das Schiff, die Kapelle selbst
das Chor bildet. Die unteren Räume der An=
lage begrenzt nördlich eine Mauer, bedeckt mit
schönen Eisentropfsteinen. zwischen denen verschie=
bene Schlingpflanzen sich ausbreiten; hinter die=
ser Mauer geht der Weg hinauf zu dem freien
Platze, wovon eben Erwähnung geschah. Oestlich
und westlich erheben sich Felsenwände, überwach=
sen von Peterssträuchen und Eichen. Diese, wie
überhaupt die Felsen und Mauern um die Kapelle
herum, bestehen aus verschiedenen Arten Conglo=
meraten, welche theilweise Epheu und Mahonien
bedecken, deren Fugen aber Farrenkräuter und
Moose ausfüllen, wodurch die ganze Anlage ein
sehr altes, ehrwürdiges und eigens überraschendes
Aussehen hat. Die nördöstliche Ecke nimmt ein
die Grotte vom h. Herzen Jesu, wovon später
das Nähere. Südlich erhebt sich in einem Halb=
kreise ein nach oben zur Mitte hin steigender Fels,
dessen untere Ecken Schneeballenbäume zieren,
zwischen denen ein Springbrunnen sich befindet.
Hinter diesem Felsen geht auf beiden Seiten

ein Weg zur Vordergruppe der Kapelle. Von da
führen rechts und links Lavastiegen, jede von
sechs Staffeln, zwischen Felsen zu den zwei Ein=
gängen der Kapelle.

3. Um die Kapelle herum geht ein mit klei=
nen Steinen gepflasterter Gang, der umschlossen
ist von Felsen, worüber Rothtannen und ver=
schiedene Arten immergrüner Pflanzen stehen,
welche mit dem freundlichsten Grün die Kapelle
umgeben. Den Hintergrund bildet ein Wäldchen
von Buchen, Eichen, Hainbuchen und Zierpflan=
zen, welches sich hinter dem obern Weg über
Steinblöcke nach Süden hin ausdehnt. Dieses
Felsenufer bedecken Wachholder, Buxbaum, Far=
renkräuter und Epheu. Auch hinter den Rothtan=
nen der westlichen Seite zieht sich jenes Wäldchen
hin bis zum Haupteingange der Anlage; Sinn=
grün, Stechpalmen und Buxbaum durchbrochen
von schönen Quarzen, bilden dessen Vordergrund.

III. Das Aeußere der Kapelle.

1. Dieser allgemein beliebten Kapelle[a] Rich=
tung ist von Norden nach Süden.

Die Vordergruppe der Kapelle bilden große
hellgraue Conglomeratblöcke, die ein Blumen=
gärtchen unmittelbar vor der Kapelle einschlie=
ßen, welches Paradies genannt wird, weil hier
an der Façade der Kapelle sich zwei große Bäume
erheben, welche die Bäume des Lebens und der
Erkenntniß, diese Paradiesbäume, versinnlichen.

---

a) Ihre Länge beträgt 7 Meter 85 Ctm , die Breite 5 Meter 65
Ctm., die Höhe bis zum Gewölbe 7 Meter 85 Ctm.

Die Stämme derselben sind aus Stein, die Kronen
aus gebranntem Thon. Die Rinde ist gebildet
aus Schlacken, welche am Hochofen[a] durch Aus=
spritzen der Lava gebildet wurden und uralte
Rinden ganz naturgetreu darstellen. Ersterer
trägt Früchte, aus deren vergoldeten Schalen En=
gelsköpfchen schauen, weil von den Früchten des
Lebensbaumes die ersten Menschen sich für den
Himmel erhalten sollten[b]; des letzteren Früchte
bestehen aus fahlen Schalen worin sich Todten=
köpfe zeigen, und die gemäß den Worten der
hl. Schrift[c]: „Von dem Baume der Erkenntniß
des Guten und Bösen sollst du nicht essen, denn
an welchem Tage du davon issest, wirst du des
Todes sterben“. Adam und Eva aßen davon;
er ward so das Vorbild des Kreuzes, an dem
der Erlöser starb; auch das Kreuz wurde so
selbst ein Baum der Erkenntniß, das es im Tode
Jesu lehrt wie böse die Sünde ist, wegen welcher
der Herr daran verblutete; wie gut aber dieser ist,
indem er uns daran erlöste; und da Christus am
Kreuze im Tode als Lebensfrucht reifte und es
so ein Sinnbild des Lebens wurde: so hat eben=
falls der andere Baum eine passende Stelle hier;
daher auch strahlt ein großes Kreuz aus weißen
Krystallen zwischen den Kronen beider Bäume,
wodurch zugleich angedeutet wird, daß jene zwei
Bäume wieder im Reiche Jesu auf Erden und
zwar verbunden miteinander erscheinen, welche die
Sünde mit dem Paradiese von der Erde entfernte;

---

a) Von der Concordia = Hütte bei Sahn. b) Genef. 2, 9. c)
Genef. 2, 17.

denn wir besitzen ja wirklich den Baum der Er=
kenntniß des Guten und Bösen im göttlichen Worte,
dessen Uebertretung den Tod bringt; den Baum
des Lebens im heiligen Sakramente der Liebe,
dem heiligen Abendmahle, dieser himmlischen Nah=
rung zum ewigen Leben. Neben den symbolischen
Bäumen stehen schlanke Eichenbäume und Farren=
kräuter; jene Bäume sind übermalt. Der Hinter=
grund derselben bildet eine Wand von hellgrauen
Krystallen; die drei unteren Zwischenräume der
Baumstämme und äußern Pfeiler der Kapelle
füllen Fenster aus, deren kleine Scheiben größ=
tentheils Kreuzgestalt haben.

2. Ueber diese Bäume zieht sich ein Bogen hin
von regelmäßig behauenen schwarzen und rothen
vulkanischen Schlacken, welcher selbe schützend
überdeckt. Ueber diesem Bogen zeigt sich ein
fürchterlicher blutrother Drache mit sieben Köpfen
nach der Offenbarung des hl. Johannes[a]. Ober=
halb dieses Drachens aber erblickt man über dem
Monde stehend eine herrliche Statue: das Weib
mit dem Kinde[b] nach derselben Offenbarung[c].
Die Statue ist stark in Lebensgröße, hat die na=
türliche Steinfarbe, und es sind blos die Säume
der Gewänder vergoldet. Furchtlos und majestä=
tisch steht das Weib da, hält das Kindlein zum
Himmel empor und beginnt die Flügel auszu=
breiten, um vor dem Ungeheuer zu fliehen, das
seine sieben Rachen schauerlich nach denselben

---

a) Cap. 12, 3. c) Diese schöne Statue fertigten die Brüder
Peter und Joseph Jungbluth zu Coblenz, ebenso den Drachen und
die Bäume, nach Zeichnung des Herrn Deger, Professor an der
Königl. Maler-Akademie zu Düsseldorf. b) Cap. 12, 1.

aufsperrt, bie scharfen Zähne unb in Feuer glü=
henden Zungen zeigt. Das Weib wird von einem
großen Glasbehälter umgeben, deffen Rückseite
die strahlende Sonne darstellt, wovon das Weib
umkleidet erscheint; die Seitenumgebung ist ähn=
lich dem blauen mit Sternen verzierten Firma=
mente, unb erhebt sich aus weißen Quarzkrystallen.
Vor deffen Wölbung läuft in gleicher Richtung
ein blau lackirter Zinkgürtel, worauf man in
goldener Schrift die jene Darstellung betreffenden
Worte liest: „Der Drache verfolgt das Weib,
welches das Knäblein geboren hat, unb dem
Weibe wurden zwei Flügel eines großen Adlers
gegeben a)". Der Hintergrund, vor dem der Drache
liegt, ist schneeweißer Quarz; er bildet zugleich
die Mauer, auf der jene Statue des Weibes steht.
Diese bildliche Darstellung sinnbildet das fort=
gesetzte Leiden Jesu und Mariä in der Kirche,
welche Satan und deffen Anhang dieser bereiten.
Wie er den ersten Adam und die erste Eva im
Paradiese unglücklich machte: so übt er jetzt seine
Bosheit aus gegen den zweiten Adam: Jesus b)
in deffen geistlichem Leibe, der Kirche c), und ge=
gen die zweite Eva, Maria in ihren geistlichen
Söhnen und Töchtern, den Gläubigen. Er hat
die Drachen=Gestalt und den Namen Drache, weil
er unter ähnlicher Gestalt schon die ersten Men=
schen verführte; bluthroth erscheint er, seine Gier
nach Mord der Menschen zu bezeichnen d): die sie=
ben Köpfe sinnbilden die sieben Haupt= oder Tod=

a) Offenb. 12, 13—14. b) 1. Corinth. 15, 45. c) 1. Corinth.
12, 27. d) Joh. 8. 14.

sünden, wodurch er in Beraubung der heiligmachen-
den Gnade die Seelen der Menschen ihrer Bestimmung für das ewige Leben zu entziehen und
sie so gleichsam zu tödten trachtet; zugleich sinnbilden sie seine Schlauheit und List. Die zehn
Hörner bedeuten seine Stärke, die zwei Hörner
an jedem der drei ersten Köpfe, daß er durch
die drei ersten Laster: Stolz, Augenlust und Flei-
scheslust die größten Verheerungen anrichtet; die
sieben Kronen seine Macht über diejenigen, welche
sich von Gott und Maria trennten. Wende dagegen im Gebete die sieben Bitten an, welche der
Herr in seinem Gebete uns zu beten anempfiehlt,
und Hilfe zum Siege wird dir nicht fehlen. Ueber
dem Monde steht das Weib da, als erhaben über
alles Wandelbare, so auch über Satan und alles
Sündhafte; es steht im Schutze Gottes, den die
Flügel andeuten; es setzt sein Vertrauen auf den
göttlichen Sohn, der, in den Himmel entrückt,
von da seine Kirche überwacht und schützt. Das
Weib erscheint von der Sonne umkleidet, weil
Maria ganz im Lichte Jesu, der Sonne der Welt,
in der wahren Erkenntniß und in allen Tugenden ihr ganzes Leben hindurch hier strahlte,
jenseits aber von dessen Glorie umgeben ist; ferner weil sie als Sonne durch Christi Gnaden-
licht so beglückend ihre Kinder überstrahlt, sowie
denn auch die Kirche selbst im Glanze der Heiligkeit, diesem himmlischen Lichte, dargestellt
wird a). Zwölf Sterne schmücken das Haupt
gleich einer Krone, anzudeuten, daß die Urlichter

---

a) Eph. 5, 27.

der heil. Kirche, die heiligen Apostel, unmittelbar
entzündet vom Lichte Jesu, des göttlichen Sohnes,
strahlen für die Verherrlichung Mariä, daß sie
den Anfang der Erfüllung der eignen Prophezeiung Mariä machten[b], die da sprach: „Von
nun an werden mich alle Geschlechter selig preisen",
und daß sie das Licht der Verherrlichung Mariä
auf der ganzen Welt, wohin Jesus sie gesandt,
entzündeten, sowie sie auch in ihren Lehren die
Sterne, die Lichter der Kirche geblieben sind und
dies auch so zur Verherrlichung Mariä. Zur
Mittagszeit an heitern Sommertagen zeigt sich
jene Glassonne in wahrer Pracht, so daß ihren
Strahlenglanz das Auge nur mit Mühe ertragen
kann. Die Beleuchtung der Statue an schönen
Sommertagen verklärt und belebt selbe gleichsam;
schrecklich aber funkeln alsdann die großen feurigen Glasaugen des Drachen.

Die beiden äußern Seitentheile der Kapelle
laufen oben in einem Halbkreise zusammen, sind
von weißem Quarze mit schwarzen Adern, Zink-
blende und Spatheisensteinen erbaut, und mit acht
Lisenen aus regelmäßig behauenen braunen vulkanischen Schlacken verziert. Der Sockel, sowie
auch die Felder zwischen den zwei untersten Lisenen, worin die Thüren sich befinden, bestehen
aus schwarzen vulkanischen Schlacken, das Gesimse
aber theils aus solch' braunen Schlacken, einem
Bande grauer Quarz-Krystalle und einer Reihe
kleiner Basaltkugeln, welche wie ein Rosenkranz

a) Luc. 1, 48.

die Kapelle umgeben. Das Dach bilden blaue Schiefersteine.

IV. Das Innere der Kapelle.

1. Die beiden Eingänge der Kapelle sind mit Flügelthüren von Eichenholz versehen, deren Oberlichter bilden Halbkreise. Im östlichen erblickt man das verwundete Herz Jesu, im westlichen das mit einem Schwerte durchbohrte Herz Mariä. Cypressenzweige, als Sinnbild der Leiden, umgeben selbe, sowie denn auch die Randverzierung der Fenster, welche im übrigen aus himmelblauem Glase bestehen, Passionsblumen sind. Der Boden der Kapelle besteht in einfacher Mosaikverzierung aus kleinen Ziegelsteinen in verschiedenen milden Farben. In der Mitte derselben stehen einige Kirchenstühle. Die in der Nähe der Thüren angebrachten Muscheln enthalten Weihwasser zum frommen Gebrauche; die Opferstöcke daselbst aber erkenne man als bittende Hände um milde Gaben zur Unterhaltung sämmtlicher Anlagen, wozu die vorhandenen geringen Kräften allein nicht ausreichen.

2. Auch im Innern der Kapelle zeigen sich, und zwar in gleicher Gestalt und Eigenschaft, bereits berührte acht Lisenen. Die obern fünf Zwischenräume und Felder bestehen aus glasartigem Krystall, die beiden untern aus schwarzen vulkanischen Schlacken, das Gesimse aus einem schmalen Bande weißen Quarzes, das an beiden Seiten mit schmalen Streifen vulkanischer Schlacken umgeben ist. Das Verdeck, ein Tonnenge-

wölbe besteht aus solchen braunen Schlacken; die
Lisenen gehen am Gewölbe in Gurten über;
die des Chores vereinigen sich in der Mitte des
Vorsprungs, der von den ersten Chorpfeilern aus=
geht, dessen Vorderrand eine dicht geschlossene
Reihe großer röthlicher Muscheln ziert, dessen
Mittelpunkt aber ein fliegender Engel einnimmt,
der den für uns ausgetrunkenen blutigen Leidens=
kelch des Herrn zeigt. Die Felder des Chorgewöl=
bes bestehn wie die untern Felder, aus Bergkry=
stallen, Schwefelkies mit Blaubleierz und Kupfer.
Die nördliche Seite, wider welcher außerhalb die
Bäume der Erkenntniß und des Lebens stehen, hat
in der Mitte zwei Pfeiler als Hintergrund dieser
Baumstämme. An jedem derselben erblickt man
auf einem Sockel prachtvoller dunkelgrauer Kry=
stallen einen Engel, ähnlich jenen der Stationen,
und wie diese, mit aufgezogener Rolle, worauf
Klagen aus dem Propheten Jeremias stehen, welche
die Kirche der schmerzhaften Mutter Maria in
den Mund legt; so auf der des ersten: „Siehe
Herr, wie ich geängstigt bin! mein Inneres bebt,
mein Herz wendet sich um in mir selbst, denn ich
bin des Bittern voll[a]:“ auf der des anderen Engels:
„Höret doch, all ihr Völker, und sehet meinen
Schmerz[b]!“ Die Zwischenräume dieser Fenster
nehmen die Räume ein, wovon schon Rede war;
sie sind geschützt durch leichte Eisengitter und er=
weitern gleichsam das Innere der Kapelle durch
die sich darbietende, freundliche Aussicht über den
Kreuzweg hin. Den obern Theil dieser Seite bil=

---

a) Klagel. Jerem. 1, 20. b) Klagel. Jerem. 1, 18.

bei eine Wand von schneeweißem Quarze, in deren
Mitte, von prachtvollen weißen Quarzkrystallen
umgeben, das Lamm Gottes steht, über dem, wie
von unsichtbarer Hand des Vaters gehalten, das
Buch mit sieben Siegeln erscheint. Dies ist eine
bildliche Darstellung nach der Offenbarung Johan-
nis[a], welche auf die sich am Ende der Welt entfal-
tenden Rathschlüsse des heiligen und gerechten Got-
tes zur Bestrafung der Gottlosen hindeutet. Das
Lamm mit den Wundmalen aber bezeichnet Jesum
als Sieger über alle seine Feinde der Welt und der
Hölle, als Versöhnungsopfer der Erlösten und als
Fürbitter am Throne des Vaters, zeigend seine
Wunden, woraus das Blut der Erlösung geflossen[b].
An jedem mittleren Pfeiler beider Seiten der
Kapelle ruhen auf Farrenkräutern Muscheln mit
Kerzen, welche zur Verwendung bei dem Gottesdienste darin geopfert wurden. Von da sind die
Pfeiler bis zum Gewölbe-hin mit Epheuranken be-
deckt. Oberhalb dieser Pfeiler ist das Chörchen,
aber verschlossen durch ein hohes leichtes Eisengitter.
Auf jeder Seite desselben befindet sich ein Fenster. Einen trauernden Engel erblickt man in
jedem[c], von denen der an der östlichen Seite auf
einem Gürteltuche drei Nägel trägt, der andere
an der westlichen Seite in seinen Händen eine
Dornenkrone hält. Diese Gestalten sind würdevoll,
mit lieblichem Angesichte, in dem sich jedoch tiefer
Schmerz in Betrachtung jener Leidenswerkzeuge,
die sie vor sich halten, ausdrückt. Sie schweben

---

a) Offenb. Joh. 5, 8. b) Offenb. 5, 6 und 1. Joh. 2, 1—2.
c) Angefertigt von Herrn Suttner, Maler in der Kgl. Glasmalerei
in München.

in freier Luft, ihre Füße durch lange, vom Winde
gleichsam bewegte Gewänder bedeckt. In herrli=
cher Farbenpracht strahlen ihre Flügel; ihr Ge=
wand ist weißröthlich, ihre Lenden sind umgürtet
mit einem hellblauen Tuche, dessen Ende wie in
der Luft fliegend erscheinen. Beide sind nach Zeug=
nissen berühmter Maler Kunstwerke.

Unter erstem Fenster befindet sich ein Cre=
denztischchen, bestehend aus einem sehr kostbaren
weißen Krystalle, über dem ein ähnlicher Krystall
in Gestalt eines Herzens sich erhebt, woraus
Feuerflammen entsteigen.

Unter dem Fenster auf der andern Seite ist
ein Tischchen mit kleinen Muscheln und Krystal=
len ganz umkleidet; darüber erhebt sich eine Nische,
gebildet aus den prachtvollsten Krystallen, welche
ein Crucifix enthält, das bei Darbringung des
h. Meßopfers auf den Altar gestellt wird. Beide
Tischlein, sowie deren Verzierungen sind mit
Epheu und Farrenkräutern umschlungen.

3. Den schönsten Theil der Kapelle bildet der
Altar. Er breitet sich aus und erhebt sich zwi=
schen den vier letzten Lisenen an der Südseite.
Das Suppedaneum hat nur eine Stufe und be=
steht aus Eichenholz, ruhend auf schwarzen vul=
kanischen Schlacken. Der Altartisch ist errichtet
in herrlichen glasartigen Krystallen; dessen Fuß
aber besteht aus röthlichen, dessen Einfassung aus
weißen Krystallen, die Altarplatte aus einem
röthlichen Sandsteine mit vergoldetem Stabe. In
der Mitte der Vorderseite strahlt ein Kreuz in
dunklen Krystallen. Hinter dem Altartische brei=

ten sich nach allen Seiten hin Wolken aus, ge=
bildet aus den prachtvollsten weißen Krystallen,
in deren Mitte man auf himmelblauem Grunde
in golbenen Buchstaben die Worte liest: „Siehe
beine Mutter[a]!" darüber zeigt sich die herrliche
Statue, worauf jene Worte hinbeuten. Maria
wird hier dem gläubigen Leser als Mutter be=
zeichnet, weil er als Mitglied des geistlichen Lei=
bes Jesus dieses Sohnes Mariä, auch Mariä
Kind ist, welches sie unter dem Kreuze im Blute
der Erlösung ihres göttlichen Sohnes, und durch
Theilnahme an dessen Leiden in Schmerzen ge=
boren. Jesus hat uns ja auch seinen Vater als
Vater[b] bezeichnet, dabei versprochen, uns nicht
als Waisen[c] zu hinterlassen, also nicht als Mut=
terwaisen: die Worte, die er am Kreuze zu sei=
nem treuen Jünger[d] gesprochen, gelten daher
jedem, der wie dieser, als ein treuer Jünger an
ihn glaubt. Die Statue ist ein altes Kunstwerk,
nach Sachkennern aus dem fünfzehnten Jahr=
hundert und zwar von einem Meister der hollän=
dischen Schule, und scheint bei Zerstörung einer
Klosterkirche für Arenberg gerettet worden zu
sein. Sie wurde angekauft in einem beklagens=
werthen Zustande, schmählich übertüncht. Nach=
bem alle Farben bis zum Holze abgeschabt waren,
strahlten die schönen Gestalten hervor; doch die
Vollendung gab ihr Ittenbach's kunstgewandte
Hand durch Uebermalung, die Maria in ihrem
tiefen Schmerze und Ergebung in Gottes heil.
Willen, Christus aber in sanftem Todesschlummer

---

a) Joh. 18, 27. b) Math. 6, 9. c) Joh. 14, 18. d) Joh. 19, 27.

darstellt. Die Statue ist in Lebensgröße aus
Eichenholz geschnitzt und vom zernagenden Zahn
der Zeit ganz verschont geblieben. Maria sitzt
am Fuße eines großen, aus dunkeln Steinen
gebildeten Kreuzes, das durch eine Einfassung
mit weißen Kryſtallen sich von der schönen glas=
artigen Kryſtallwand, woran es sich erhebt, los=
löst. Auf ihrem Schooße liegt die Leiche ihres
geliebten Sohnes: das h. Haupt des Geliebten
ruht in ihrer rechten Hand; mit der linken hält
sie den linken Arm des Verblichenen an ihr durch
dessen Tod so schmerzlich verwundetes Herz; dessen
rechter Arm, sowie die Beine hangen zur Erde
herab. Vom Haupte Jesu wallen die blutigen
Haare herunter; an der Stirne sieht man die blu=
tigen Dornwunden, welche theilweise schwarzes
geronnenes Blut ausfüllen. Das Angesicht ist vom
Blute berührter Wunden umflossen; die Augen
und der Mund sind geschlossen, ein bläulicher To=
desschimmer ruht darauf. An der hochaufgebrunge=
nen Brust erkennt man die schrecklichen Qualen die
sie überfüllten, da der Herr am Kreuze verblutete.
Das aus der klaffenden großen Wunde der rechten
Seite herausgeflossene Blut und Wasser scheinen
noch zu fließen. Hände und Füße sind durchbohrt,
diese Wunden und deren Umgebung voll Blut;
wund sind die Schultern von der Last des Kreuzes,
blutig die Kniee von den Fällen unter demselben;
angeschwollen durch die Kreuzigung die Flechsen;
am ganzen Körper sieht man nur Wunden, Blut
und blaue Striemen der unmenschlichen Geißelung.
Der Blick Mariä ist auf das Haupt des Gelieb=

ten gerichtet; der Schmerz, der bei Betrachtung
des Sohnes ihr Herz durchbohrt, ist in ergreifen=
der Weise auf ihrem Angesichte ausgedrückt; ihre
Augen, geröthet vom Weinen, sind mit Thränen
gefüllt; ihr Mund ist etwas geöffnet, die Lippen
haben ihr schönes Roth verloren, und scheinen zu
beben im Schmerzgefühle; man glaubt zu hören
der schmerzhaften Mutter Klagen, die man gelesen
auf den Rollen der Engel, welche ihr gegenüber
stehen. Die ruhigen gedämpften Farben der Ge=
wänder der Leidenden erheben noch mehr deren
Schmerzenszüge; von dem braunröthlichen Unter=
gewande sieht man nur einen Theil auf der
Brust, welcher dem blutigen Leichname entspricht,
im Uebrigen ist sie ganz mit einem dunkelblauen
Mantel umkleidet, die aschgraue, auf die Schul=
tern herabhangende Kopfbedeckung, worunter eine
weiße Binde sichtbar ist, paßt zum Ganzen voll=
kommen. Bei Beleuchtung am Abende scheint
wie lebend diese Mariä=Statue.

4. Am unteren Theil der Rückwand rechts
und links des Kreuzes erblickt man große Cate=
nen. Die Lisenen neben dem Altare sind mit
Epheu bekleidet. An jeder Seite der Statue
stehen zwei Lilienpflanzen aus deren Blüthen=
kronen Muscheln hervorragen; zwischen den Li=
lien stehen blühende Aloes, welche wie jene, als
Leuchter dienen. Alle diese Blumenpflanzen, so=
wie die Farrenkräuter und das Epheu, sind aus
Zinkblech gemacht und übermalt, gleichen aber
auf's täuschendste den betreffenden lebenden Pflan=
zen.

Die Catene ist als Distel, Sinnbild der Sünde; die Aloe, welche blühend abstirbt, Sinnbild der Erlösung, da diese im Tode Jesu aufsproßte; die Lilie Sinnbild der Unschuld und Heiligkeit, die uns Jesus mit seinem Blute erworben[a]; sie erinnern an Jesus die Lilie[b] und daß er gerne unter Lilien, Heiligen weilet[c]. Die Farrenkräuter, an deren Blätter die Blüthen und der Samen sich bilden, und die aus süßem Holze hervorwachsen, erinnern an das süße Holz des Kreuzes, woran unser Heil blühte und reifte. Die Muscheln sinnbilden die Opferschalen der Heiligen, worin diese Gott die Gebete der Frommen darbringen[d], und erinnern an die Gebete ihrer Liebe, in der sie unsere Fürbitter am Throne Gottes sind, und mahnen uns, als Heilige in heiliger Liebe zu leben und Gott zu verherrlichen.

VIII. Die Grotte des hl. Herzens Jesu.

1. Diese steht im Vorplatze der Erlösungskapelle an der Ostseite derselben[e]; der Giebel ist geschlossen durch tyroler Schnitzwerk, das Gesimse im Innern bilden Basaltkugeln. Auf dem Dache erhebt sich ein Thürmchen mit einer Glocke, welche beim Gottesdienste an dieser Grotte, sowie bei dem in der Erlösungskapelle geläutet wird; bei Segnung derselben am 10. Mai 1854 vertrat Prinz Alexander von Sayn-Witgenstein, Pathenstelle.

a) Offenb. 5, 9. b) Hohesl. 2, 1. c) Hohesl. 2, 16. d) Offenb. 5, 8. e) Ihre Höhe beträgt 7 Meter 84 Ctm., die Breite 3 Meter 45 Ctm., die Tiefe 4 Meter 8 Ctm.

Außerhalb ist sie überwachsen von Epheu und wilden Weinreben. Sie hat zwei Abtheilungen: die Wände der untern bestehen aus röthlichem und grauem Quarze. Den Hintergrund bilden Säulen und Bogen von Schlacken und Tropf- steinen; der ganze untere Theil ist zugleich Was- serbehälter; die Mitte desselben nimmt ein Herz über einem Krystallfelschen ein, woraus Wasser emporspringt. Zierpflanzen beleben das Ganze.

2. Der obere Theil besteht aus vier Pfeilern, welche oben durch Bogen verbunden und mit grünen Schlacken umkleidet sind, wodurch derselbe vorn und an beiden Seiten offen ist; die Rück- seite zieren wolkenähnliche Bergkrystalle und Tropf- steine, welche eine schöne lebensgroße Christus- statue umgeben: diese zeigt mit der linken Hand auf das von Strahlen umgebene Herz, die rechte ist gegen die Nahenden ausgestreckt, wie wenn sie von denselben etwas erhalten wolle. In den Wolken unter den Füßen der Statue glänzen in gla- serner Goldschrift die Worte: „Gib mir dein Herz!" Zugleich entströmt diesen Wolken ein sanfter Re- gen, sinnbildend den Thauregen der Gnade. Zwi- schen dieser und der Erlösungskapelle entsteigt aus einem Herzen mit blühenden Rosen umgeben, darstellend das Herz der seligsten Jungfrau Maria, ein drei Meter hoher Wasserstrahl. Dieser gibt sein Wasser einer großen steinernen Muschel, wo- raus es unterirdisch in das Herz im unteren Theile der Grotte, welches das der Gläubigen sinnbil- det, fließt, und aus demselben alsdann wieder nach der Christusstatue sich erhebt, andeutend, daß die

hl. Gottesmutter von ihrer Gnadenfülle den Gläu=
bigen zur Liebe ihres Sohnes mittheilt; in dieser
erhebt sich das Herz in Liebesstrahlen zum Herrn
hinauf, der ihm mit seiner Gnade hilfreich ent=
gegenkommt; verbunden erscheint so das Herz
der Gläubigen mit dem Herzen Jesu und Mariä
in Gnade und Liebe. Die Muschel steht auf drei
Pfeilern von vulkanischen Schlacken errichtet, über
einem Wasserbehälter, welcher von Gold und Sil=
berfischen belebt ist. Auch dieser ist mit vulka=
nischen Schlacken umgeben, welche Schlingzierpflan=
zen theilweise bedecken.

3. An dieser Grotte wird im Monate Juni,
welcher insbesondere der Verehrung des h. Herzens
Jesu in der hl. Kirche gewidmet ist, um halb acht
Uhr Abends täglich eine Andacht zum hl. Herzen
Jesu gehalten. Diese fand vor dieser Grotte im
Jahre 1874 zum ersten Male statt. Der Gesang
wurde durch Töne eines Harmoniums begleitet
und es stimmten in denselben Vögel des Him=
mels ein; mehrere Gattungen derselben kamen
herbei geflogen, Zeisige und Buchfinken setzten sich
auf die Zweige der Bäume nahe der Grotte,
Amseln mehr entfernt; Schwalben flogen über
derselben: alle sangen so laut, wie wenn sie
sich bemühten den Gesang der versammelten Gläu=
bigen zu übertönen. Es ruft der Psalmist[a] und
mit ihm die hl. Kirche[b]: „Lobet den Herrn ihr
gefiederten Vögel!" sie hörten und folgten. Es
ruft auch der Psalmist[c] und mit ihm die Kirche:

a) Psalm 148, 10. b) Im täglichen Breviergebete. c) Psalm
148, 12.

„Jünglinge und Jungfrauen, jung und alt, lobt den Namen des Herrn!" Es kamen täglich bisher die Kinder und auch Erwachsene zu diesem Lobe, mögen letztere nur immer zahlreicher kommen und sich nicht von den Kleinen und den Vögeln beschämen lassen[a]).

IX. Die Kapelle des heiligen Patriarchen Joseph.

1. Diese, wie aus glänzendem Schnee errichtete Kapelle, ziert den Blumengarten der Kirche, welcher sich hinter der zehnten Leidensstation des Herrn ausbreitet. In weißem Kalkspathe sind sämmtliche Wände erbaut und verziert innerhalb mit schmalen Rändern von Blei- und Kupfererzen[b]), außerhalb mit solchen von braunen vulkanischen Schlacken. Ueber dem Eingange steht in großen Buchstaben von schwarzen Schlacken: „Heiliger Joseph! bitte für uns!" Tuffsteine bilden die Hauptverzierung im Innern, davon sind gemacht der Sockel, die Lisenen, das Gesimse und der Bogen, welcher das Schiff vom Chore trennt. An dessen obern Theile strahlt in blauer Glasschrift: „Jesus, Maria, Joseph! stehet mir bei in letzter Stunde!" Das Chörchen hat zwei Fenster mit gelbem Glase und enthält die schöne Gruppe in weißem Sandsteine, welche den Tod des h.

---

a) Die Kapelle vom heiligen Herzen Jesu ist erst im Rohbau vollendet. Die Beschreibung davon daher später. b) Aus den Lintorfer und Selbecker Erzbergwerken als Geschenk erhalten.

Joseph darstellt. Der Heilige liegt auf seinem Sterbebette nahe dem Boden; Jesus steht zu dessen linken Seite, in seiner linken die des Sterbenden haltend; seine rechte hält er erhoben, des Heiligen Rechte ruht auf der Brust; Maria, die heilige Gemahlin knieet am Haupte des sterbenden Gatten, ihn stützend[a].

2. Diese kunstvolle Darstellung fesselt Geist und Herz, macht bei der Betrachtung den tiefsten Eindruck auf Seele und Gemüth; man glaubt in jene Zeit und an jenen Ort sich versetzt, wo jenes hehre Ereigniß, das hier bildlich Dargestellte, in Wirklichkeit statt fand. Der Ausdruck des Gesichtes und die Körperhaltung jeder Figur ist bewunderungswürdig; man glaubt Jesu letzte Trostworte zu hören, Maria mit innigster Theilnahme thätig zu sehen, des Sterbenden Lage zu erleichtern; heiliger Friede ruht auf dem erblaßten Angesichte, das eben der Todeshauch berührte, aber ohne Spuren des Kampfes oder Schreckens. Es ist diese herrliche Gruppe ein Kunstwerk seltener Art, das auch dann noch den Meister rühmen wird, nachdem dessen Hände den Meißel für immer niedergelegt haben; nur eines solchen Künstlers Meißel vermag solche Ausdrücke zu bilden, dessen Gemüth das Darzustellende selbst lebendig fühlte und heilige Gefühle zu theilen weiß. Willst auch du, o lieber Leser! in heiligem Frieden sterben, wie der h. Joseph gestorben ist, so lebe, wie dieser es gethan, nur für Jesus und Maria; halte deinem Herzen fern, was den Frieden mit Gott

---

a) Die Statuen sind gemeißelt von Künstler Fleige, Bildhauer in Munster Westfalen.

stört, die Sünde, und pflege ihn durch Liebe in
Uebung aller Tugenden.

Ein prachtvoller Luster ziert das Innere der
Kapelle: kunstreich gefertigte Cannas und Winden,
deren Blätter aus grünem Glase, deren Blüthen
aus feinstem Porzellan gefertigt sind, bilden die
Arme[a]. Den unteren Theil nehmen drei vor=
trefflich gearbeitete Kirchenstühle, neben einem
sehr freundlichen Betschemel ein[b].

3. Die Umgebung der Kapelle entspricht de=
ren Bedeutung. Zunächst umgibt sie eine hohe
Einfassung von röthlichen vulkanischen Schlacken,
welche Rosensträuche theilweise bedecken, über de=
ren Ränder aber hangen Schlingpflanzen herab;
oberhalb dieser Umfassung stehen seltene Gras=
blumen, hinter welchen Clematis sich an die Wände
anschmiegen. Die beiden Seitenplätze decken Ra=
sen; sodann folgt eine Einfassung von Horten=
sien, hinter denen Eibenbäume, Röthtannen und
Lärchen sich erheben und der Anlage einen edlen
Schluß geben.

Wer sollte nicht besonders den h. Joseph ver=
ehren und lieben, diesen Liebling Gottes und ge=
wesener Nährvater des Gottessohnes, den Gatten
und Beschützer der allerseligsten Junfrau Maria!
Die h. Kirche wählte ihn als Patron und widmet
ihm zur besonderen Verehrung den Monat März,
sowie sie der h. Gottesmutter den Monat Mai,
dem h. Herzen Jesu den Monat Juni widmet.
Der Besucher der Kapelle sieht Jesum und Maria

---

a) Geschenk des Herrn Jakob Muller, Kaufmann zu Coblenz.
b) Geschenk des Herrn Johann Baptist Sauerborn, Zimmer=
meister in Lützel-Coblenz.

8*

bei dem sterbenden h. Joseph, eingedenk des eig=
nen Todes; er liest sodann die Worte vom in=
nern Portale; doch bei Verlassen derselben erschaut
er oberhalb des Ausganges die mahnende Worte:
„Wachet und betet!" welche der Herr zu seinen
Jüngern vor seiner Gefangennehmung gesprochen,
mit dem Zusaze: „Damit ihr nicht in Versuch=
ung fallet!" Wir müssen mit der Gnade wachsam
wirken, wenn wir erfreulichen Erfolg unserer Ge=
bete haben wollen.

X. Der Kirchhof und die Armen-Seelen-Kapelle.

I. Der Kirchhof.

1. Einiges im allgemeinen.

1. Diese Benennung verdient insbesondere der
hiesige, er ist wirklich Hof der Kirche, weil er
grade neben derselben sich befindet. Ist auch die
vom Leibe geschiedene Seele an den Ort gegan=
gen, den sie sich auf Erden erworben, so bleibt
uns doch lieb der Ort, wo die Leiber unserer Ver=
storbenen ruhen und wir haben ihn daher gerne
nahe. Mag auch dieser Ort durch Leiber der Gott=
losen entheiligt werden, er bleibt geheiligt in der
kirchlichen Segnung und durch die Gebeine so vieler
im Herrn selig Entschlafenen. Bis zum jüngsten
Tage bleibt der Kirchhof ein Todtengarten mit
Todtenblumen, ein Gottesacker mit Waizen= und
Unkrautsamen: zu jener Zeit der Ernte wird Gott
auch hier sondern, den Waizen in die Scheune des

Himmels sammeln, das Unkraut aber zum Ver=
brennen in die Hölle werfen lassen; er bleibt bis
dahin ein Friedhof, wo unter der Bevölkerung
Friede herrscht, keiner der Todten seine Grabzelle
verläßt, keiner den Andern beunruhigt; sie schlum=
mern bis zum Posaunenschalle der Engel am jüng=
sten Tage, der sie zum Gerichte auferweckt. Der
du das liesest, sorge also, daß sündenrein dein Leib
bleibt, damit er geheiligt hier ruhe zur beseligen=
den Auferstehung.

2. Die Liebe geht über das Erdenleben hin=
aus, sie stirbt nicht, wenn auch der Tod den Ge=
liebten berührt, sondern bewährt sich für die da=
hingeschiedene Seele im Gebet und anderen guten
Werken, für den Leib durch Besuch und Verzie=
rung des Grabes. Der Kirchhof, welcher einer
Wüste gleicht, ist schlimmes Zeugniß für betreffende
Gemeinde. Schon als von der Kirche geheiligtes
Erdreich soll er in Ehren gehalten und ehrwürdig
auch im Aeußeren dargestellt werden; mehr aber
soll er dies als Ruhestätte heiliger Leiber, unter
die wenigstens die in Unschuld gestorbenen Kinder
gehören. Und schulden wir nicht auch dankbare
Verehrung den Leibern unserer Eltern, Wohlthä=
ter, Freunde?

2. Kirchhof in seiner Einrichtung und Eintheilung.

1. Der Kirchhof hierselbst ist bestimmt blos
für die katholische Gemeinde, ist freundlich und
nach kirchlicher Vorschrift eingerichtet*). Er hat
zwei Eingänge, über welchen auf einem schwarzen

---

*) Der Friedhof evangelischer Confession liegt an der Landstraße
unterhalb Arenberg.

Band von Eisenblech fromme Wünsche verzeichnet
sind, und zwar am ersten Eingange außerhalb:
„Gehe ein in Frieden!" innerhalb: „Herr, laß sie
ruhen in Frieden!" Am zweiten außerhalb: „Zum
frommen Wiedersehen!" innerhalb: „Herr gib
ihnen die ewige Ruhe!" Jeden dieser Eingänge
umschließt ein hohes, aus Rothtannenpfählen ge=
machtes Thor; dessen obern Theil ziert die Auf=
schrift, dessen untern schließt eine Flügelthüre.
An jenem Eingange steht zu jeder Seite eine
Traueresche; mit diesen in gleicher Richtung
begrenzt den Kirchhof eine Allee von Edel= und
Rothtannen, sowie ein Zaun von Edeltannen.

2. Der Kirchhof selbst besteht aus zwei großen
Feldern, welche durch einen breiten Weg getrennt
und von gleich breiten Wegen oben und unten
umgeben sind. Kein Grabhügel ist vernachläßigt,
alle sind mit Rasen umgeben und mit Blumen
bepflanzt. Nach allen Richtungen hin, außer der
nach der Kirche zu, sind Seitenfelder, gleichfalls
zur Beerdigung bestimmt. Das nach der West=
seite wird umgeben von einer Reihe Tannen,
welche auch an der Südseite fortgehen; die Ostseite
begrenzt eine Mauer, welche durch Epheu, schön
blühende Sträucher und Stauden gedeckt ist.

Der untere Eingang befindet sich in der Nähe
des Männereinganges in die Kirche. Am Ende des
Weges steht ein großes Monument von Marmor
für Verstorbene überhaupt, auf dessen Säule da=
her die Worte stehen: „Die Gerechten werden
ewig leben und bei dem Herrn ist ihr Lohn[a])".

---

a) Buch der Weish. 5, 16.

Von hier aus sieht man am Ende des von da nach Osten gehenden Weges ein ähnliches Monument, gesetzt den Stiftern der Pfarrei, Freiherrn Johann von Helfenstein und Freifrau Agnes von Lahnstein, welche in den Jahren 1493 und 1494 gestorben sind, wie der Grabstein anzeigt, der vor demselben liegt. Die Schriftstellen darauf heißen: „Er sorgte für das, was des Herrn ist[a]". „Sein Andenken ist im Segen[b]". Darüber steht eine Urne mit Bandgras. Das Grabmal ist von Buxbaum und Thuja umgeben, eingefaßt mit Steinen, welche früher als Grabsarg dienten und bei Abbruch der alten Kirche in derselben gefunden wurden, wo auch jener Grabstein, und zwar im Chore lag. Gebeine der Stifter fanden sich nicht mehr vor.

In der Mitte des ersten Weges ist rechts ein Ruheplätzchen mit einer Bank, umgeben von Ziersträuchen und zwei hochstämmigen Lebensbäumen. Von da geht der Weg, beschattet von einer Allee Lorbeerbäume, zwischen den beiden großen Feldern hin zur Armenseelen=Kapelle. Am Anfange dieses Weges steht auf jeder Seite eine Marmorsäule, am Fuße von Epheu umschlungen, oben geziert mit einem Kreuze: die Schrift auf der Säule rechts heißt: „Selig sind die Todten, die im Herrn sterben[c]"! die auf der Säule links: „Das Gedächtniß der Gerechten wird löblich sein[d]". Am Ende dieses Weges stehen zwei Trauerakazien. Die beiden großen Felder, sowie die Seitenfelder

---

a) 1. Corinth. 7, 32. b) Sirach 45, 1. c) Offenb. 14, 13. d) Spr. Sal. 10, 7.

westlich und südlich, sind zur Beerdigung der Lei=
chen der Gemeinde bestimmt, die noch nicht be=
nutzten Räume mit Gras überwachsen.

Der Weg des obern Eingangs in der Nähe
des Chors der Kirche geht an der Armenseelen=
Kapelle vorbei nach dem Katechetensaale. In dessen
Nähe liegt der ungeweihte Theil des Kirchhofes,
vorerst der, welcher bestimmt ist für öffentliche
Sünder, die unbußfertig sterben. Auf schwarzer
Marmorplatte sind daselbst die warnenden Worte
eingegraben: „Wenn der Gottlose in den Abgrund
der Sünden kommt, verachtet er's, aber es folgt
ihm Schmach und Schande[a]". „Wenn der gott=
lose Mensch gestorben, ist keine Hoffnung mehr[b]".
Die von einem Todtenkopfe unterbrochene Auf=
schrift heißt: „Unbußfertig gestorbene öffentliche
Sünder". Die Einfassung dieses ergreifenden
Ortes besteht aus hingeworfenen Marmorstücken, die
Bepflanzung aus Coniferen, Mahonien und Disteln.

An diesen Ort schließt sich an, nur durch
einige Thuja geschieden, die Beerdigungsstätte der
ungetauften Kinder. Auf einem weißröthlichen
Marmorsteine steht in schwarzer Schrift: „Ohne
Taufe gestorbene Kinder"; sodann: „Fürchte nicht
den Urtheilsspruch des Todes[c]". „Es ist ihnen
besser geboren, als nicht geboren zu sein[d]". Diese
Ruhestätte geht bis zum Denkmale der Stifter
der Pfarrei. Oberhalb desselben bis zur Kapelle
hin ist der Priesterkirchhof. Eine Marmorsäule
bezeichnet ihn mit den Worten: „Friedhof der

---

a) Spr. 18, 3. b) Spr. 11, 7. c) Sir. 41, 5. d) H. Augusti=
nus und H. Thomas von Aquin.

Priester". Sodann folgen die Schriftstellen: „Der
gute Hirt gibt sein Leben für seine Schafe[a]".
„Gedenket eurer Vorsteher, welche euch das Wort
Gottes verkündigt haben; sehet auf den Ausgang
ihres Wandels, folget nach ihrem Glauben[b]".
Darunter ist ein Kelch eingegraben. Die Gebeine
des hier zuletzt verstorbenen Priesters und Pfar=
rers Heinrich Kühn, welche beim Bau der
Kirche erhoben werden mußten, indem das Grab
in die Fundamente fiel, wurden feierlichst hier
beigesetzt.

3. Auf der anderen Seite der Kapelle bezeich=
net eine ähnliche Säule den Friedhof der Kinder.
Nach der Ueberschrift steht: „Laſſet die Kindlein
und wehret ihnen nicht, zu mir zu kommen; denn
für solche ist das Himmelreich[c]". Sodann folgt:
„Wenn ihr nicht werdet wie die Kinder, so werdet
ihr nicht in das Himmelreich eingehen[d]". Darunter
ist eine Lilie eingegraben. Dieſer schöne Blumen=
garten ist eigens mit einem Gitter umschloſſen.
In der Mitte führt ein Weg zu einem Tempel=
chen in grauem Kryſtall erbaut, worin ein knie=
endes Kind mit einem Kreuze in den Armen,
zum Himmel schauend, wie betend dargeſtellt ist.
Das Kind ist lieb, mit glänzend weißem Gewande
umkleidet. Zur Rechten dieſes Kindes erheben
sich wie aus dem Grabe drei zum Himmel flehende
Kinder sinnbildend die Auferſtehung der Todten.
Täubchen als Sinnbild der Unschuld und Liebe
umfliegen das Tempelchen, gleichsam lockend zum
Aufflug in den Himmel. Die Gräbchen haben

---

a) Joh. 10, 11. b) Hebr. 13, 7. c) Matth. 18, 8. d) Matth. 18, 14.

alle gleiche Größe und Gestalt, und jedes ist mit schönen weißen Quarzsteinchen umfaßt; die Zwischenräume deckt bläulicher Kies. Jedes Grab ist ein Blumenbeet, ähnlich einem Körbchen mit Blumen gefüllt; oben steht ein Kreuzchen, worauf an der vorderen Seite der Taufname des Kindes verzeichnet ist mit den Worten: „Bitt' für uns!" Auf der Rückseite steht das Jahr der Geburt und des Todes nebst Familiennamen; Alle Kreuzchen haben gleiche Höhe und Gestalt, die Flächen sind mit weißer Farbe gedeckt, die Ränder haben andere Farben.

4. Neben dem Friedhofe der Kinder liegt jener der Klosterfrauen und zwar gerade dem Chore der Kirche gegenüber. Trauer- und Salomons-weiden überschatten denselben. In der Mitte ist ein breiter Weg, welcher mit weißen und grünen Steinen besetzt und von herrlich blühendem Strauchwerke umgeben ist; derselbe endigt an einer in Lebensgröße in Stein gemeißelten Statue, darstellend die hl. Mutter Anna mit ihrer in einem Buche lesenden hl. Tochter Maria. Dieses Bild steht in einer großen marmornen Nische über einem marmornen Altartische, den freundlich blühende Blumen bedecken; den obern Theil ziert ein Bogen in schönen großen Muscheln, von wilden Weinreben theilweise bedeckt. Neben der Statue stehen Marmorsäulen mit Inschriften, welche auf die Verstorbenen sich beziehen, die dort ihre Ruhestätte finden. Auf der Säule rechts steht: „O, wie schön ist ein keusches Geschlecht im Tugendglanze; denn unsterblich ist sein An-

denken, und bei Gott und den Menschen ist es
anerkannt[a]." Auf der Säule links: „Ihr An=
denken sei im Segen, und ihre Gebeine sollen
hervorgrünen an ihrem Orte[b]". „Das ewige Licht
leuchte ihnen"! Diese Gruppirung ist von zwei
Trauereschen überschattet, worunter Lebensbäume
stehen.

II. Die Armen=Seelen=Kapelle.

· 1. Arme Seelen im Fegfeuer heißt man jene,
welche von hier, noch nicht gänzlich geheiligt schie=
den, und zur Läuterung von allem Sündhaften
im Reinigungsorte weilen. In den Himmel
können nur reine[c] und nicht unreine Seelen[d]
eingehen; in die Hölle werden nur verdammungs=
würdige, die unbußfertig in Todsünden geschieden
sind, verstoßen. Arm nennt man sie, weil ent=
rückt den Erdengütern, fern den himmlischen, der
Gerechtigkeit Gottes verfallen, sie unvermögend
sind, sich selbst zu helfen und des Almosens guter
Werke Anderer bedürfen. Sie haben keine Hei=
math mehr, ihre Leiber ließen sie auf der Erde,
der Mutter wovon sie genommen und genährt
wurden, sie nahm sie auf in ihren Schooß und
bewahrt sie bis zur Rückkehr der Seele am jüng=
sten Tage; der Himmel, dies ewige Vaterland
der guten Kinder Gottes, erreichten sie noch nicht,
sie weilen in jenem Kerker, woraus nach des
Herrn Worte, sie nicht entlassen werden, bis jede
Schuld derselben getilgt sein wird. Die Benen=
nung Fegfeuer bezeichnet jenen Ort der Strafe,

a) Weish. 4, 1. b) Sirach 46, 14. c) Matth. 5, 8. d) Apost. 21, 27.

weil sie ähnlich der Höllenstrafe ist, welche Chris=
tus Feuer heißt, auch lehrt der hl. Apostel Paulus,
daß wir nach dem Gerichte wie durch Feuer in
den Himmel eingehen würden[a]; deßhalb nennt
es der h. Augustinus Reinigungsfeuer, der h.
Gregor Reinigungsflammen. Es ist das Feuer der
Gerechtigkeit, entsprechende Strafe für jene, welche
das erhabenste und wirksamste Heilmittel im Blute
Jesu nicht achteten; es ist eine zeitliche Hölle für
jene welche die Hölle selbst nicht genügend fürch=
teten, den Himmel nicht eifrig erstrebten; doch
Satan hat auf selbe keinen Einfluß mehr, unter
ihnen besteht kein weiterer Kampf, sondern Hei=
lung der Wunden, welche dieser Feind ihnen
auf Erden geschlagen; sie hatten das Oel und
den Wein der Gnade nicht gehörig benutzt zu
deren Heilung, daher findet nun Ausbrennen
derselben statt. Es ist kein Feuer der Erde, es
sollen ja Seelen, Geister dadurch gereinigt werden,
muß daher ein geistiges sein. Es ist auch kein
Feuer der Hölle entnommen, welches ja dem Teu=
fel und dessen Anhang bereitet ist; es kann aber
auch kein Feuer des Himmels sein, welches in
Verherrlichung Gottes strahlt, in beseligender
Liebe flammt, welches nur reine Seelen aufnimmt,
nur mit heiligen Wesen sich verbindet und in seinem
Lichte Gott schauen läßt. Aus Gottes heiligem
Willen ging hervor jenes Feuer, als Feuer der Ge=
rechtigkeit Gottes, wohl zur Bestrafung nach Ver=
schulden, aber zugleich auch zur Reinigung und
Heiligung nach Bedürfniß der Seelen; es ist für

---

a) 1. Corinth 3, 15.

die dort Leidenden zugleich Licht zur Erkenntniß
ihrer Schuld in deren Größe und Strafwürdig=
keit, es macht klarer das Gedächtniß in Erinnerung
der Wohlthaten, die Gott ihnen erwiesen, der Gna=
ben, die er ihnen angeboten, von ihnen aber nicht,
oder nur theilweise zum eignen Heile benutzt
wurden, die Gefühle der Undankbarkeit vermehren
den Schmerz der Reue, insbesondere dadurch den
Gott der Liebe beleibigt zu haben: sie erschauen
die Höhe und Tiefe, die Länge und Breite der
Liebe Gottes, aber auch die seiner Gerechtigkeit.
Der Wunsch, Gott mehr geliebt, seine Liebesgabe
besser benutzt, stets in Gottesfurcht gelebt und
ihn nicht beleibigt zu haben, wird immer heftiger;
es vereinigen sich alle Geistesvermögen zur Stei=
gerung dieses Wunsches und der damit verbun=
benen Vorwürfe, welche zu einem immer lauter
werdenden Echo sich gestalten in Belebung des
Schmerzes der Reue: so aber entzündet sich
immer mehr das Feuer der heilige Liebe, jedoch
auch hiermit die Sehnsucht der Liebe nach An=
schauung Gottes. Und es spricht der h. Bernard:
„Wer ist so vollkommen, so heilig, daß wenn er
aus diesem Leben wird geschieden sein, nichts
jenem Feuer schulde? Wer reinigt sich so voll=
kommen von allen Schlacken der Sünde, daß er
sich rühmen mag, ein lauteres Herz zu haben"?
Daher auch denken wir überhaupt unsere Ver=
storbenen, die als unschuldige Kinder Verstorbe=
nen ausgenommen, in diesem Reinigungsorte
und bringen für sie, wie es die Kinder der h.
Kirche von Anfang an thaten, Opfer der Liebe:

das h. Meßopfer und die h. Communion, Gebete, Almosen, Fasten, Leiden, Ablässe, insbesondere des Kreuzwegs Christi und des Rosenkranzes; Viele selbst alles Verdienstliche, was sie thun und begnü= gen sich mit dem Verdienste der Liebe für sich. Doch wollen wir wirksam hierdurch thätig für sie sein, sie zu Engel des Himmels zu machen, so tragen wir Sorge, daß wir selbst Engel im Fleische sind, denn das Gebet und Opfer des Sünders hat vor Gott keinen Werth, ist ihm selbst ein Greuel, auch kann es zur Erhörung in den Him= mel nicht eingehen, weil es unrein durch Sünde ist. Nehmen wir durch ein heiliges Leben ihnen die kummervolle Sorge für unser Heil vor Allem weg, welche selbst der Prasser in der Hölle für seine Brüder auf Erden hatte; machen wir Alles vor Gott werthvoll durch heilige Liebe; denn ohne diese Tugend ist kein wahres Verdienst.

Fortdauernd schulden wir unsern Verstorbe= nen die Liebe, welche der Tod nicht aufhebt, denn sie ist ewig: der Mann schuldet sie dem verstor= benen Weibe, das Weib dem verstorbenen Manne. Liebe hat ihre Seele am Altare verbunden, die= ses Band zerstört der Tod des Leibes nicht. Kin= der schulden sie ihrem verstorbenen Vater, ihrer verstorbenen Mutter; das vierte der Zehngebote hebt der Tod nicht auf; Eltern haben ebenso in Liebe der verstorbenen Kinder zu gedenken, denn der Herr fordert sie von ihren Händen: sie mö= gen Fürsorge hegen, daß selbe im Himmel sind, bevor sie selbst vor dem Richterstuhle Gottes er= scheinen. Verwandte und Freunde müssen bei

Tod des Einen oder Andern bewähren, daß ihre Freundschaft in wahrer Liebe besteht und nicht in Selbstsucht bestanden hat, sie sollen im Rufe des schwer heimgesuchten Job, den ihrer Verstorbenen erkennen: „Erbarmet euch meiner, erbarmet euch meiner, wenigstens ihr, meine Freunde".

Sie haben ein Recht, insbesondere Hülfe von denen zu fordern, womit sie auf Erden verkehrten; denn die Stimme des Blutes in Verwandtschaft, die der Freundschaft und Dankbarkeit und so die der Liebe, der Natur und Religion rufen um Hilfe. Die Liebe zu ihnen war nicht so groß, wie sie hätte sein sollen; wir gaben ihnen nicht in allem Guten das beste Beispiel, gaben ihnen vielleicht selbst Aergernisse, beteten nicht mit heiligstem Herzen und so auf's segensreichste für sie. Hören wir auch nicht, wie die selige Dominikanerin Elvira, ihren Ruf um Hülfe, so kennen wir doch deren Bedürfniß der Hülfe und dies ist lauter Ruf dem liebenden Herzen. Auch der Herr will, daß wir diesen Armen inbesondere Werke der Barmherzigkeit erweisen, denn an ihnen ging sein Erlösungswerk nicht verloren, sein heiliges Blut hat sie vom Höllenschlamme abgewaschen, seine Liebe hat ihnen Wohnung im Himmel bereitet; er sieht ihren Hunger und Durst nach der himmlischen Seligkeit und seine Liebe will, daß sie baldmöglichst gesättigt werden. Auch erkennt der Herr alles, was wir für sie thun, an, als sei es ihm geschehen und wir leihen selbst, wie die selige Catharina vom h. Dominikus sagt,

unsere Gaben für sie dem Herrn auf Zinsen. Auch
dankbar durch Fürbitte für uns, sind die Seelen
im Fegfeuer, deren wir uns annehmen. „Was wir
für die Befreiung dieser leidenden Seelen thun,
wird uns hundertfachen Nutzen bringen, denn sie
werden auch ihrerseits für uns beten" sagt der
selige Dalmatius Moneri; als Erlöste werden sie
unsere Freunde im Himmel und beim Scheiden
von hier sicherlich liebevollste Begleiter in's an=
dere Leben sein.   Es bewähre sich jeder gegen
die Verstorbene als Christ, welcher an die Un=
sterblichkeit der Seele glaubt, aber auch deren
Schwäche kennt und die Pflicht der Liebe, die
als Band der Vollkommenheit uns alle umschlin=
gen, vereinigen soll; was die h. Kirche als gute
Mutter für ihre verstorbenen Kinder thut, das
thue auch jeder von uns als Bruder oder Schwester
der Verstorbenen.   Freuen sich nicht überaus die
Engel im Himmel über die Rettung eines Sün=
ders, der büßend sich bekehrt, sollten sie, wie der
Mundschenk bei Pharao des Sohnes Jakobs, der
im Kerker schmachtete, vergaß, der Verstorbenen
uneingedenk sein; dürfte dieser Akt der Liebe im
Reiche der Liebe fehlen? will nicht auch der Vater
der Barmherzigkeit als Gott der Liebe die Be=
währung der Liebe? Erkennen wir daher auch
hierin den Willen Jesu, den er in seinem erha=
benen Gebete in der Bitte aussprach: „Dein
Wille geschehe, wie im Himmel, so auch auf Er=
den".

2. Nicht erschrecklich, sondern überaus tröst=
lich ist jenes Feuer: wie der leibliche Kranke

Bäder an Badeorten, Wellenbäder in Flüssen und
Seen zur Stärkung und Wiedererhaltung der Ge=
sundheit benutzt, so gebrauchen die Verstorbenen
im Fegfeuer die wogenden Flammen als heilsame
Feuerbäder ihrer kranken Seelen; sie erkennen
sie zugleich als Wellen, die sie rettend ans Ge=
stade des himmlischen Vaterlandes tragen; erken=
nen sie als Malerpinsel, womit die Hand der Ge=
rechtigkeit Gottes sie in Weisheit und Liebe mehr
und mehr nach seinem Bilde gestaltet; als Feu=
erzungen, die ihnen immer mehr die nahende Er=
lösung verkündigen. Sie sehen so an sich die stets
schönere Entfaltung des Ebenbildes Gottes und
hiermit das steigende Wohlgefallen Gottes daran,
fühlen ihr allmähliges Aufsteigen zum Himmel,
sicher gegen Satans Verführung, ohne Befürch=
tung der Gefahr in eine Sünde zurückzufallen;
es tröstet sie die Gewißheit, daß Christi Blut für
sie nicht vergeblich geflossen, der Herr auch für
sie im Himmel[a] Wohnungen bereitet habe; sie
haben dabei das trostreiche Bewußtsein, daß die
Gläubigen auf Erden in Verbindung mit dem
Himmel für sie in Liebe thätig sind, daß von
allen Seiten, aus allen Welttheilen die Opfer
der Liebe für sie Gott dargebracht werden. Sie
erkennen die Nothwendigkeit der Heilung um
in den Himmel eingehen zu können, möchten
selbst nicht, in ihrer Liebe zu Gott, gemäß der
Aeußerung der h. Catharina von Bologna, mit
Gott mißfälligen Flecken der Seele in jenes Gottes=
reich, nicht unter die Schaaren der Heiligen mit

a) Offenb. Joh. 5, 8.

Flecken der Unheiligkeit eintreten; sie ziehen daher jenen Reinigungsort allen Orten der Welt vor.

3. Die Kapelle ist die Hauptzierde des Kirch= hofes, sie steht am östlichen Theile desselben und scheidet den Friedhof der Priester von dem der Kinder[a]; ihre Richtung ist von Westen nach Osten, wie die der Kirche. Sie besteht aus Schiff und Chor: in letzterem befindet sich die bildliche Dar= stellung der armen Seelen im Fegfeuer durch ein Glasgemälde[b]. Der untere und mittlere Theil stellt dar die in den Reinigungsflammen Leiden= den, der obere Theil zwei fliegende Engel, welche Gereinigte aus dem Feuer erheben, sie zum Him= mel zu geleiten. Die Gesichtszüge der Leidenden verrathen Ergebung im Leiden, Sehnsucht nach dem Himmel, Vertrauen auf Hülfe und dies im= mer mehr, je näher sie zu den Engeln gestiegen; bei diesen aber erblickt man den Ausdruck liebe= voller Theilnahme.

Vor demselben steht ein marmorner Altar= tisch und ist damit durch eine Gruppirung von grauen Bergkrystallen und Muscheln verschiedener Größe verbunden, welche theilweise durch Paf= sionsblumen und Winden bedeckt sind. Die Mitte des Altars nimmt ein großes Crucifix ein[c], vor diesem hängt eine Lampe, ähnlich denen in den Katakomben Roms; sie wird Armenseelen= Lampe genannt und brennt Tag und Nacht als Bittopfer für die Seelen im Fegfeuer. Zu bei= den Seiten des Crucifixes stehen auf Muscheln,

---

a) Ihre Länge beträgt 7 Meter 85 Ctm., die Höhe 4 Meter 71 Ctm., die Breite 3 Meter 14 Ctm. b) 2 Meter 51 Ctm. hoch, 1 Me= ter 57 Ctm. breit. c) Missionskreuz seit 1869.

umgeben mit Tobtenblumen, brei ſolcher Lampen.
Dieſe werden bei beſonderen Veranlaſſungen,
insbeſondere bei Gedächtnißfeier der Verſtorbenen
angezündet; ſowie die Kerzen der ſechs Glasleuchter
an den Seiten des Schiffes. Die Opfer in dort be=
ſindlichen Opferſtöcken werden zur Beleuchtung der
Kapelle und Inſtandhaltung der Gräber des Fried=
hofes verwendet. Möge jeder Beſucher dieſer ernſten
Stätte den Ruf : „Memento mori" erfaſſen und der
Verſtorbenen in Liebe gedenken, damit auch ſeiner
nach dem Tode hilfreich gedacht werde. Der Altar=
tiſch iſt ſchwarz, die Verzierungen am Antipendium ſind verſilbert, einige Leiſten vergoldet,
ſowie auch die drei Schriften : „Herr gib ihnen
die ewige Ruhe!" „Das ewige Licht leuchte ihnen!"
„Herr, laß ſie ruhen in Frieden."
　Das Suppedaneum des Altars, ſowie der
Fußboden der Kapelle beſtehen aus Eichenholz.
Das Schiff derſelben hat zu jeder Seite drei Li=
ſenen, wovon die oberſten den Chor abſchließen,
die unterſten aber zugleich die vordern Eckpfeiler
der Kapelle bilden. Die Ecken davon beſtehen
aus braunen Bleiſtufen, die inneren Flächen aus
Kupferſchlacken, die inneren Felder aus braunen
und grauen vulkaniſchen Schlacken. Dieſe laufen,
ſowie auch die Liſenen am Gewölbe durch, wel=
ches mit großen Muſcheln verziert iſt; Muſcheln
ſind auch die Verzierung der Geſimſe. Ein Streif
von ſchwarzem Eichenholz trennt den Sockel von
den Wänden; das Chor iſt durch ein Eiſengitter
abgeſchloſſen, worauf geopferte Kerzen verbrannt
werden.

Die beiden vordern Pfeiler schmücken zwei
große Muscheln als Weihwasserbehälter. Die obere
Fläche der Façade enthält auf schwarzem Hinter=
grund den Namen Jesus in röthlichem Kalkspathe.
Sie hat zwei Thüren mit Fenster, ein solches
ist auch zwischen diesen; über denselben ist eine
freundliche Muschelverzierung, auch die weiteren
Verzierungen bestehen in groß= Muscheln, welche
aus Ost=Indien bezogen wurden; sie gehen durch
in's Innere der Kapelle, erschei en darin beim
Sonnenscheine feuerroth, und umgeben den Na=
men Jesu, welcher aus weißen Steinen gebildet ist.
Oben auf beiden Pfeilern und in der Mitte stehen
große Blumenvasen mit Aloes, die äußern Seiten
sind mit Epheu und wilden Reben bepflanzt. Die
Kapelle stimmt sehr zur Anbacht und wird zahl=
reich besucht.

III. Der Katechetensaal.

1. Dieser steht an der Südseite des Kirchhofes
in einiger Entfernung von der Armenseelen=Ka=
pelle, dessen Größe genügt dem Zwecke des Ge=
bäudes. Er dient als Schullokal, in welchem den
Kindern Religionsunterricht ertheilt wird, weßhalb
auch im Oberlichte der Thüre, in Glas eingebrannt,
die Worte stehen: „Schule der wahren Weisheit
und Tugend". Der Beichtstuhl darin dient zum
Gebrauche an kalten Wintertagen, insbesondere
zum Beichthören der Schulkinder. Der Bau wurde
im Jahre 1875 vollendet, worauf alsbald die prie=
sterliche Einsegnung stattfand. In der katholischen
Kirche sind die Schulen überhaupt in ihrem erha=

benen Zwecke schon geheiligt; sie waren auch von
jeher deren Eigenthum und Orte ihrer besonderen
religiösen Thätigkeit: sie erkannte und benutzte sie
nicht nur als Bildungsanstalten für Geist, sondern
auch für's Herz, darin den Geist in Weisheit, das
Herz in Tugend auszubilden, und welchen großen
Segen brachte sie dadurch der Menschheit. Wo nun
aber gewaltsam die Schule der Kirche entrissen,
das heißt ihrer Aufsicht und Lenkung entzogen
worden ist, da sollen die betreffenden Lehrer und
Lehrerinnen sich als Vertreter der frühern geist=
lichen Lehrer und Lehrerinnen betrachten und in
deren Geist fortfahren zu wirken, die Jugend für
ihr zeitliches und ewiges Glück heranzubilden: sie
sollen die Kinder als Kinder Gottes, von Gott
ihnen anvertraut, erkennen, sich selbst aber als
Stellvertreter Jesu, dieses Kinderfreundes; sollen
daher den Unterricht mit Gott in Gebet beginnen
und vollenden, ihn mit Gott und stets in Bezie=
hung auf Gott durchführen und so selbst da, wo
sie die Kinder die Buchstaben lehren, selbe zum
heiligen Gebrauche geheiligt lehren; wo sie die
Ziffern lehren, die Kinder zugleich lehren die Zeit
für die Ewigkeit zu benutzen, die Tage und Stun=
den zu zählen, daß keine davon verloren gehe;
sollen von der Weltgeschichte auf die göttliche
Geschichte, von der Erdbeschreibung auf das himm=
lische Vaterland übergehen, die Wege dorthin ih=
nen zeigen; bei der Sprachlehre sie die Sprache
der Engel lehren in Lob, Preis und Dank Gottes.
Was den Religionsunterricht, die Erklärung des
Katechismus betrifft, so müssen weltliche Lehrer

und Lehrerinnen zur Ertheilung desselben vom
geistlichen Obern dazu bevollmächtigt sein, nur
Geistlichen steht dies Recht zu. Wo Geistliche den
Religionsunterricht ertheilen, sollen die Lehrer und
Lehrerinnen die Vorbereitung dazu in Ueberwach=
ung des Erlernens des Katechismus vornehmen,
wie dies früher allgemein geschah, auch jetzt noch
von gewissenhaften christlichen Lehrern und Leh=
rerinnen geschieht und dies erscheint nothwendig,
weil dem Priester von weltlicher Behörde wöchent=
lich nur 2 Stunden zur Ertheilung des Religions=
unterrichts in der Schule, zuerkannt sind.   Der
Herr schickte einst seine Jünger dorthin voraus,
wo er selbst bald lehren wollte, damit sie das
Volk darauf gut vorbereiteten: mögen jetzt die
Lehrer und Lehrerinnen sich als solche Jünger er=
kennen und treu bewähren.

2. An der östlichen Seite dieses Gebäudes geht
der Weg zum Hofe, wo nicht nur für die Schü=
ler, sondern auch für jeden Andern benöthigte
Orte vorhanden sind.   Die verschlossenen Räume
unter dem Katechetenfaale dienen zur Aufbewah=
rung der verschiedenen Steinarten zur Ergänzung
der etwa entstehenden Beschädigungen oder Mängel
an den Wänden und Grup…. … Kirche und
der anderen geheiligten Orte.   … …erden da=
selbst abgesondert hiervon, die Todtenbahren, Tod=
tengerüste und die bei Beerdigungen nöthigen Ge=
räthschaften aufbewahrt.

IV. Das Gärtnerhaus.

1. Dies liegt in der Nähe der Erlösungska=
pelle, ist in Sandsteinen gebaut, von Epheu und

wildem Wein umrankt. Ursprünglich war dies bestimmt zur Wohnung einiger Priester und Brüder des Ordens des hl. Franziskus; es hat daher auch eine klösterliche Einrichtung. Die Priester sollten dem Pfarrer in seinem hl. Amte helfen, die Brüder den Küsterdienst in der Kirche übernehmen, sowie unter Leitung eines Gärtners in den Anlagen thätig sein. Mangel an solchen Geistlichen und die bald hierauf eingetretenen unheilvollen Zeitverhältnisse machten dies unmöglich. Es sollte hierauf ein Brüderhaus für Männer des dritten Orten des hl. Dominikus werden, welche als Gärtner und Maurer nicht nur hiesige gottgeweihten Anlagen und Bauten in gutem Zustande erhalten, sondern auch, auf Wunsch, bei weitern Anlagen von heiligen Kreuzwegen gegen geringen Lohn Hilfe leisten und dadurch die Vermehrung derselben erleichtern sollten. Auch dies war nicht durchzuführen; es wurde daher einem Gärtner übergeben welcher mit benöthigter Beihülfe die Anlagen und den Blumenschmuck der Kirche besorgt.

2. Zur südlichen Seite dieses Hauses steht ein Glashaus zur Ueberwinterung der zur Verzierung der Kirche bestimmten Pflanzen, deren das Gotteshaus viele zur täglichen Ausschmückung bedarf, indem zur Erhaltung derselben öftere Abwechslung nöthig ist. Diesem gegenüber befindet sich ein zur Vermehrung der Pflanzen und zu deren schnellerm Wachsthum erforderliches kleines Warmhaus, nebst mehreren Mistbeeten. Den Vorplatz dieser Bauten bildet ein freundliches Blumengärtchen, umgeben von Coniferen, zum Schutze,

zugleich aber auch zur Verschönerung. Besonderer
Wohlthäter der Anlagen in Pflanzenspendungen
ist Herr A n t o n D e n b e r, Kunstgarten=Besitzer
und Kunstgärtner zu Coblenz, Stifter der Glo=
cken hierselbst.

Zweite Abtheilung.

Die Kirche.

I. Das Geschichtliche der Kirche.

1. Der erste Tempel, den sich der Herr auf
dieser Erde bauen ließ, ward errichtet auf einem
Berge: auf Sions Höhe stand dieses herrliche
Gotteshaus, zu dem das gläubige Volk Israel
aus allen Weltgegenden pilgerte, um die vom
Herrn gebotenen Opfer in liebevollem Gehorsame
darzubringen. Nur ein schwaches Nachbild steht
hier auf Arenbergs freundlicher Höhe; aber den=
noch wird auch dieses Gotteshaus von zahllosen
Pilgern aus der Nähe und Ferne besucht, Opfer
heiliger Liebe in frommer Verehrung darzubrin=
gen. Von allen Seiten weithin sichtbar, scheint
es in eigenthümlichem Reize die gottliebenden
Herzen zu seiner Begrüßung anzuziehen, und
selbst die, welche davon blos reden hören, anzu=
spornen, die gegenseitige Aufmunterung der Is=
raeliten[a]: „Kommet und lasset uns den Berg des
Herrn hinaufsteigen!" zu der ihrigen zu machen.

---

[a] Isaias 2, 3.

2. Nachdem, wie einst zu Jerusalems Tempel= bau[a] allerlei kostbare Steine aus der Nähe und aus weiter Ferne in Menge gesammelt, und ein Baufonds von milden Gaben theilweise gebildet war, wurden die Plätze für die Fundamente ab= gesteckt und die Erde bis auf festeste Sohle dazu ausgeworfen.

Ein altes Kirchlein, arm, unansehnlich und so klein, daß es nur einige hundert Menschen aufzunehmen vermochte, bot seine Steine an zu diesen Fundamenten. Erbaut ward es vor vier= hundert Jahren vom edlen Herrn J o h a n n dem Fünften von Mühlbach, Herr von H e l f e n= st e i n, der auch hiesige Pfarrei gegründet und des Priesters und der Gemeinde hierselbst in frommem Sinne gedachte. Er hat hiermit das Fundament des Glückes der Pfarrgemeinde und in den Steinen des ersten Kirchleins die Funda= mente des neuen Gotteshauses gelegt, so dasselbe erbauen helfen: „Er sorgt für das, was des Herrn ist[b]“. „Sein Andenken ist im Segen[c]“. Es stand, wo jetzt die Taufkapelle ist, und die zwei neben dieser stehenden Thürme zeigen fort und fort die Stätte, worin Jahrhunderte hindurch der Herr dieser Gemeinde so große und zahllose Segnungen spendete. Wie zu Grabe ging das alte Kirchlein und manches Herz schlug traurig, und manche Thränen der Wehmuth und dank= baren Erinnerung folgten segnend: doch bald erhob es sich wieder aus der Tiefe als verherr= lichter, dem Bedürfnisse entsprechender Tempel.

---

a) 1. Paral. 29, 29. b) 1. Corinth. 7, 32. c) Sirach 45, 1.

Wie man den Samen der Erde zum Keimen
und Aufwachsen übergibt, so übergab am 5. Juni
1860 eines Priesters Hand zum Neubau den
ersten Stein der Erde in tiefem Graben mit dem
Segenswunsche, daß unter Gottes h. Hand das
Haus Gottes aufwachse; die feierliche Grundstein=
legung aber fand am Vigiltage zum Feste der
Himmelfahrt Mariä, den 18. August desselben
Jahres, statt; also an einem Fast= und Bußtage,
weil diese Kirche insbesondere dem Andenken an
Christi und Mariä Leiden gewidmet wurde; das
bisherige Gotteshaus wurde Kirche (ad Salvato-
rem) zum Erlöser genannt, auch das neue wurde
daher als solche schon bei Grundsteinlegung be=
zeichnet. Der Bischof von Kallinice, Weih=
bischof zu Trier, Herr Dr. Gobehard Braun,
nahm die heilige Handlung vor. Was er hierin
begonnen, half er durch seine Fürbitte am Throne
Gottes vollenden: seine rastlose Thätigkeit für Got=
tes Ehre und die Wohlfahrt der Menschen, sowie
sein ascetisches frommes Leben berechtigen zu dieser
Hoffnung; in Ausübung seines bischöflichen Amtes
begrüßte ihn, nicht lange nach jenem Tage, der
Todesengel als Gesandter Gottes. Auch sein An=
denken bleibt im Segen. Der damalige Kirchen=
fürst und Oberhirt der Diözese, Herr Dr. Wil=
helm Arnoldi, den sein zweiter Nachfolger
im bischöflichen Amte in seinem ersten Send=
schreiben an seine Diöcesanen mit dem Jünger
der Liebe, dem hl. Johannes, verglich, wollte die
Weihe der Kirche selbst vornehmen, und wie freute
er sich darauf! doch von Gott war dazu bestimmt,

der dem verstorbenen Weihbischofe in dessen Amte
zunächst folgte. Gesegnet hatte er den hl. Kreuz=
weg Christi, consecrirt die Erlösungskapelle, vom
Himmel aus sollte er heißen vollenden den Kirchen=
bau, von dort aus mitfeiern das Weihefest: dort
lebt in ihm fort seine beglückende Vaterliebe, so=
wie hier in den Herzen seiner Verehrer kindliche
Liebe und Dankbarkeit.

Mancher Hindernisse wegen vermochte erst im
Herbste des Jahres 1862 die Kirche unter Dach
gebracht zu werden, worauf sie auch sogleich am
Feste des hl. Kirchenpatrons Nikolaus nach prie=
sterlicher Benediction, wozu die Bischöfliche Be=
hörde die Erlaubniß ertheilte, zum öffentlichen
Gottesdienste benutzt wurde. Mit dem Innenbau
wurde sodann fortgefahren und die Kirche nach
und nach der Vollendung entgegengeführt, mit
dem Bau der Thürme aber erst im Frühjahre
1864 angefangen; es konnten jedoch nur zwei
Stockwerke, welche die Höhe der Kirche hatten,
vollendet werden, denn der Baufonds, gänzlich
erschöpft, machte damals die Fortsetzung dersel=
ben unmöglich.

3. Die Sehnsucht und Liebe in Betreff dieses
Gotteshauses übernahm mit der bischöflichen Würde
der edle Nachfolger des verstorbenen Herrn und
Bischofs Arnoldi, der Hochwürdigste Herr Dr.
Leopold Pellbram. Schon hatte er be=
glückend Einsicht von der Kirche genommen, trug
zuerst bei versammelter Gemeinde und in Be=
gleitung hoher Geistlichen, des jetzigen Erzbischofs
von Cöln Herrn Dr. Philipp Krementz

und des Dompropstes zu Trier, Herrn Dr. Carl
Holzer am 1. Juli 1865 das Allerheiligste in
die für dasselbe bestimmte Kapelle, welche daher
auch Sakraments = Kapelle genannt wird, führte
so gleichsam den Herrn in seine Wohnung ein:
er war Vater in Liebe auch dieser Gemeinde,
sowie der ganzen Diöcese; aber es brach zu früh
sein edles Herz unter dem gewaltsamen Drucke
der Last des Bischöflichen Amtes; es stieg hinauf
seine Seele, den Lohn der Treue zu erhalten,
doch durch Bande der Liebe blieb der geistliche
Vater vereinigt mit seinen geistlichen Kindern
auf Erden und diese mit ihm.

Den verwaisten Bischöflichen Stuhl bestieg
hierauf, von der Hand Gottes geführt, der hoch=
würdigste Bischof von Paneas, Weihbischof von
Trier, Herr Dr. Matthias Eberhard. Er
wurde uns vom Himmel gegeben als Kirchenfürst
und Bischöflichen Vater und als solcher auch Aren=
berg zur Weihe der Kirche. Lange vor seiner
Ankunft schon, nämlich am 9 Juni 1868, con=
secrirte Hochderselbe zu Trier die tragbaren Al=
täre der Sakramentskapelle und der Grabkapelle
der Gottesmutter Maria; auf ersterem brachte
das hl. Meßopfer zuerst dar der hochwürdigste
Herr Bischof selbst, und zwar am Tage der Con=
secration der Kirche, das Hochamt hielt am neu=
confecrirten Hochaltare sein Delegat Herr Dr.
Hubert Piesbach, Stadtpfarrer zu Ehren=
breitstein. Auf dem anderen Altare las zuerst
und zwar schon am 1. Mai, der hochwürdigste
Herr Dr. Philipp Krementz, damals Bi=

tars die h. Messe gelesen. Die Weihe der Kirche
fand statt am 26. September 1868, mit Assis=
tenz vieler Geistlichen. Am Weihetage hielt die
Festpredigt der Stadtpfarrer von Frankfurt Herr
Thissen, Päpstlicher Geheim=Kämmerer, Bi=
schöflicher geistlicher Rath und Domkapitular. Am
folgenden Tage predigte der hochw. Herr Bischof
selbst; diese beiden Predigten voll des heil. Geistes,
fesselten die Zuhörer himmlisch, nimmer werden
die salbungsvollen Worte vergessen. Das Fest
war begünstigt von oben durch heiteren Himmel,
freundlichen Sonnenschein, sowie verherrlicht durch
den Gesang des Sängerchors von St. Castor in
Coblenz. Die Theilnahme aus der ganzen Um=
gegend war groß, die festliche Ausschmückung
der Kirche und der Straßen von Arenberg dem
hohen Feste entsprechend.

4. Der Jünger der Liebe hörte einst eine
starke Stimme vom Throne Gottes, die da sprach:
„Siehe die Hütte Gottes bei den Menschen*)".
Auch auf Arenbergs Gotteshaus beziehen sich
diese Worte. Es ist in Wahrheit ein Haus Gottes,
denn Gott hat es erbaut. Von Wachs, am Altare
schon gebraucht und Gott geheiligt, wurde das
Modell dazu gemacht: wie der Herr zu seinem
ersten Tempel den Plan dem Könige David ge=
geben[b], so gab er ihn auch zu diesem: das Wachs

---

a) Offenb. 21, 3. b) Paral. 28, 10

fügte sich nach Gottes h. Willen und die in sol=
cher Verrichtung gänzlich üngeübten Finger bil=
deten, wie durch höhere Kraft bewegt, Gestalt
und Formen, gleichwie die Bienen ihre Zellen.
Es wählte hierzu der Herr einen seiner Diener,
der ein in dieser Weise errichtetes Gebäude noch
nie gesehen, noch je davon gehört hatte, der von
ihm sich leiten ließ, wie ein unwissender Lehrling
vom Meister, hierin sich gebrauchen ließ wie das
Werkzeug vom Arbeiter. Der die Welten er=
schaffen, der schuf auch Arenbergs Tempel; mag
er auch jene Schöpfung durch seinen innigstge=
liebten Sohn vollführt, zum Baue hiesiger Kirche
aber den geringsten der Söhne Adams gewählt
haben, so bleibt diese immer sein Werk, und als
solches erscheint es erhabener, als die größten
Menschenwerke: was war das Gartenschloß des
Kaisers Nero, dessen Dach selbst in Goldplatten
bestand? was war der Palast des Königs Achab,
dessen Wände mit Elfenbein belegt waren? Wäre
dieser Tempel ein Werk der Eitelkeit, wie jene
Gebäude es gewesen sind; wie diese nicht Bestand
hatten, sondern in Ruinen zusammenstürzten,
würde auch dieses Haus nicht fortdauern.

Hat nicht auch Gott die Unwißenden und
Geringen zur Gründung seines erhabenen Rei=
ches auf Erden gewählt*), kund zu thun, daß er
selbst der Gründer sei? Wie bemühen sich so oft
die besten Architekten beim Baue einer neuen
Kirche eine gute Akustik hervorzurufen aber bei
allen Versuchen gelingt es ihnen gar häufig nicht:

a) Matth. 11, 25. 1, Corinth. 1, 27—18.

hieſige Kirche hat die beſte Akuſtik; mag der Red=
ner laut oder leiſe ſprechen, jedes Wort wird
überall darin auf's deutlichſte verſtanden, kein
Echo der Worte wirkt ſtörend. Ebenſo geben ſie
ſich oft in Conſtruction der Kirche vergeblich alle
Mühe Reſonanz zu vermeiden, welche insbe=
ſondere kräftige Orgeltöne unerträglich macht;
in hieſiger Kirche empfindet man keine Erſchüt=
terung beim Orgelſpiele, es ſcheint wie wenn die
zahlloſen kleinen Steinchen an den Wänden jede
Härte der Töne an ſich zögen, um dem Geſange
und der Muſik nur das Liebliche, Anmuthige für
Gott zu laſſen. Erblicken und bewundern wir auch
hierin den himmliſchen Baumeiſter.

Gleichwie beim Tempelbau in Jeruſalem, gab
Gott den Werkführern die Kenntniſſe zu die=
ſem Baue: Maurer des Filialortes Immendorf
ſetzten künſtlich die Steinchen zuſammen, wie Bie=
nen ihre Zellen und vollführten das Werk ohne
je ſolch' ſchwierige Arbeit gethan oder geſehen
zu haben. Meiſterhände wagten ſich nicht daran,
denn ſie erkannten, daß Gott ſeine Lehrlinge ſelbſt
gewählt und dieſe zu Meiſtern hierin machte[a].

Das Baumaterial wurde ebenſo von
Gott gegeben; nicht nur gab er in den Kirchen=
und Pfarrfeldern den Lehm zum Ziegeln und
den Bauſand, ſondern verſchloß auch in Felſen
und verlaſſenen Gängen der Silber=, Blei= und
Kupferminen bis zur Zeit des Gebrauches für die

---

[a] Den Rohbau leiteten mit großer Opferwilligkeit die Architek=
ten Joſeph und Peter Mundenich von Coblenz.

Kirche die herrlichsten Bergkrystalle und Quarze;
Berge wurden zu dieser Zeit durchbohrt zur Fort=
setzung der Eisenbahnnetze und die kostbarsten
Steine boten sich für die Kirche dar. In ihren
Schalen lagen unbeachtet in den Feldern seltene
Amethisten und harrten dem Kirchenbaue entge=
gen, darin eine Zierde zu werden. Der schönste
Kalkspath in rother, weißer und grauer Farbe,
Tropf= und vulkanische Steine in Fülle, wurden
in den verschiedensten Gegenden aufgefunden und
für Arenbergs neues Gotteshaus bestimmt. Das
Meer warf aus in Menge Muscheln und Schne=
ckenhäuschen: ein Priester sollte die schönsten
sammeln für die Kirche; eine von Gott ihm als
Collectanten derselben zugeschickte Krankheit führte
ihn dahin und die Wellen, welche jene Meeres=
gaben brachten, stärkten die geschwächte Gesund=
heit des Sammlers; gesund überbrachte er un=
zählige dieser Geschenke Gottes für dessen Haus.
Zugleich berührte Gottes Hand der Menschen
Herzen für sein Werk und überall öffneten sich
die Hände, darreichend freundliche Liebesgaben
zum Kirchenbaue. Betrachte die Gemälde und
Fenster, und siehe, wie Gott der Menschen Herz
für sein Werk gerührt; es war wie wenn der
Geist Gottes in seinem Liebesfeuer herabgekom=
men, um allgemein die Liebe für sein Haus zu
entzünden: vom Kindes= bis zum Greisenalter
fand allgemeine Thätigkeit für sein Werk statt;
wie Ameisen thätig, schleiften und trugen die
Kleinen die Bausteine herbei, Beifuhren wurden
größtentheils, und Handarbeiten häufig unent=

geltlich geleistet. Alles dieses war Mitwirkung des h. Geistes für sein Haus.

Wie der Herr im Blute des Marterthums seine lebendige Kirche erwachsen ließ und verherrlichte, wie er selbst die Erlösung der Menschen in großen Leiden vollführte, so ließ er auch diesen Tempel aus vielen Leiden erwachsen. Was sein Wort einst auf dem Berge Horeb dem Propheten Elias verkündete, da dieser nach dem Tode und der himmlischen Wohnung sich sehnte, das gilt auch hier: es sprach dieses Wort, daß der Herr erscheine, vorerst aber komme ein starker großer Wind, der Berge umkehre und Felsen zermalme, darnach ein Erdbeben, hierauf Feuer; alsdann würde er selbst erscheinen im Säuseln sanfter Luft[a]. Anscheinend unübersteigbare Hindernisse erhoben sich wie Berge und harte Felsen gegen den Bau dieser Kirche, wie einst gegen den Bau des zweiten Tempels zu Jerusalem[b]; doch die Allgewalt der Gnade Gottes nahm diese Hemmnisse hinweg, segnend den festen Glauben, welcher Berge versetzen kann[c]. Hierauf that sich kund das Erdbeben in der Angst und Furcht so vieler in der Gemeinde; ihr Herz erbebte bei dem Gedanken: abgebrochen wird die alte Kirche, genügende Mittel mangeln zur Vollendung einer neuen, wir werden ohne Kirche sein oder erdrückt werden von Steuern zum Ausbau der neuen Kirche. Auch dieses Beben, diese Beängstigung ging vorüber, verschwand allmählig. Und es zeigte sich das Feuer der Leiden im ununterbrochenen

a) 3 Könige 19, 11—12. b) Esdr. 4—6. c) Matth. 21, 21.

mühsamsten Collectiren: Väter verließen Weib
und Kinder, Söhne ihre Eltern auf lange Zeit,
um als Bettler von Thür zu Thür Almosen für
den Kirchbau zu sammeln. Da war Leid in der
Ferne und zu Haus, auch manch' andere Leiden
bei dem Baue selbst tauchten vielfach auf. Mögen
da auch Thränen geflossen, Seufzer in Fülle zum
Himmel emporgestiegen sein; so viele Leiden erduldet wurden, so viele Segenskreuze bewährten
sich ihnen, und jene Thränen, was waren sie anders als in Liebe geheiligtes Wasser zur größeren Segnung dieses Baues, sowie jeder Seufzer
ein unaufhaltsamer und nicht vergeblicher Ruf
zum Himmel um Hülfe war. Da erschien in sanftem Säuseln, in beglückendem Frieden der helfende
Gott, er hatte begleitet, die in seinem Namen
ausgingen und ihr Werk gesegnet, und er selbst
kehrte ein im allerheiligsten Sakramente, in das
ihm neu gebaute Haus.

3. Auch die Bezeichnung des Gotteshauses
auf Erden als Hütte Gottes hat Anwendung auf
die neue Kirche hierselbst: blos eine Hütte ist sie
im Hinblick auf den, wofür sie gebaut wurde a),
und was der Herr selbst zu Nathan dem Propheten sprach: „Ich wandle in dem Zelte und
der Hütte b)!" dürfen wir auch auf dieses Haus
anwenden. Wohl nur eine Hütte ist es im Ver-
gleich zur himmlischen Wohnung, deren Herrlichkeit keine Sinne zu fassen c), keine Worte der Menschen zu beschreiben vermögen d). Das gestand

---

a) 3 Kön. 8, 27. b) 3 Kön. 7, 6. c) 1. Cor. 1, 9. d) 2. Cor. 22, 4.

der Weltapostel, der in den Himmel entrückt
ward, und der Jünger der Liebe, der ihn schaute,
vermochte nur ein Bild davon zu geben, das er
in seiner geheimen Offenbarung gezeichnet. Hie=
siger Tempel ist ein Nachbild, wenn auch ein
sehr schwaches; denn wie die Mauern, Säulen,
Thore und der Boden des himmlischen Jerusalems,
dieser Wohnung Gottes, mit allerlei Edelsteinen,
Perlen und Krystall[a]) geschmückt dargestellt wer=
den: so auch ist dieser Tempel mit ähnlichem
Schmucke ausgestattet, daher auch gefällt dieses
Gotteshaus so allgemein und mehr denn jene,
welche die Höhe der Kunst und Genauigkeit der
Architektur besitzen; deßhalb auch betet man darin
so gut und besser als in Tempeln, welche irdische
Pracht und Größe in sich vereinigen.

Eine Hütte ist die Kirche auch im Ver=
gleich mit dem Tempel der Natur, den in seiner
Größe kein Maaßstab bemessen, kein Auge über=
und durchschauen kann. Wer zählt den Laub=
und Blumenschmuck dieses Tempels, wer die Per=
lenzierde in den Wassertropfen, die Lichter, welche
zur Verherrlichung desselben immer am Firma=
mente brennen? Warum mußte ein millionenmal
größerer Stern, denn die Erde, diese beleuchten?
warum Meere von Sternen sie mit einem Rah=
men oder Heiligenscheine umgeben? Weil sie des
Schöpfers Wohnung ist; daher auch werden alle
Geschöpfe aufgefordert, den Herrn zu loben[b]) und
werden denselben lobend, bezeichnet[c]). Und es
lispeln die Blätter, es winken die Zweige, es

a) Offenb. 11, 18—21. b) Pf, 148, 1—14. c) Offenb. 5, 13.
10*

duften die Blumen, es sausen die Stürme, es
wehen die Lüfte, es rauschen die Wasser und er=
heben in ihren Wellen und Wogen gleichsam ihre
Zungen nach oben zum Lobe des Herrn; es
zischet das Feuer und lodert auf in seinen Flam=
men wie Zungen, den Herrn zu preisen; auch der
Gesang der Vögel und die Stimmen der andern
Thiere ertönen das Lob Gottes: die Heiligen ver=
standen diese Stimmen[a], verstehst auch du sie?
Die Größe der Natur soll verkünden die Größe
des Schöpfers; jedes Geschöpf in der Natur bringt
sich dem Herrn in Gehorsam stets zum Opfer
dar: das ist ein großartiger fortdauernder Got=
tesdienst: o Mensch, erkennst auch du ihn in Nach=
folge an? Bei Schöpfung dieses Tempels froh=
lockten die Engel[b], freuest auch du dich dessen?
Zum königlichen Priesterthume hat der Herr den
Menschen in diesen seinen Tempel insbesondere
berufen[c]: erfüllen wir also unsere Berufspflichten
allezeit zur Verherrlichung Gottes. In diesen
Tempel und nicht in den von Menschenhänden
erbauten trat der Herr zuerst, da er als Mensch
auf diese Erde kam; jenes hl. Tabernakel, die
Felsengrotte bei Bethlehem, die sein Schöpfungs=
wort gebildet, war seine erste Wohnung: auch
seine letzte war eine Felsengrotte auf dem Cal=
varienberge. In hoher Verehrung und zarter
Liebe hat die hl. Kirche über die durch Jesus ge=
heiligten Stätten Tempel gebaut, worin dieselben
insbesondere als Heiligthümer verehrt werden. Un=
term freien Himmel auf den Bergen betete Jesus

---

a) Offenb. 4, 13. b) Job 38, 7. c) 1. Petr. 2, 9.

ganze Nächte zum Vater; am Oelberge hielt er
seinen Abendgottesdienst, auf Hügeln und Bergen
ließ er sich nieder zu verkünden das Wort Gottes,
und der Calvarienberg war es, wo er das Er=
lösungsopfer für die Sünden der Welt brachte,
wo er seinen Geist in des Vaters Hände em=
pfahl.

Ein Nachbild von diesem Tempel, wenn auch
ebenfalls nur ein schwaches, ist unsere Kirche;
denn der Tempel der Natur hat ihr mitgetheilt
von seinem Schmucke, hat sie im Inneren um=
kleidet, verherrlicht mit seinen Edelsteinen, und
selbst im Aeußeren mit Naturschönheiten umgeben.
Doch mehr hat sie erhalten: deren Heiligthümer
wurden gleichsam in sie versetzt; siehe in der
Taufkapelle die Grotte zu Bethlehem: in den
Lavasäulen und deren Umgebung die Felsengrotte
zu Memphis in Egypten, wo Jesus als Kind
lebte; in dem Hochaltar den Calvarienberg, die
Stätte seines Todes; in der Grabkapelle die
Ruhestätte seiner h. Leiche. So denn auch gehen
zu diesem Tempel nicht nur die Gläubigen dieser
Pfarrgemeinde, sondern aus allen Weltgegenden,
Ländern, Nationen, pilgern zahllose zu demselben,
wie von geheimnißvoller, gewaltiger Stimme ge=
rufen; und wie beim Kreuze auf Golgatha Hei=
den, Juden, wie Christen, von höherer Einwir=
kung ergriffen, auf die Brust schlugen und den
wahren Gott bekannten, so werden hier alle ge=
heimnißvoll ergriffen und fühlen sich wie nieder=
gezogen zur Anbetung dessen, dem das Haus
geweiht ist, der darin als Gottmensch wohnt.

4. Eine herrlichere Kirche
den Felſen Petri gebaut*) ; er
Ec=, und Grundſtein^{b)} davor
Bau in den einzelnen Gläu
verſchiedener Größe und G
ſtützen und tragen ſich un
verſchieden an Würden, Ver
ben^{d)} in ſchöner Harmonie a
denn der Mörtel, welcher ſ
Liebe^{e)}, die ſie in h. Frieb
in der Einheit des Glauben
und werthvoll ſind dieſe Stu
ßel der Gnade hat alles Un
wie ein gewiſſes Blut irdiſ
löſt, ſo macht das Blut J
Edelſteinen, die alles Jrdi'
Schönheit überſteigen. Die B
die Seelen, ſind göttlich wei
die Statuen dieſes Tempels,
lebendig und heilig und wer
jenen Bildern Stelle im l
bekommen, wofern Sünde ſie
iſt der Tempel mit ſieben S
Himmel ragen^{f)} in den ſiebe
der Tempel in ſeinen zwölf
welche die hl. Apoſtel ſind^{g)}, Saulen und Grund=
feſte der Wahrheit in Verkündigung des göttli=
chen Wortes^{h)}. Altar, Opfer und Hohepriefter iſt
Chriſtus ſelbſt darin im allerheiligſten Opfer der
Meſſe.

---

a) Matth, 16, 18. b) Ephef. 2, 20. c) 1. Petr. 2, 5. d) Ephef.
4, 11—16. e) Ephef. 4, 13. f) Sprüche 9, 1. g) Offenb. 21, 14.
h) Tim. 3, 15.

Auch von diesem geistlichen Tempel ist der
hiesige ein Nachbild; wenn auch wieder ein sehr
schwaches, so doch in gewisser Weise entsprechen=
der, als andere Tempel mit übertünchten Wänden.
Sind die in ihrer Naturfarbe glänzenden Steine
nicht entsprechendere Sinnbilder der Bausteine
an jenem geistlichen Tempel, als die mit Mörtel
überzogenen Mauersteine? Und sind sie in ihren
schönen Farben nicht sprechende Symbole der
Tugenden der Gläubigen? So auch sind die zwölf
Umgebungspfeiler mit den darauf verzeichneten
zwölf Glaubensartikeln sehr bezeichnende Sinn=
bilder der Säulen der heil. Kirche in den heil.
Aposteln^a), die innere Pfeiler aber mit den da=
rauf verzeichneten Lehren von den acht Selig=
keiten, deren Erfüllung zum Himmel erhebt, die
Kanzel mit ihren vielen Schriftstellen, ja alle die
vielen Schriftstellen, die überall in der Kirche
dem Auge sich darstellen, sind fortdauernde Pre=
digten für alle Stände, Geschlechter und Alter.
Die Pfeiler der Kanzel, dieser hl. Lehrstätte, ver=
künden sinnbildlich die sieben hl. Sakramente,
welche das Evangelium lehrt und worauf der
Taufstein, das Lamm darüber, die Communion=
bank, die Beichtstühle der Calvarienberg, der
Altar, diese Stätte der Priester im heiligsten
Amte und des Ehebündnisses hinweisen. Das
große Crucifix auf dem Altare, diese Hauptzierde
in der Kirche sinnbildet Christum als Altar,
Hohenpriester und Opfer. In andern Statuen
und Gemälden werden himmlische Wesen darge=

---

a) Offenb. 3, 12.

4. Eine herrlichere Kirche hat sich Christus auf den Felsen Petri gebaut[a]; er selbst ist der Haupt-Eck-, und Grundstein[b] davon, über den sich der Bau in den einzelnen Gläubigen, als Bausteine verschiedener Größe und Gestalt[c] erhebt; diese stützen und tragen sich untereinander, obwohl verschieden an Würden, Verrichtungen und Gaben[d] in schöner Harmonie als lebendige Steine, denn der Mörtel, welcher sie verbindet, ist die Liebe[e], die sie in h. Frieden zusammengefügt, in der Einheit des Glaubens an Jesus. Kostbar und werthvoll sind diese Steine; denn der Meißel der Gnade hat alles Unedle davon entfernt: wie ein gewisses Blut irdische Diamanten auflöst, so macht das Blut Jesu diese Steine zu Edelsteinen, die alles Irdische an Werth und Schönheit übersteigen. Die Bilder dieses Tempels, die Seelen, sind göttlich weil Ebenbilder Gottes, die Statuen dieses Tempels, unsere Leiber, sind lebendig und heilig und werden einst selbst mit jenen Bildern Stelle im himmlischen Tempel bekommen, wofern Sünde sie nicht entheiligt. Es ist der Tempel mit sieben Säulen, die bis zum Himmel ragen[f] in den sieben hl. Sakramenten, der Tempel in seinen zwölf Umfassungspfeilern, welche die hl. Apostel sind[g], Säulen und Grundfeste der Wahrheit in Verkündigung des göttlichen Wortes[h]. Altar, Opfer und Hohepriester ist Christus selbst darin im allerheiligsten Opfer der Messe.

---

a) Matth, 16, 18. b) Ephes. 2, 20. c) 1. Petr. 2, 5. d) Ephes. 4, 11—16. e) Ephes. 4, 13. f) Sprüche 9, 1. g) Offenb. 21, 14. h) Tim. 3, 15.

Auch von dieſem geiſtlichen Tempel iſt der
hieſige ein Nachbild; wenn auch wieder ein ſehr
ſchwaches, ſo doch in gewiſſer Weiſe entſprechen=
der, als andere Tempel mit übertünchten Wänden.
Sind die in ihrer Naturfarbe glänzenden Steine
nicht entſprechendere Sinnbilder der Bauſteine
an jenem geiſtlichen Tempel, als die mit Mörtel
überzogenen Mauerſteine? Und ſind ſie in ihren
ſchönen Farben nicht ſprechende Symbole der
Tugenden der Gläubigen? So auch ſind die zwölf
Umgebungspfeiler mit den darauf verzeichneten
zwölf Glaubensartikeln ſehr bezeichnende Sinn=
bilder der Säulen der heil. Kirche in den heil.
Aposteln*), die innere Pfeiler aber mit den da=
rauf verzeichneten Lehren von den acht Selig=
keiten, deren Erfüllung zum Himmel erhebt, die
Kanzel mit ihren vielen Schriftſtellen, ja alle die
vielen Schriftſtellen, die überall in der Kirche
dem Auge ſich darſtellen, ſind fortdauernde Pre=
digten für alle Stände, Geſchlechter und Alter.
Die Pfeiler der Kanzel, dieſer hl. Lehrſtätte, ver=
künden ſinnbildlich die ſieben hl. Sakramente,
welche das Evangelium lehrt und worauf der
Taufſtein, das Lamm darüber, die Communion=
bank, die Beichtſtühle der Calvarienberg, der
Altar, dieſe Stätte der Prieſter im heiligſten
Amte und des Ehebündniſſes hinweiſen. Das
große Crucifix auf dem Altare, dieſe Hauptzierde
in der Kirche ſinnbildet Chriſtum als Altar,
Hohenprieſter und Opfer. In andern Statuen
und Gemälden werden himmliſche Weſen darge=

*) Offenb. 3, 12.

stellt, welche einst die werthvollsten und liebsten
Steine am geistlichen Tempel des Herrn auf
Erden waren, die in ihren Darstellungen uns
nun lehren, was auch wir zu thun haben, um
würdige Steine an Christi heiliger Kirche zu sein,
und einst mit Leib und Seele in den Himmel
versetzt zu werden.

Auch ist in dieser Kirche zugleich das Leben
Christi, von seiner Geburt an bis zur Himmel=
fahrt, die Sendung des hl. Geistes und Herab=
kunft zum Gerichte, sowie das ewige Leben im
himmlischen Jerusalem dargestellt. Die Taufka=
pelle und das Glasgemälde darin stellt des Herrn
Geburt dar, zugleich aber auch den Anfang seines
öffentlichen Lebens als Heiland, in das er trat
mit der Taufe am Jordan, die ebenfalls hier in
schöner Gruppe Stelle hat. Sein Lehramt sinn=
bilden die Kanzel, der Katechetenstuhl und die
vielen Schriftstellen; sein Leiden bis zum Tode
und Grabe die Wandgemälde des Mittelschiffes
in Verbindung mit dem Calvarienberge und der
Grabkapelle. Das Weitere bezeichnen die Fenster=
gemälde der h. Sakramentskapelle. Hiermit ist
zugleich auch das Leben des Christen bezeichnet:
seine Taufe durch den Taufstein; die christliche
Führung durchs göttliche Wort; die himmlische
Kräftigung und Nahrung durch das Taberna=
nakel, worin Christus, der Anfang und das
Ende unseres Heils, verweilt. Was den wah=
ren Christen nach dem Tode erwartet, zeigen
die bildlichen Darstellungen in der Sakraments=
kapelle.

II. Entgegnung einiger Einwendungen.

1. Man wundere sich nicht, in so kleinem Dörflein, wie Arenberg, solch' schönen Tempel zu finden, und table nicht, daß man solchen dort und zwar durch Opfergaben so gebaut. Nicht für dieses Dörflein ward er gebaut: er ist ja ein Gotteshaus, und es darf doch wohl der König der Könige[a] eben so gut ein Landschlößlein haben als deren kostspieligere selbst kleine Fürsten besitzen. Müssen wir nicht alles aufbieten, seiner göttlichen Erhabenheit und Majestät eine möglichst entsprechende Wohnung zu bereiten, um dadurch unsere göttliche Verehrung Seiner, als König Himmels und der Erde kund zu thun? Haben wir nicht vor Allem und in Allem die Verpflichtung, Gott zu verherrlichen? lehrte Christus nicht vor Allem beten: Geheiligt, verherrlicht werde dein Name? sprechen wir diese Bitte im Gebete nicht täglich vielfach aus? war und ist es nicht der Wahlspruch der Heiligen: „Alles zur größern Ehre Gottes?" Seinen herrlichen Tempel der Natur gab uns Gott hier und nahm uns auf in seinen geistlichen herrlichen Tempel und will uns jenseits seinen himmlischen Tempel geben; müssen wir uns deßhalb nicht in dankbarer Liebe bestreben, auch in Erbauung herrlicher Gotteshäuser, dieser seiner Liebe möglichst zu entsprechen? Würde anders uns nicht das Heidenthum in seinen Tempeln beschämen: der Tempel zu Ephesus,

---

a) Offenb. 16, 18.

dem Götzen Diana geweiht, welcher seiner Schön=
heit wegen seiner Zeit zu ben sieben Wunderwer=
ken der Welt gezählt wurde? Würde uns nicht
der Tempel der Juden zu Jerusalem in seiner
wundervollen Schönheit beschämen, der im Schatten
des alten Bundes stand, die wir im Licht des neuen
Bundes leben, und gedenken wir wohl, baß hiezu
Gott selbst den Plan gegeben und hierin ein Vorbild
für andere Tempel gab? Unedel wäre es daher, die=
ses Gotteshaus eine Luxus=Kirche zu nennen: nichts
weniger, als strafbare Verschwendung oder kost=
spielige Ueberfüllung erblickt man in dieser Kirche,
allgemein erkennt man lobend in dieser die an=
muthigste Einfachheit an, die selbst bei den vor=
züglichsten Theilen, wie überhaupt bei allem Schö=
nen sich kund thut. Gleichwie die glänzende Sonne
unentgeltlich die Erde durch ihre Strahlen verherr=
licht: so verbreiten die prachtvollen Glas= und
Berg=Krystalle, als Gaben uneigennütziger Liebe,
im Lichte der Sonne ihren Glanz zur Verherr=
lichung der Kirche. „Aber zu dem ernsten Cha=
rakter dieser Kirche, weil der Verehrung des Lei=
dens Christi insbesondere bestimmt, das in so
ausbrucksvollen Bildern darin dargestellt ist, paßt
diese Pracht strahlender Glasperlen nicht, worin
vorzüglich der Hochaltar prangt, mit dem selbst
der Calvarienberg verbunden ist". Wohl ernst
ist der Charakter dieses Gotteshauses und ergreift
tief das fühlende Herz des frommen Besuchers;
doch das Leiden Christi ist jetzt verrherrlicht in
seinen Verdiensten, Christus leidet nicht mehr,
als Auferstandener von den Todten behielt er seine

Wundmale als herrliche Denkmäler seiner leiden=
den Liebe und nahm sie am verklärten Leibe,
ebenfalls verklärt, mit in's Reich der Verklärung,
der höchsten und ewigen Herrlichkeit. So denn
ist nicht nur der Hochaltar das erhabenste am
Gotteshause, sondern auch der damit verbundene
Calvarienberg, durch Felsen aus seltenen Steinen
und prachtvollen Pflanzen verherrlicht dargestellt.
Da der himmlische Vater selbst, seines geliebten
Sohnes blutiges Leiden und schmerzvollen Tod
am Kreuze, durch großartige Naturereignisse und
Wunder verherrlichte, indem die Erde bebte, Fel=
sen bärsteten, Sonne, Mond und die übrigen
Sterne sich verdunkelten, Gräber sich eröffneten
und verstorbene Heilige erschienen, auch der Vor=
hang des Tempels von oben bis unten zerriß;
wie sollte nicht auch hier diese Scene im Leben
Jesu verherrlicht dargestellt werden! Hat nicht
auch Christus selbst sich am Kreuze verherrlicht
durch Begnadigung des unbußfertigen Schächers,
durch die Gnade des Glaubens bei dem Haupt=
manne, durch die Heilung der Augen und der
Seele des Soldaten Longinus, durch seine Liebe
zur Mutter und dem Jünger der Liebe, ja insbeson=
dere durch die Erlösung des Menschengeschlechtes?
Stellt man nicht auch allenthalben, besonders in
den Kirchen, als herrliches Denkmal dieser Er=
lösung das Crucifix auf, und verherrlichte der Herr
nicht insbesondere das Andenken an sein Leiden
und Sterben durch Einsetzung des allerh. Sakra=
mentes des Altars, wodurch er ja zugleich auch
den Calvarienberg mit dem Altare verband?

Der Hochaltar ist das Erhabenste am Gotteshause,
soll daher auch in Ausschmückung als herrlichster
Gegenstand erscheinen. Das erhabenste Opfer
wird Gott darauf gebracht, der Gottessohn ist
es, der sich hier dem Vater opfert, jedoch nicht
blutig und leidenreich, sondern in verklärtem
Leibe, uns in strahlender Liebe die Verdienste
seines Opfers am Kreuze zuwendend; er ist nicht
Leidensstätte, sondern Stätte der liebevollsten
und segensreichsten unblutigen Wiederholung des
blutigen Kreuzopfers. Mit dem Altare ist zugleich
das Tabernakel verbunden, in dem der Herr in
verklärtem, wenn auch unter Brodsgestalt ver=
borgenem Leibe bei uns verweilt; welche Pracht=
verwendung genügte wohl unsere dankbare Ver=
ehrung dafür unserm Gott der Liebe kund zu thun?
    2. „Warum aber stellt man oberhalb des
Altars außer dem Crucifixe und den gewöhnlich
danebenstehenden Statuen der Gottesmutter und
des Jüngers der Liebe noch Kreuze mit den
Schächern und mehrere andere Statuen auf, da
man doch anders ungestörter und andächtiger hier
hätte betrachten und beten können? auch würde
so die Majestät des Erlösers mehr gehoben er=
scheinen!" Alle diese weitern Bildnisse stehen in
ihrer Bedeutung mit dem leidenden und sterben=
den Heilande in Verbindung und bieten für die
einzelnen Seelenzustände der Besucher zur heil=
samen Betrachtung entsprechende Anhaltspunkte
dar: es findet hier als Gegenstand der Erwägung
der unbußfertige und der bekehrte Sünder, der
Gläubige und der Ungläubige, der gute und voll=

kommene Christ reichlich Stoff zur Betrachtung;
die große Leere dagegen, welche durch Weglassung
jener weiteren Statuen auf beiden Seiten ge=
blieben wäre, würde eher kalt auf die Gemüther
der Besucher gewirkt, als deren Andacht beför=
dert haben. Wer nur den Erlöser in seiner
leidenden Liebe betrachten möchte, kann ja seine
Blicke blos auf das Crucifix gerichtet lassen, die=
sem in Liebe seine Aufmerksamkeit schenken, dann
werden die andern Figuren keinen störenden Ein=
fluß zu wirken vermögen ; denn die Liebe ist stark,
wie der Tod[a], was sollte so den Betrachtenden
von der Liebe Jesu abziehen können[b]? „Wer in
der Liebe bleibet, der bleibet in Gott und Gott
in ihm[c]." Wie aber die Majestät eines Königs
auf seinem Throne durch eine zahlreiche Umge=
bung nicht geschwächt, sondern vielmehr gehoben
wird, so findet auch hier ein Gleiches statt bei
Jesus, dem Könige auf dem Throne des Kreuzes,
dem Throne der Liebe und Begnadigung[d]. Diese
Gruppe ist ferner Darstellung der zwölften Lei=
densstation Christi und so die Fortsetzung der
vorhergehenden, die alle auf entsprechende Weise
in Wandgemälden ausgeführt sind: die Haupt=
station Aller dürfte nicht minder ausgeführt sein,
wie die andern, die Harmonie mit diesen erfor=
derte schon die gegenwärtige Gruppirung, was
aber die Schächer insbesondere betrifft, so wird
dadurch die Prophezeiung Jsaias erfüllt darge=
stellt: „Er hat sein Leben in den Tod gegeben
und ist unter die Missethäter gerechnet worden[e]".

---

a) Hohesl. 8, 6. b) Röm. 8, 35. c) 1. Joh. 4. d) b. 3, 16. e) Jsai 52, 12.

„Aber zu ſehr zieht die ſchöne Gruppe das Auge
an und feſſelt alle Aufmerkſamkeit auf ſich, zieht
daher vom Allerheiligſten im Tabernakel weg".
Das mag wohl ſein bei ſolchen, welche in der
Kirche nur Kunſt und Naturſchönheiten ſuchen,
nicht aber bei ſolchen, welche die Kirche zur Ver=
ehrung Gottes und eigener Erbauung beſuchen;
bei dieſen geht der Drang der Liebe hin zum
Gegenſtande ihrer Liebe und Verehrung und dieſer
zieht, als himmliſcher, ja göttlicher Magnet der
Liebe ihre Herzen an, ihre Aufmerkſamkeit auf
ſich; das lebendige Andenken an Jeſu Erlöſungs=
opfer, das „allerheiligſte Sakrament", hat hier
mehr Kraft und Stärke anzuziehen, als das todte:
die Leidensgruppe. Da aber die Kirche durch
Opfergaben erbaut wurde, ſo iſt ſie ja auf ähn=
liche Weiſe errichtet worden, wie Jeruſalems
Tempel und für denſelben Gott, dem wir alle
den größten Dank ſchulden und in den Opfer=
gab n nur einen kleinen Tribut der Dankbarkeit
brachten. Doch du ſagſt vielleicht: „Es gibt aber
ſo viele arme Kirchlein armer Gemeinden, ſo
viele Gemeinden, die einer Kirche bedürfen und
dazu die Mittel nicht haben; man hätte dahin
einen Theil der Gaben fließen laſſen ſollen,
welche hier zur Ausſchmückung verwendet wurden."
Es gibt wohl wenig ärmere und hilfloſere Ge=
meinden wie Arenberg, die keine Ruthe Gemeinde=
Grundeigenthum beſitzt: können denn nicht an=
dere arme Gemeinden Aehnliches thun, was hier
geſchehen? Lies die Namen in den Fenſtern; es
ſind Namen wenig Bemittelter, die im Schweiße

des Angesichts mühsam ihr Brod gewinnen müssen
und doch sind sie Stifter solcher Kirchenzierden.
Auch opferte man den entbehrlichen Schmuck in
Gold= und Silbergeschmeiden hierselbst, wie einst
die Kinder Israels zur Stiftungshütte[a], die klei=
nen Kinder den Betrag ihrer Sparbüchsen. Würde
in größeren Gemeinden so gehandelt dann dürf=
ten die Worte Mosis in dieser Beziehung An=
wendung finden: „Das Volk bringt mehr als
nöthig ist[b]." Würden die Bürger einzelner Ge=
meinden nicht sagen, wir haben kein Gemeinde=
Vermögen, sondern würde jeder in der Gemeinde
sein eigenes Vermögen beachten, jeder, und so
alle nach Vermögen beisteuern, und sich dem wohl
nicht sinnlich angenehmen Geschäfte der Collecte[c]
unterziehn, wie es von hier aus geschehen, wie bald
würden überall Gottes würdige Gotteshäuser ent=
stehen, zumal, wenn, wie hier geschehen, die Kinder,

---

a) Exod. 35, 22. b) Exod. 26, 5.

c) Außerdem, daß sämmtliche gute Gemeindemitglieder täglich
durch fromme Gebete den Collectanten unterstützen, möge dieser nicht
nur täglich dem hl. Meßopfer andächtig beiwohnen, darin dem Herrn
sein Tagewerk und so das Collectiren empfehlen, sondern er bete auch
beim Wandern von einem Hause zum andern ein Ave Maria, benehme
sich bescheiden und mit aller Geduld gegen Jeden, nehme jede Gabe,
auch die geringste zufrieden an, denn Gott ist's, der die Herzen der
Menschen in seiner Hand hat, was er herausdrückt, das genüge; für
jede Gabe sage er freundlich Dank dem Geber, am Abend aber dem
lieben Gott für alle Gaben des Tages und opfere ihm alle erdul=
deten Mühseligkeiten, Unannehmlichkeiten und Entbehrungen als
Bittopfer auf für weitern Segen der Collecte, und Gottes Segen
wird dabei nicht mangeln; der Collectant aber vergesse nicht, daß er
Bettler und insbesondere in diesem Geschäfte Gottesdiener ist, der im
Namen Gottes und für Gottes Sache thätig sein soll, er wandle da=
her tadellos als guter Diener des Herrn. Der h. Felix von Canta=
licio sammelte in Rom vierzig Jahre hindurch Almosen für seine
Ordensbrüder, er that dies mit gutem Erfolge den Rosenkranz in
den Händen tragend, ihn im Herzen betend; er ermahnte ebenso seine
Mitcollectanten dazu, sagend: „Den Rosenkranz in den Händen, die
Augen auf die Erde, das Herz zum Himmel!"

täglich im Gebete zum Himmel um seinen Segen
für den Kirchbau flehten, dabei alle, von den
kleinsten Schulkindern an, bis zum Greisenalter
gerne mit Hand anlegten zu solchem Gotteswerke.
Mögen auch einige Brüder des reichen Praffers
in der Gemeinde für Gott nichts haben, sowie
sie auch für die Armen nichts haben, und deren
gibt es überall! der goldene Mittelstand in Verbindung mit den Gebeten der Armen und Kleinen wird genügend Mittel bieten, da bei gutem
thätigen Willen und frommem Gebete der Segen
Gottes nicht fehlt. Die Gott keinen Palast auf
Erden gönnen, sind nicht werth in den himmlischen Palast eingelaffen zu werden: mit dem
Maße, womit man mißt, wird wieder gemeffen.

Hat der Herr nicht auch aller Herzen in seinen Händen und kann er die Liebesgaben nicht
fließen laffen, wohin er will, und insbesondere
dazu, daß ihm auch im armen Lande ein schöner
Tempel errichtet werde? Erfreut nicht eine Oase
in sandiger Wüste den Wanderer gar sehr, sucht
er nicht da, Gott dankbar, Erquickung und Er-
frischung seiner erschöpften Kräfte? Begrüße auch
du die Oase Arenberg, siehe dort quillen
Waffer der Gnade: schaue grünen auf dürrem
Boden die Gräser der Hoffnung, blühen und reifen die Früchte heiliger Liebe. Hat die heil. Do-
rothea dem Theophilus Blumen und Früchte im
tiefen Winter vom Himmel geschickt, die ihn so
erquickten, daß er gläubig und heilig wurde, so
komme du und koste hier die Himmelsgeschenke,
und du wirst beffer belehrt, selbst beffer werden.

Siehe, ob nicht Ursache deiner Mißbilligung der
Mangel an Liebe zu diesem Gotteshause, Mangel
an Opferwilligkeit, an opferwilliger Liebe ist,
indem du unterlassen, Liebesgaben dazu zu geben?
Bringe nach, was du verabsäumt hast, nimm so
Antheil an den Segnungen, deren die Wohlthäter
dieses Hauses nach dem Grabe ihrer Theilnahme
durch Beihülfe theilhaftig werden.

3. Will man aber die eigenthümliche Bauart
in kleinen Steinchen, womit die innern Wände
bedeckt sind, tadeln, so tadelt man, was allgemein
gefällt und den wohlthuendsten Eindruck auf die
Gemüther macht. Als Verstoß gegen den Baustyl
darf dies nicht betrachtet werden, da es blos
Wandverzierung ist, wie es auch die Gemälde
sind; in der Peterskirche zu Rom sind selbst alle
Altarbilder, ja alle Bilder in Mosaik, in Zusam-
mensetzung kleinerer und größerer Steine ausgeführt; es ist wohl gleichviel, ob die Wände, wie
die Stiftshütte im alten Bunde, mit kostbaren
Tüchern behangen[a], oder wie der herrliche Tempel
zu Jerusalem mit Cedernholz in Schnitzwerk bedeckt[b], oder wie gewöhnlich die Kirchen mit Mörtel überzogen und übertüncht, oder wie hier, mit
schönen Steinchen belegt sind. Angesehene und
zugleich opferwillige Baumeister aus den Residenz-
städten des deutschen Reiches, Oesterreichs und
Frankreichs waren, obwohl Sachkenner, begeistert
für diesen in romanischem Style so gelungen auf-
geführten Bau. Was übrigens die Bauregel betrifft, so dürfte auch hierbei das Sprichwort An-

---

a) Mos. 36. b) 3 Könige 6, 18.

wendung finden: „Es gibt keine Regel ohne Aus=
nahme". Die gegenwärtig üblichen Baustyle sind
ja nach und nach entstanden, verschiedene ver=
einigten sich in einen: es wurde hinzugethan
und weggenommen, man duldete und lobte dies.
Ein Baustyl ist auch kein Dogma, was nicht ge=
ändert werden darf, noch ein Ideal, was nicht
mehr zu vervollkommnen wäre: die Symbole,
welche Gott selbst zur Bezeichnung der Herrlich=
keit des himmlischen Jerusalems, dieser himmli=
schen Gotteswohnung, gewählt hat[a], dürften
wohl auch hier in möglicher Ausführung erschei=
nen; nicht aber möge nach eigner beschränkter
Idee als Spielwerk bezeichnet werden, was freund=
lichste Zierden der Kirche sind: gleichwie die un=
zähligen Sterne am Firmamente, welche wie
strahlende Edelsteine den Tempel der Natur
schmücken, nicht Spielwerk genannt werden dür=
fen, ebensowenig darf man die zahllosen glänzen=
den Krystalle in diesem Tempel so nennen, weil
auch damit, wie mit den Sternen, die tiefste und
erhabenste Bedeutung verbunden ist, welche Gott
selbst in sie gelegt hat. Es dürfte auch der geist=
liche Tempel Christi in hiesiger Kirche so am
entsprechendsten versinnlicht anerkannt werden;
denn die einzelnen Gläubigen durch Christi Blut
theuer erkauft, werden hier als werthvolle Steine
der Kirche Jesu dargestellt; durch Uebertünchung
würden die Steine bedeckt, ihre Schönheit und
Bedeutung verlieren.

Wolle dich nicht vom Geiste der Schlange lei=

---

[a] Offenb. Joh. 21, 19.

ten laffen, den diese auf dem Baume im Para=
diese kund that und dadurch das Paradies und
das Glück der Menschen zerstörte; sondern laß
dich vielmehr leiten vom Geiste der Engel bei
der Schöpfung, die da jauchzten in Freude[a]. Laffe
deine Mißbilligung in Nacheiferung übergehen,
laß dich von Gott zu großen Werken gebrauchen,
biete alles dazu auf, vielleicht gelingt's dir, in
Gott größere Werke zu vollführen. O wie glück=
lich müffen sich wahre Kinder Gottes in der Ver=
herrlichung ihres Vaters fühlen! Müffen sie nicht
wünschen und nach Kräften darnach streben, daß
er überall auf's herrlichste verherrlicht werde?
Ist das ein gutes Kind, das Gottes Verherrlichung
in seinen Tempeln so vertheilt erblicken möchte,
daß nur mehr arme Templein auf Erden sicht=
bar wären? Sollte sich nicht jeder freuen, gottes=
würdige Tempel wenigstens hie und da zu erbli=
cken, damit sie denen, die ein Haus Gottes bauen
wollen, zum Muster dienen mögen? Also, meine
Lieben, keinen Tadel, sondern Freude in Dank
und hl. Nacheiferung, dann werden Eure Herzen
Gefühle bewegen, die mit himmlischer Freude sie
beseelen; dann wird der Segen zur Ausführung
ähnlicher Werke nicht fehlen, noch die Vergeltung
jenseits ausbleiben.

4. Erscheint etwa die Ausschmückung mit künst=
lichen Blumen und Pflanzen tadelnswerth? Solche
Verzierungen aus Papier oder sonstigen unhalt=
baren Tuch=Stoffen gefertigt, dürften wohl Tadel
verdienen, weil diese die h. Kirche nicht will und

---

[a] Joh. 38, 7.

nur theilweiſe[a]) duldet, indem ſie durch Staub
und Feuchtigkeit bald verdorben und ſodann nicht
nur keine Zierde mehr ſind, ſondern das Gegentheil.
Blumen aus Wachs gemacht, ſind wohl ſehr ſchön,
aber ſehr gebrechlich und verlieren bald allen Reiz
durch Staub, Beſchmutzung von Fliegen und durch
Hitze im Sommer. Die von Glas oder feinſtem
Porzellan, wie ſolche an dem herrlichen Lüſter in
der St. Joſephskapelle ſind, fallen wohl ſehr freund=
lich ins Auge, ſind aber gar zerbrechlich, daher
bald verſtümmelt und Scherben, wenn nicht die
größte Vorſicht beim Reinigen gebraucht wird,
welches jedoch dadurch erleichtert iſt, daß jedes
Blatt und jede Blüthe einzeln ausgehoben werden
kann, weil ſie in hohlen Stängel eingeſteckt ſind.

Federblumen, wie ſie in den Frauenklöſtern
zu Braſilien aus Papagaifedern gemacht werden,
entfalten große Pracht in Farbenſchmuck, ſind auch
ausdauernd in Stoff und Farbe, hier aber ſchwer und
nur mit großem Koſtenaufwande zu haben. Getrock=
nete Blumen und Gräſer verlieren bald die Natur=
farbe, gefärbt ſind ſie nicht mehr natürlich und man
ſieht ihnen an, daß ſie todte Dinge ſind, welche ſelbſt
allen Schein des Lebens verloren haben: ſelbſt die
Gnaphalien, in ihren verſchiedenen Blüthengeſtal=
tungen und andauernden Blüthenfarben, mag
man ſie auch Immortellen nennen, ſind nur todte
Strohblumen, welche einen Altar nicht bele=
ben können; auch die ſchönſten getrockneten Blu=
men nennt der Herr Heu[b]); dabei kann durch ſie

a) Aus Seide gemacht   b) Luc. 12, 28. Durres Gras zum ver=
brennen ſo die Lilie.

großes Unheil entstehen, weil sie sehr entzündlich
sind, durch die geringste Berührung mit einer bren=
nenden Kerze und so auch bei Anzünden der Ker=
zen durch Unvorsichtigkeit in Flamme aufgehen,
wovon ich selbst einmal Zeuge war. Ausschmü=
ckung mit lebenden Blumen und Pflanzen ist wohl
die herrlichste und es empfiehlt solche daher auch
die h. Kirche, wie sie auch hier durch einen Strauß
auf dem Hochaltar vom Frühjahr bis zum Winter
und durch Aufstellen vieler Lorbeerbäume an hö=
hern Festtagen üblich ist; doch nur wenige Pflan=
zenarten vertragen die Kirche und diese selbst nicht
alle bei bunten Fenstern; auch muß dabei, damit
sie nicht kränkeln und verderben, öftere Abwechse=
lung stattfinden; wodurch aber viele Pflanzen erfor=
dert werden; auch ist der starke Geruch vieler
Blumen der Gesundheit schädlich, betäubt und
macht Kopfschmerzen, stört daher die Andacht;
oft sind auch Thierchen in den Blüthen verborgen,
welche besonders beim Gottesdienst auf den Altar=
tisch harabfallen, das Tuch beschmutzen und den
dienstthuenden Priester beunruhigen; bei Blumen=
sträußen ist auch fast täglich das Wasser in den
Vasen zu erneuern, wenn man Uebelgeruch ver=
meiden will; Pflanzen in Töpfen und Kübeln,
müssen zu ihrer Erhaltung oft begossen werden:
geschieht dies auch noch so vorsichtig, so wird
dennoch betreffender Boden dadurch befeuchtet und
daher oft Moder oder verderbliche Schwämme
erzeugt.

Allen diesen Nachtheilen und Unannehmlich=
keiten wird man enthoben durch Pflanzen und

Blumen gefertigt aus Metall; diesen Schmuck
hat man andauernd das ganze Jahr hindurch
und so auch an den schönen Festtagen im Winter:
solche sind daher auch in hiesiger Kirche als blei=
bende Hauptzierde benutzt, und diese sind so kunst=
reich ausgeführt, daß sie durchs Auge von leben=
den Pflanzen nicht zu unterscheiden sind und ha=
ben keine weitere Pflege nöthig, als wöchentliche
oder monatliche Reinigung vom Staube und ein=
malige Abwaschung mit Wasser im Jahre; ein
Stoß schadet ihnen nichts und bei etwaiger Ver=
letzung ist die Reparatur leicht und schnell ge=
macht; sie haben also die Schattenseiten vorher
erwähnter Zierden nicht: und sind sie einmal an=
geschafft, so dauern sie Jahrhunderte fort*). Will
man damit Blumenblüthen aus edlen Stoffen
verbinden, in deren Verfertigung gegenwärtig
künstlerische Hände Großes leisten, so macht man
die Stängel hohl und steckt jene in selbe hinein;
will man hierzu Naturblumen vorziehen, so macht
man die Röhre oben etwas weiter und umgebe
mit nassem Mooße den Blumenstängel, dadurch
wird die Blume lange in ihrer Frische erhalten.
Jene Verzierung hat in den Tempeln Gottes
nicht nur ein Recht durch ihr Bestehen seit Jahr=
tausenden erhalten, sondern ist auch durch Gott
selbst eingeführt worden und zwar schon in seiner
ersten Wohnung unter den Menschenkindern auf
Erden: Blumen und Pflanzenschmuck aus Metall
gefertigt, schrieb er schon vor für seine Stifts=

---

a) Kunstklempner Matthias Schwarz zu Coblenz hat sämmtliche Metallpflanzen und Blumen hiesiger Kirche gemacht.

hütte[a] sowie für seinen Tempel zu Jerusalem[b],
und Moses[c] und König Salomon[d] erfüllten bei
Errichtung dieser Gotteshäuser den göttlichen
Befehl und verzierten sie reichlich mit Lilien,
Palmen und Granatäpfeln aus Metall, sowie
auch die Thüren des Tempels mit Palmen in
Holz geschnitzt, mit Gold überzogen. Weil also
Gott selbst solch' Zierden zur Ausschmückung
seines Hauses im alten Bunde schon wählte und
selbst Künstlern Weisheit und Kenntnisse[e] zur
Anfertigung derselben gab, so sind diese auch im
neuen Bunde vorzüglich zu wählen, sowie dies
auch von jeher geschehen ist, und sind solche aus
Gold auch nur mehr an den heiligen Gefäßen
zu erblicken, so genügen in der Kirche solche in ge-
ringerem Erze gefertigt, denn einst brachte ein ganzes Volk sein Goldgeschmeide für e i n e n Tempel,
während jener fromme Sinn in Verabreichung
edler Metalle nur vereinzelt mehr sich kund gibt.
In den ersten Jahrhunderten des Christenthums
hatte man vielfach selbst nur bleierne Kelche:
aber goldene Priester und goldene Layen im
Tugendglanze, was vor Gott an Werth über
allem Irdischen stehet: möge dieser herrliche Kir-
chenschmuck überall auch jetzt erfreuen.

Tempelzierden in edelstem Metalle wären in
gegenwärtiger Zeit auch großer Raubgefahr ausgesetzt, denn Glaube und Religion sind vielfach
aus Geist und Herz der Menschen verschwunden,
Einbruch in Kirchen und Beraubung derselben

---

a) Exod. 25, b) 3 Könige 6, 29. c) Exod 37. d) 3 Könige 7;
2 Paral. 3. 4. e) Exod. 31, 3—5.

findet fast täglich statt, und die Gottlosen begnü=
gen sich nicht mit Zerbrechen der Opferstöcke und
Entleerung deren Inhalts, wie dies in jüngster
Zeit wiederholt auch in hiesiger Kirche geschehen
ist, sie erbrechen selbst das Tabernakel und be==
gehen den schrecklichsten, schaubererregenden Raub,
den der heiligen Gefäße mit Entweihung des
Heiligthums.

5. Siehe also die Hütte Gottes und benutze
sie als solche: als das Haus des Herrn, darin
dessen Gebote zur Beobachtung zu vernehmen,
und als Lohn den Himmel zu erhalten; als Bet=
haus zur Unterhaltung mit Gott, zum Umgange
mit ihm, die Anliegen vorzutragen und Hülfe in
Allem zur Erstrebung des Himmels zu erhalten;
als Opferhaus, Gott als Gott zu verherrlichen,
ihm alles zu heiligen, zu weihen, damit er Alles
segne; als Vaterhaus, kindliche Liebe zu bewäh=
ren, bei Vergehen die Gnade der Verzeihung zu
erstreben, an seinem hl. Tische und den Seg=
nungen der hl. Religion Theil zu nehmen.

Die bischöfliche Salbung hat es geheiligt:
möge der Salbung Segen darin verbleiben und
sich über alle ausdehnen, welche dieses Gottes=
haus fromm besuchen. Eingegangen sind in das=
selbe die himmlischen Diener Gottes, die Engel,
mögen sie darin Geist und Herz im Gebete leiten,
alle Gebete und guten Werke zum Himmel zur ewi=
gen Vergeltung tragen, wie Raphael der Erzengel
die des frommen Tobias dahin trug; mögen sie wie
dieser Engel den Tobias nach Rages und zurück zu
seinem väterlichen Hause geleitete, alle Pilger hier=

her und wieder zurück mit Segen führen! Mögen
sie schützen dieses Gotteshaus und abhalten des
Herrn Feinde, wie der Cherub mit flammendem
Schwerte die gefallenen ersten Menschen vom Pa=
radiese abhielt, dessen sie unwürdig geworden;
mögen sie nimmer dieses Haus verlassen, nie rufen
wie vor der Zerstörung des Tempels zu Jerusa=
lem: „Lasset uns von dannen ziehen!" Mögen sie
darin verbleiben alle Tage bis zum Ende der Welt,
und wie zu Bethel, wo Israel ruhete, die Him=
melsleiter der Gnade und die Verbindung mit
Gott im himmlischen Reiche stets erhalten!

III. Das Aeußere der Kirche.

1. Gestalt, Material und Größe der Kirche.

1. Wie einst die Arche Noes auf dem Ge=
birge Armeniens ruhete, ruht auf dem Arenberg
die Kirche wie eine Arche. Das Chor bildet den
vorderen Theil, dann schließt sich der Schiffskör=
per an: statt Steuerruder, deren auch die Arche
nicht hatte, besitzt sie Thürme, die in ihren Spitzen
auf den als Steuermann zeigen, der die Welten
lenkt[a]. Deren Höhe entspricht dem ganzen Ge=
bäude, eine größere verlangt der romanische Styl
nicht; auch steht schon die Kirche auf einem Berge
weithin sichtbar; höhere Thürme würden größe=
rer Blitzesgefahr ausgesetzt sein, dabei die Töne
der Glocken beim Läuten in zu hohen Luftschich=
ten nachtheilig dem schönen Geläute verhallen, wäh=
rend dasselbe in gegenwärtiger Höhe in voller Kraft

a) Ihre Länge beträgt 43 Meter 31 Ctm., die Breite 18 Meter
83 Ctm., die Höhe bis zur Giebelspitze 18 Meter 83 Ctm., die der
Thurme bis zur Helmspitze 37 Meter 66 Ctm.

und Harmonie vernommen wird. Die Schall-
löcher füllen Schallläden aus zum Schutze der
Balken und Glocken vor Regen und Schneegestö-
ber; selbe erhielten einen Anstrich mit Carbolineum
zur längeren Ausdauer des Holzes, welches dadurch
zugleich eine dunkelbraune Farbe erhielt. Auf der
Spitze der Thürme steht auf großer vergoldeter
Kugel ein Kreuz als Sinnbild der Welterlösung.
An vier Giebeln der Thürme sind Zifferblätter
einer Uhr, welche die Gemeinde Arenberg zum
Andenken an das fünfzigjährige Priesterjubiläum
ihres Seelsorgers, welches am 19. September 1880
gefeiert wurde, stiftete, woran die ihres Pfarrers
beraubte Pfarrgemeinde Niederberg opfer-
willig Theil nahm. Es war diese Thurmuhr ein
sehr passendes Geschenk, nicht allein ihres allgemeinen Nutzens wegen in pünktlicher Zeitangabe
für Gottesdienst und Erfüllung der Berufspflichten; sondern auch, weil die viertelstündigen Schläge
der Uhr fortdauernde Erinnerung an die Liebe
und Verehrung der Stifter zum greisen Pfarrer
sind, sowie stete Mahnung, für denselben, diese in
Gehorsam und im Gebete, selbst auch noch nach
dessen Tode, zu bewähren. Die Thürme enthalten vier Glocken mit den Tönen D. F. G. A.,
das Gewicht der einzelnen beträgt 1200, 700,
500 und 350 Kilo, geweiht sind sie der h. Gottesmutter Maria, dem h. Kirchenpatron Nikolaus
von Myra, dem hl. Antonius von Padua und
der h. Catharina von Alexandrien. Auf jeder Glocke
ist in lateinischer Sprache der Name ihres Stifters
und der Widmung verzeichnet mit Angabe des

Pontificates Leo's XIII. Es folgt sodann eine
Schriftstelle, worin zum Lobe Gottes aufgefordert
wird[a]. Die verehrten Stifter der Glocken[b] sind
Herr Anton Dender und dessen Schwester
Fräulein Catharina Dender, Kunstgarten-
Besitzer zu Coblenz. Wie aus einem Senfkörn-
lein erwuchsen diese prachtvollen Glocken, denn
mehrere Jahre hindurch brachte eine arme Frau
von Coblenz jährlich einige Silbergroschen als
Opfer für Glocken. Dieser kleine Betrag der
armen Wittwe war Gott wohlgefällig und segnete
ihn, wie er einst wenige Brode zur Nahrung für
Tausende segnete; er vermehrte ihn reichlich im
unermüdeten, mit Gebet und Almosen verbundenen Fleiße der frommen Gärtner-Familie
Jakob Dender und Maria Magdalena
Dender, geborne Fischer zu Coblenz und
ihrer im gleichen Geiste mit ihnen thätigen Kinder. Im seligen Tode schlossen sich die Augen
dieses guten Vaters und dieser guten Mutter:
da öffneten sich die Hände des Sohnes und der
Tochter in Ueberreichung der Stiftungsgabe. Die
kirchliche Weihe dieser Glocken fand statt am
8. Juni 1878 und sie wurden hierauf dem kirchlichen Gebrauche übergeben. Sie rufen nun zum
Gebete und zum Bethause und hiermit zum Wandel mit Gott; sie ertönen in herrlicher Harmonie
zur Verherrlichung Gottes, mahnend, einzustimmen
in Lob, Preis und Dank; sie verkünden zur heiligen Feier die Feste und Tage des Herrn, ver-

---

a) Daniel 3, 37.; derf. 3, 84.; derf 3, 86 und Psalm 91, 1—2.
b) Aus der Glockengießerei des Herrn Georg Hamm zu Kaiserslautern.

künden aber auch den Tod der Gläubigen, auf=
fordernd, die zum Richter gehende Seele mit
frommen Gebeten zu begleiten. Werden sie aber
einst, nach langem segensreichen Leben den Tod
ihrer Stifter verkünden, dann möge der Ruf des
Richters beglücken: „Komm guter und getreuer
Knecht, komme gute und getreue Magd, weil ihr
über Weniges getreu gewesen seid, will ich euch über
Vieles setzen, gehet ein in die Freude eures Herrn".
An dem vordern Theile des Kirchendaches steht
ein hohes päpstliches Kreuz, als Zeichen, daß
diese Kirche römisch=katholischen Christen angehört.
Auf dem Dache oberhalb des Chores erhebt sich
ein Thürmchen, worin die größte Glocke der alten
Kirche aufgehangen ist. Diese wird gebraucht zum
Läuten bei Beginn jedes öffentlichen Gottesdienstes
in der Kirche, sowie zur Ankündigung der Wand=
lung in der h. Messe. Auf der Spitze des Thürm=
chens ist ein in Kupfer gut gearbeiteter vergol=
deter Hahn aufgestellt. Wetterhahn darf dieser
nicht genannt werden, denn er hat eine höhere
Bedeutung. Die römisch=kotholische Kirche erkennt
und benutzt ihn als Sinnbild der Wachsamkeit
der geistlichen Hirten über ihre Heerde, die ihrer
Obhut anvertrauten Gläubigen, zugleich aber auch
als aufmunterndes Symbol für Jeden, zu wachen
und zu beten, auf daß er nicht in Versuchung falle,
erinnernd an Jesu Worte, die er zu Petrus sprach:
„Ehe der Hahn zweimal gekräht haben wird, wirst
du mich drei Mal verleugnen." Der Hahn ist an
einer Stange so befestigt, daß Wind und Sturm
ihn wohl drehen, aber nicht durch Umbiegen, beschä=

digen können, indem er sich stets nach dem Winde
drehend, denselben durchschneidet, daher gegen ihn
geschützt bleibt und zugleich dessen Richtung anzeigt.

2. Die Kirche ist in romanischem Style gebaut, ihre Richtung geht nach Vorschrift der
apostolischen Constitutionen von Westen nach
Osten, sowie auch die Strömung des Gnadenstro-
mes im Reiche Jesu aus dem Tempelhause nach
Osten vom Propheten Ezechiel bezeichnet wird[a]).
Diese heilige Baulinie hielt man, wo möglich,
von jeher ein, weil die Sonne als Bild Jesu,
des Lichtes der Welt, im Osten aufgeht; denn
auf Jesus soll unser Blick stets gerichtet sein.
Sie hat drei Schiffe und zwei Thürme, zwischen
diesen liegt unten die Taufkapelle, oben die Orgelbühne; über deren Verdeck ist ein Altan für
Naturfreunde angebracht, welche von dort aus
die herrliche Gegend zu überschauen wünschen.
Das Mauerwerk besteht aus gelblichen Ziegelsteinen und ist in Kreuzverband mit regelmäßigen
Fugen errichtet. Diese Bauweise deutet, daß
die heilige Kirche durchs Kreuz in den daran von
Christo errungenen Verdiensten ihren Aufbau und
ihre Heiligung erhielt, und darin alle ihre Segnungen für alle Zeiten besitzt; die einzelnen
Mitglieder derselben erscheinen dadurch nach den
Gesetzen des Herrn geordnet und zusammen gefügt zu einem geistlichen Gebäude. Der Sockel der
Kirche und die acht Strebepfeiler an den Ecken
derselben bestehen aus weißen Sandsteinen; die
Lisenen an den Seiten und die Ecken der Tauf-

---

a) Ezech. 47, 1.

halle und der Thürme sind errichtet in braunen
vulkanischen Schlacken. Die Lisenen theilen sich
oben in kleine Bogen, welche als Verzierung um
die Kirche herumgehen, und wovon jeder als be=
sondere Zierde ein Kreuz umschließt. Diese oben
prangenden Kreuze sollen die Religion des ge=
kreuzigten Gottessohnes als die wahre, göttliche
bezeichnen, und hinweisen auf den himmlischen
Lohn derjenigen, welche darin nach der Lehre des
Gekreuzigten lebend, mit Gebuld die Erdenkreuze
tragen; sollen mahnen auf dem Kreuzwege und
mit dem Kreuze nach dem Himmel zu streben,
seinen Ruhm im Kreuze Christi zu suchen, nur
in diesem Kreuze sich zu rühmen. Wie die Li=
senen aber mit der Kirche enge und unzertrenn=
lich verbunden nach oben gehen, dabei eine Zierde
dieses Tempels sind: so sollen auch wir auf's
innigste und unzertrennlich mit der h. Kirche ver=
bunden nach oben, dem Himmel streben und durch
unsern Wandel als Zierde derselben erscheinen:
so auch mahnen die äußern Strebepfeiler durch
Festigkeit im Glauben und Ausdauer in allen
Tugenden als Säule der Kirche uns zu bewäh=
ren, wie es jene Heiligen einst thaten, deren Bild=
nisse diese Pfeiler schmücken werden[a]. Ueber jene
Bögelchen dehnt sich das Dachgesimse aus, bestehend
aus weißen Riedener Sandsteinen in Rundstäben
mit Hohlkehle, welche durch Consolchen von Ziegel=
steinen getragen werden. Gesimse sind Schluß=
verzierung der Gebäude und dienen zugleich als

---

[a] Die Kirchenväter Ambrosius, Augustinus, Hieronymus und
Johannes Chrisostomus. Zur Ausführung fehlen die Mittel noch.

breite Unterlage und Stütze des Daches: so auch
hier. Die Dächer aber dienen zum Schutze des
Hauses vor Regen, Schnee, Hagel, welche anders
verderblich auf das Gebäude einwirken und die
darin Weilenden belästigen würden: auch dies
gilt hier; doch möge man zugleich des geistigen
Schutzes der Kirche gedenken, welcher der Himmel
in Gott, in Maria, den Engeln und Heiligen ist,
und mögen wir dadurch aufgemuntert werden,
auf Gott und seine Heiligen bei allen widrigen
Einflüssen der Hölle und der gottlosen Welt unser
Vertrauen zu setzen. Der Gurt des Sockels und
sämmtliche Fenster= und Thürgesimse, Fenster=
bänke und Thürschwellen sind aus grauen Lava=
steinen gemeißelt. Die Lavasteine gehören zu den
festesten und ausdauerndsten Steinen, sind daher
vorzüglich zu bezeichnetem Gebrauche geeignet.
Sie wurden in der Gluth unterirdischen Feuers
gebrannt, dann aus dem Krater des Feuerberges
als Feuerstrom entlassen, erkaltet dem Gebrauche
der Menschen überlassen. Die festesten und aus=
dauerndsten geistlichen Steine an der Kirche Got=
tes sind die, welche bei großen Drangsalen in der
Gluth der Liebe zu Gott sich treu bewährten, die
bei harten Prüfungen nicht kleinmüthig und ver=
zagt, bei schweren Versuchungen nicht schwach und
wankelmüthig wurden, die durch eigene Abtödtung
im Werke der Buße als unempfänglich für ver=
derbliche Einflüsse in geistiger Beziehung sich be=
währten: dies mögen erwägen, welche eine be=
sondere Stelle in der Kirche einnehmen. Die Kirche
ist mit blauen Schiefersteinen gedeckt und mit

Rinnen versehen von starkem Zink, welche das
Regenwasser von den Dächern in unterirdischen
Canälen zu einem Bassin führen, der dasselbe
zur Reinigung der Kirche und zum Begießen der
Zierpflanzen aufbewahrt; eine kleine amerikanische
Pumpe bringt das Wasser in einen Sarg. Wie
auf diese Weise das von oben über die Kirche
herabfallende Wasser zu nützlichem Gebrauche auf=
gesammelt und an betreffende Orte geführt wird:
so sollen wir den Thau der Gnade, der vom Him=
mel in dieses Haus herabströmt, durch die Canäle
der drei göttlichen Tugenden auffassen und zu
heilsamem Gebrauche zum Herzen führen. Von
der Größe der einzelnen Theile und den verschie=
denen Baumaterialien wird an betreffenden Stel=
len Erwähnung geschehen.

3. Sie hat zwei Haupteingänge, welche durch
die Thürme in's Innere derselben führen, einen
für das männliche, den andern für das weibliche
Geschlecht, so wie auch die Geschlechter in der
Kirche selbst geschieden ihre Plätze haben; ersteres
zur rechten, letzteres zur linken Seite. Solche Ord=
nung war schon in den ersten Zeiten des Christen=
thums, indem den Männern die Süd=, den Frauen
die Nordseite angewiesen war; den Eingang der
Männer bewachten Ostiarii, den der Frauen
Diakonissinen[a]. Beide sind umgeben von einer
Guirlande wilder. Weinreben, welche dieselbe
als Triumphbogen bezeichnen, wodurch der König
der Könige seinen Einzug hielt und jährlich am
Frohnleichnamsfeste feierlichst wiederholt, worauf

---

a) **Micrologus**; Clemenz papa lib. 2, cap. 61 Constitut. apostol.

sich auch die prophetischen Worte des Königs David beziehen[a]): „Erhebet euch, ihr ewigen Thore, daß einziehe der König der Herrlichkeit? Wer ist dieser König der Herrlichkeit?" „Der Herr der Heerschaaren, dieser ist der König der Herrlichkeit!" Die Eingänge endigen oben in einem Halbkreise, welcher als Oberlicht dient; die Thüren sind getheilt, also Flügelthüren, von außen mit Blech beschlagen und broncirt. Die Kirchthüren erinnern an die zwei Gebote der Liebe, wovon das eine dem andern gleich ist, beide gleichsam nur ein Gebot ausmachen, und womit alle Gebote des Herrn in inniger Verbindung stehen. Wer durch diese fürstlichen Thore des Herrn mit Nutzen in's Haus eintreten will, der muß es als gehorsamliebender Diener. Beachte Jeder, was hierüber der königliche Prophet im vorher angeführten Psalme fragend und antwortend spricht[b]): „Wer wird hinaufsteigen den Berg des Herrn? oder wer wird stehen an seinem heiligen Orte?" „Wer unschuldig an Händen und rein von Herzen seine Seele nicht gebraucht zum Eiteln." „Der wird den Segen vom Herrn erlangen und Barmherzigkeit von Gott, seinem Heilande. Das ist das Geschlecht, das nach ihm verlangt, die da verlangen nach dem Angesichte des Gottes Jakobs".

Diese Thüren werden täglich beim Läuten der Betglocke am Morgen geöffnet, am Abende geschlossen; während des Tages soll ein Gotteshaus nicht geschlossen sein; es ist das gemeinschaftliche Haus der Familie Gottes, jedes Mitglied dersel-

---

a) Psalm 23, 7—10. b) Psalm 23, 3—6,

ben, wozu alle Gläubigen gehören, muß zu jeder Stunde des Tages eintreten können, besonders aber das Pfarrkind in seine Pfarrkirche. Sie ist seine Geburtsstätte in Gott, das Haus des himmlischen Vaters, worauf dessen Kinder ein Recht haben; diese ja haben auch die Verpflichtung der Instandhaltung desselben, wenn nicht von einer andern Seite dafür gesorgt wird; auch dies gibt ihnen das Recht zum beliebigen Eintritt in dasselbe. Und weil der Gottessohn im allerh. Sakramente stets darin verweilt, wie dürfte vom Besuche und der Anbetung desselben durch Schließen der Thüren abgehalten werden! Der Besuch des allerheiligsten Sakramentes ist Akt zarter Liebe zu Jesus und Bedürfniß der Seele, die Jesus liebt: sehr fordern daher auch die heiligen Lehrer der Kirche dazu auf, als Mittel mehr und mehr zur Vollkommenheit zu gelangen: verschließen der Kirchthüre wäre Hemmniß der h. Liebe und des Lebens in Gott. Jesus klopft an die Thüre unseres Herzens, um eingelassen zu werden und man sollte die Thüren verschließen, welche zu Jesus führen, dessen Freude es ist, bei den Menschenkindern zu sein. Zweiter Himmel und Himmel auf Erden, nennt der heilige Pfarrer von Ars, Johannes Vianney die Kirche: man verschließe sie daher nicht denen, die zum Himmel berufen sind. Aus Furcht vor etwa eindringenden Dieben die Kirche zu schließen ist nicht weise, diese können sich ja bei Gelegenheit des Frühgottesdienstes in der Kirche verbergen und nachher ungestört den Diebstahl vollführen, da sie bei nicht geschlos-

jenen Thüren fürchten müssen, plötzlich bei ihrer
Frevelthat ertappt zu werben. In Kirchen, welche
außerhalb des Pfarrortes stehen und ohne Schutz
eines Nachbarhauses sind, muß für Sicherheit des
Allerheiligsten gesorgt und alle bewegliche, werthvolle Gegenstände nach gehaltenem Gottesdienste
anderswo in Sicherheit gebracht werden: wie die
Nachtsvögel bei der Dunkelheit auf Raub ausgehen, so pflegen dies auch die Kinder der Finsterniß, die Diebe, zu thun.

Die Doppelthüren, einige Schritte von jenen
entfernt, erschienen nöthig, indem vorher häufig
der Wind Staub in die Kirche trieb, zugleich auf
die brennenden Kerzen nachtheilig wirkte, die
kalte Luft aber sehr unangenehm die Versammelten berührte; doch mögen sie auch mahnen
keinen Staub irdischer Gedanken und keine Kälte
des Herzens mit in die Kirche zu bringen. So
denn auch ist in ihren Oberlichtern auf der einen Seite das Herz Jesus in Rosen, auf der andern Seite das Herz Mariä in Lilien dargestellt.
Diese Sinnbilder der heiligsten und aufopferndsten Liebe sollen uns sagen, was auch unsere Herzen schmücken soll: heilige Liebe in gänzlicher
Hingabe an Gott, dies auch im Leiden, denn jene
Herzen zeigen die Werkzeuge und Wunden ihrer
Liebe im Leiden und rufen uns zu: „Liebe im
Leiden und leide in Liebe!" Eine dritte Thür ist
zur Epistelseite hinter dem Hochaltare, aber von
dem Schiffe der Kirche aus nicht bemerkbar, sie
wird nur von den Dienern des Altars benutzt, darf
aber auch bei etwa eintretenden nöthigenden Um-

ständen von Jedem benutzt werden; schon oft
waren solche Thüren bei Unglücksfällen durch
Feuer, Erdbeben und Wasser Rettungsthüren. Die
Thüren zur Emporkirche befinden sich im Innern
der Thürme und führen zu den Treppenthürmchen,
welche in Halbkreisform gebaut, mit den Thür=
men in Verbindung stehen. Jedes dieser Thürm=
chen erhält sein Licht durch drei, in gleicher Ent=
fernung übereinanderstehende Fensterchen. Das
Chor der Kirche hat unten drei Fenster, welche
die Sakristei beleuchten, sie sind rund mit ein=
greifenden Verzierungen von Lavasteinen. Oben
sind drei Fenster, welche zur Kapelle des aller=
heiligsten Sakraments gehören. Das Mittelschiff
hat zu jeder Seite oben sechs Fenster, ähnlich
denen der Sakristei; nur fünf Fenster sind unten
an jedem Seitenschiffe, auch diese, wie überhaupt
alle Fenster der Kirche endigen oben in regel=
mäßigen Halbkreisen, denn dies verlangt der
romanische Styl. Wie Gott den Regenbogen,
welcher allzeit in regelmäßigem Halbkreise, dem
Auge sich darstellt, als Zeichen seines Bundes
mit dem Menschen bezeichnet[a], daher auch damit
umgeben auf dem Throne seiner Herrlichkeit
sitzend[b], sowie Jesus als Bundesengel[c], vom
Himmel herabkommend, erschien: so mögen jene
Fensterbogen stets erinnern an den neuen Bund
Gottes, den der Gottessohn in seinem heiligen
Blute mit den Menschen geschlossen[d], den er
täglich in allen seinen Tempeln im heiligen Meß=

a) Genes. 9, 13. b) Offenb. Joh. 4, 3, c) Offenb. Joh. 10, 1.
d) 1. Corinth. 11, 25.

opfer erneuert, und so mahnen, in diesen Bun-
destempel als treue Bundesgenossen Gottes einzutreten, des Bundes stets zu gedenken, ihn in
Allem gewissenhaft zu halten. Das Glas dieser
Fenster, sowie das der Radfenster im obern
Theile des Hauptschiffes und an der Sakristei
ist bläulich, alle sind ringsum mit einer Trau-
benguirlande auf goldgelbem Glase verziert. Die
Traubenguirlanden weisen hin auf die heil. Kirche
als Weinberg des Herrn, deren einzelne Mitglieder als Reben des wahren Weinstocks, welcher
Christus ist[a]), sich bewähren, reichliche Früchte
in Verbindung mit Jesus bringen und bereit
sein sollen, bis zum Blute des Martyrthums für
Gottes hl. Sache zu kämpfen[b]), wie auch Christus
selbst für uns sein Blut vergossen hat und es
täglich im Kelche des Heils auf dem Altare zur
Ehre des Vaters und zum Heile der Menschen
aufopfert. Das Glas, in der Farbe des Firma-
ments bei heiterm Himmel, soll uns mahnen,
den Blick mit Sehnsucht stets nach dem Himmel
zu richten, und dem Geiste nach selbst im Himmel zu wandeln[c]). Das mystische Dunkel, das
durch dies Glas bewirkt wird, soll dienen, die
Andacht bei frommem Besuche der Kirche zu
fördern. Die mittlern Fenster der Seitenschiffe,
sowie die fünf der Kapelle vom allerheiligsten
Sakramente, sind Gemälde. Ein sechstes Fenster
der Seitenschiffe befindet sich an der Ostseite; sie
beleuchten die Grabkapellen Christi und Mariä,
sind ebenfalls Gemälde, sowie auch die beiden

---

a) Joh. 15, 4—5. b) Hebr. 12, 4. c) Phil. 3, 20.

Oberlichter der Hauptthüren, das Fenster der Taufkapelle[a]) und das der Orgelbühne, letzteres hat die Höhe und Breite der großen Chorfenster. Alle Fenster, welche Gemälde enthalten, sind gegen Beschädigungen von außen durch Drahtgitter geschützt. Die Erklärung der Gemälde folgt später.

2. Standpunkt und Umfassung der Kirche.

1. Ueber einem aus Granitblöcken gebildeten Felsen erhebt sich die Kirche, und erscheint wie aus demselben hervorgewachsen. Dieser Fels und ihr hoher Standpunkt erhöhen ihr erhabenes Aeußere, indem Ernst und Würde mit Anmuth und Freundlichkeit gepaart erscheinen. Die Felsengruppen sind von immergrünen Pflanzen bedeckt, besonders von Steinbrech[b]), Hyperikun, Mahonien, großblühendes Sinngrün. Mit Rosen ist die Kirche zunächst umpflanzt, die Ostseite jedoch, also die des Chores, umgibt ein Hain von Rosen, und es ist daher das Allerheiligste des Gotteshauses von einem Rosengarten umgeben, der vom Frühjahre bis zum Spätherbste im Dufte seiner Blüthen mahnt, mit dem Wohlgeruche der Frömmigkeit in Uebung aller Tugenden Gott zu verherrlichen; selbst auch im Winter blühen hier einige Pflanzen, mahnend, die Tugend allzeit zu üben, und in der Liebe zu verewigen. Und wie die immergrünen Pflanzen aufmuntern, stets sein Vertrauen auf den zu setzen, der in diesem Gotteshause wohnt, so mahnen die, an den Pfeilern sich bis zum Dache der Kirche erhebenden Schling=

---

a) 3 Meter 77 Ctm. hoch, 1 Meter 88 Ctm. breit. b) Soxifraga dentata.

pflanzen, in allem das Höhere, die Ehre Gottes zu suchen, den Himmel zu erstreben, damit am Schlusse des Erdenlebens jenseits uns die Krone der Gerechtigkeit, diese Himmelskrone, zu Theil werde.

2. Der Fels worauf die Kirche steht, soll er= innern an des Herrn Verheißung, daß seine auf dem Feisen Petri ruhende lebendige Kirche nim= mer des himmlischen Schutzes und Beistandes gegen ihre Gegner entbehre, und es sollen so die Gläubigen durch diese Erinnerungen in allen Kämpfen mit freudigem Troste erfüllt werden, also auch bei gegenwärtigem Kampfe gegen die Feinde des Felsens der Kirche in seiner Unfehl= barkeit im Lehramte*), indem Lichtträger dersel= ben, ihren Standtpunkt in Stolz vergessend, sich einen Lehrstuhl neben dem des Statthalters des göttlichen Herrn aufschlugen und in eigener Weis= heit und Unfehlbarkeit nicht nur strahlen, sondern den von Gott selbst als höchsten Lehrer, weil als Hirten seiner Lämmer und Schafe, der Priester und Laien[b], Erwählten, überstrahlen und ver= dunkeln wollen. Gott duldete nicht, daß Lucifer, dieser ursprünglich so herrlich strahlende Engel, sich selbst einen Thron über den Sternen auf= schlüge; sondern stieß ihn und dessen Anhang aus dem Himmel[c]: so aber wird er auch nie dulden, daß sich ein Mensch die Rechte seines

---

a) Die Unfehlbarkeit des Papstes bezieht sich hierauf und nicht auf den sittlichen Wandel, denn der Herr sagte dem Petrus, nachdem er ihn schon als Felsen der Kirche ernannt hatte, voraus, daß er ihn verleugnen, also sündigen werde. „Das Schwache vor der Welt hat Gott gewählt, um das Starke zu beschämen." b) Joh. 21, 15—17, c) Isaias 14, 12—15.

Statthalters in ſeinem Reiche auf Erden an=
maße, er wird ſolchen nicht anerkennen, ſondern
verſtoßen. Diejenigen, welche dieſes zu thun wa=
gen, gehören daher der Kirche nicht mehr an,
ſind Widerſacher derſelben geworden[a]: ihre Leuchte
iſt erloſchen, am glimmenden Docht entzünden
ſich Irrlichter, die von der Wahrheit und dem
Heile abführen: ſie mögen ſich Altkatholiken nen=
nen, ſind aber Neulinge, indem ſie den Boden
des Katholicismus und hiermit den Katholicis=
mus ſelbſt verlaſſen haben und auf das Gewebe
ihrer Einbildung getreten ſind, das unhaltbar iſt
und dem Sande gleicht, worauf kein Gebäude
ſichern Stand hat[b]. Alt dürfen ſie ſich wohl
nennen, denn ſie haben ihre Ahnen in den Jan=
ſeniſten. Das katholiſche Glaubensbekenntniß be=
zeichnet nur e i n e heilige katholiſche Kirche, es
ſchließt alle die neuern Benennungen: neukatho=
liſch, deutſchkatholiſch und altkatholiſch aus; die
h. Kirche iſt nie geſtorben, hat nicht aufgehört
zu ſein, hat daher auch keine Auferſtehung in
ſpäterer Zeit: was nicht geſtorben iſt, kann nicht
vom Tode auferſtehen; die Bezeichnung neukatho=
liſch gilt alſo der katholiſchen Kirche nicht, wer
ſich damit bezeichnet, bezeugt dadurch, daß er der
katholiſchen Kirche nicht angehört. Dieſe duldet
auch nicht die Benennung altkatholiſch, denn ſie
hat ſich im Laufe der Zeiten nicht geändert, nicht
in .andere Kirchen zertheilt: in allen Zeiten war
ſie dieſelbe und iſt es heute noch und wird ſich
nie ändern, ſie wird bleiben bis Chriſtus, ihr

---

a) Lucas 10, 16. b) Lucas 6, 48—49.

Gründer, zum Gerichte kommt; denn sie ist eine
heilige, einige, apostolische seit Gründung gewe=
sen und muß dies als Kirche Gottes bleiben. Hät=
ten diejenigen, welche sich altkatholische Priester
nennen, wie die Priester der ersten Jahrhunderte
stets heilig gelebt, fromm gebetet, streng gefastet,
sich abgetödtet; wären sie bereit gewesen selbst
alles irdische, ja Blut und Leben für ihren Glau=
ben hinzugeben, so würden sie sich nicht von der
alten Kirche getrennt haben. Die Benennung
deutschkatholisch bezeichnet eine Religion blos für
Deutschland; der Begriff des Wortes katholisch
allein schon zeigt diese Benennung in ihrer Nichtig=
keit, solche Religion wäre nichts anders, als eine
Staatsreligion; Christus aber hat die von ihm
gestiftete, für alle Völker, Länder und Zeiten be=
stimmt. Die drei neuen Benennungen bezeichnen
so ihre Anhänger als Abgefallene von der Kirche;
sie sind von der Wahrheit abgewichen und ver=
lieren sich in ihren Irrthümern; zwei dieser Sek=
ten sind kaum entstanden, bereits schon fast aus=
gestorben, die dritte wird nicht am Leben bleiben,
ihre eigne Benennung spricht ihr als Religions=
genossenschaft das Todesurtheil. Der h. Ambrosius
sagt: „Wo Petrus ist, da ist die Kirche Christi[a]“.
Der h. Cyprian sagt: „Breche den Zweig vom
Baume und der abgebrochene Zweig wird nicht mehr
grünen, trenne das Bächlein von der Quelle und
es wird versiegen“. Mögen sich deren Anhänger
auch mit den Mächten der Welt gegen die Kirche
und ihren Felsen verbinden: die katholische Kirche

---

a) Psalm 40.

heißt die kämpfende, iſt an's Kämpfen gewöhnt,
und weiß unter ihrem Oberhaupte für die heilige
Sache, für die Wahrheit zu kämpfen und kämpft
dafür in jener Waffenrüſtung und mit jenen
Waffen, welche ihr das göttliche Wort bezeichnet*);
und vom Sohne Gottes ſelbſt iſt ihr der Sieg
verheißen[b]). Petrus iſt es, für den Jeſus um
höheren Beiſtand ſeinen himmliſchen Vater ins=
beſondere bat, und das nicht nur, damit derſelbe
ihm zu Theil werde, ſondern, daß er ihn v o m
V a t e r erhalte, deſſen Ehre er in Allem ſuchte,
deſſen Wille gleichſam ſeine Speiſe war; die
Gläubigen aber ſollen ſo erkennen wie wichtig
und nothwendig dieſer geiſtige Vorzug Petri für
die Kirche iſt und ihn daher anerkennen, ver=
ehren und benutzen. Und der Vater hat ihm
höhere Erleuchtung ertheilt; denn da es ſich um
feierlichen Ausſpruch der Grund=Glaubenswahr=
heit im Chriſtenthume handelte, nämlich wer
Chriſtus ſei, war es Petrus, der gegen die ver=
ſchiedenen Meinungen des Volkes, feierlich das
Bekenntniß ablegte: „Du biſt Chriſtus, der Sohn
des lebendigen Gottes[c])", und der Herr bezeich=
nete dieſen Ausſpruch als erfolgt durch höheren
Einfluß, ſprechend: „Selig biſt du, Simon, Sohn
des Jonas, denn Fleiſch und Blut hat dir dies
nicht geoffenbaret, ſondern mein Vater, der im
Himmel iſt[d]); Petrus ſprach alſo hier nicht im
Auftrage der Apoſtel deren Behauptung aus, ſon=
dern redete das, was der himmliſche Vater ihm
eingegeben hatte; Chriſtus aber erkannte hierin

---

a) Ephes. 6. b) Matth. 16, 18. c) Matth. 16, 16. d) V. 17.

die Bestätigung des Simon als Petrus vom himm=
lischen Vater, erklärte ihn daher feierlich als sol=
chen in den Worten: „Du bist Petrus, und auf
diesen Felsen will ich meine Kirche bauen, und
die Pforten der Hölle werden sie nicht überwäl=
tigen[a].“ Zur Vorbereitung auf diese Auszeich=
nung pflegte Jesus. dem Petrus lange vorher
einen Vorzug vor den anderen Aposteln zu geben,
wovon so viele Beweise in der h. Schrift ver=
zeichnet sind, sowie denn auch in den Verzeich=
nissen der Apostel die Evangelisten den Petrus
zuerst nennen. Schon bei dessen Aufnahme als
Jünger gab er ihm den Namen Petrus, nicht
zur Unterscheidung von den andern Jüngern,
dazu genügte dessen Namen Simon; jener Name
bezeichnete, wozu der Herr ihn erwählte[b], sowie
Gott auch dem Abram den Namen Abraham
gab zur Bezeichnung dessen als Vater der Völ=
ker[c]. Erst nach seiner Auferstehung baute er
auf diesen Felsen seine Kirche und baut noch
immer fort darauf in dessen Nachfolgern; denn
so lange die Kirche besteht und so lange deren
Fortbau in Ausbreitung derselben währt, muß
ebenfalls auch der Fels bestehen. „Wie das=
jenige bleibt, was Petrus in Christus geglaubt,
bleibt auch das, was Christus in Petrus einge=
setzt hat“, so der h. Leo der Große[d]. Christus
hat nicht auf den sterblichen Leib des Petrus
seine Kirche gebaut, denn dieser verfiel dem Tode,
auch nicht auf dessen Seele, den diese ging nach
dem Tode des Leibes in's Reich des ewigen Le=

---

a) B. 18. b) Matth. 7, 21. c) Genes. 17, 5. d) Serm. 3, c 2.

bens, er baute auf des h. Petrus Würde, womit
er ihn vor allen Aposteln und Gläubigen ausge=
zeichnet, worin er aber selbst wirkt; „Ohne mich
könnt ihr nichts"[a], sprach Er zu allen Aposteln,
so auch zu Petrus. „Er ist's der alles in Allem
wirkt". Gott hat der Natur ihre Gesetze gegeben,
also Er ist's der darin wirkt, anders würde Alles
stocken; Er hat die Sterne in ihrem Lichte er=
schaffen, Er aber ist's, der dasselbe erhält, anders
würde es erlöschen. Die Sonne hat Er zum Haupt=
lichte der Erde gemacht und es wird dies bleiben
bis zum Schlusse der Tage, seine Kirche aber hat
er in dem Simon als Petrus, das Hauptlicht
der Erleuchtung der Kirche, in unfehlbarer Lehr=
weisheit gegeben und dies seit dem ersten Petrus
in Simon, so hier dem Petrus in Leo XIII.
Die Kraft der Fortdauer legte Gott in sein Ge=
schöpf nach deren Eigenheit: so aber auch in die
Würde des Petrus bei dessen Erwählung: diesen
Geist höherer Erleuchtung lebt aber ebenso fort
als Geist in jedem rechtmäßigen Nachfolger Petri
als Petrus. Die Erde ging hervor aus dem
Wasser, die Kirche aus dem Blut Jesu, die Er=
leuchtung des Petrus aber aus der Weisheit Got=
tes, die ewig ist; und so in Petrus bleibt, so lange
dieser bestehen wird, bis hin zum Ende der Welt.
Und wie der Prophetengeist des h. Elias[b] bei
dessen Auffahrt zum Himmel auf Eliseus als
Propheten überging, so ging die geistliche Würde
des h. Petrus in ihrer göttlichen Kraft und Macht
auf die Nachfolger im Amte fortdauernd über

a) Joh. 15, 5.   b) 4 Könige 2.

und dies bis zum jetzigen Petrus Leo XIII., dem
-259ten Papste. Eliseus sprach zum Elias: „Laß
ich bitte, deinen Geist doppelt in mir sein; Elias
antwortete: „Du hast ein schweres Ding verlangt;
aber wenn du mich siehest, wann ich von dir ge=
nommen werde, wird dir werden, um was du ge=
beten." Und es geschah: so aber auch wurde
dem h. Petrus der Priestergeist erhöht, doppelt
in Würde, Erkenntniß und Macht gegeben und
fortgepflanzt auf seinen Nachfolger; auch dies
erscheint großartig, doch bei Gott ist kein Ding
unmöglich. Christus ist und bleibt der geistige
Fels[a], als solchen erklärt er sich selbst[b]; Petrus
bleibt der sichtbare; Petrus bezeichnet den Herrn
als den lebendigen Stein, worauf jeder sich
selbst als lebenden Stein zum geistigen Hause
bauen soll durch den Glauben an ihn; denn
denen, die nicht glauben, sei er ein Stein des
Anstoßes und Fels des Aegernisses[c]. An diesem
Gebäude Gottes sind die heiligen Apostel Pfeiler,
Christus aber ist der Haupteckstein[d], in welchem
die Pfeiler und das ganze Gebäude zusammen=
gefügt sind und wodurch sie heranwachsen zu
einem hl. Tempel im Herrn[e]. Christus ist der
Fels aus eigener Kraft, Petrus aber in der
Kraft Gottes. Das Wasser der Weisheit ent=
quillt ebenso aus dem Felsen Christus, weßhalb
auch die Christen der ersten Jahrhunderte Pe=
trus mit dem Stabe an den Felsen schlagend[f],
darstellten. Es erscheint also Petrus wie ein

---

a) 1 Cor. 4, 10. b) Matth. 21, 42. c) 1 Petr. 2, 4—8. d) Ephef.
1, 14—20. e) Ephef. 2, 20—21. f) In den Katakomben.

Moses, der nach Bedürfniß des Volkes Gottes Wasser aus dem Felsen erwirkt, doch, weil aus dem Felsen Christus, geistiges, Lebenswasser, das der wahren Weisheit; und er erscheint so auch als Nothhelfer, wenn Entscheidung in Glaubens=sachen erforderlich ist. Den wahren von ihm in seinen Lehren verkündeten Glauben bezeichnet der Herr als den kostbarsten Schatz, wofür man alles geben soll, sowie denn auch dafür die hei=ligen Bekenner Beraubung und große Leiden erduldeten, die hl. Märtyrer selbst ihr Leben hingaben. Er ist der Kaufpreis des Himmels, ohne den wir ihn nicht erlangen können[a]. Solch' werthvolle Sache bedarf der Ueberwachung, damit sie nicht verfälscht werde, ihren Werth in den Augen des Allwissenden behalte: In seinen Leh=ren ist er Himmelsweide, es dürfen daher mit denselben nicht Giftpflanzen der Irrlehren ver=bunden werden: auch hierüber hat besonders Petrus zu wachen, dem die Heerde Christi an=vertraut ist. Petrus wurde vom Herrn bei drei=maliger Prüfung seiner Liebe zu ihm in drei=maliger Anfrage, worunter auch die Frage war: „Liebst du mich mehr, als diese[b]? zum Ober=hirten der ganzen Heerde Christi ernannt: in Liebe muß ebenso der Glaube leben und thä=tig sein[c]: der Glaube soll nicht nur Eigenthum des Geistes sein, sondern er muß uns in Liebe auch als Gläubige bewähren. Die Liebe genügt als Band der Vollkommenheit nur jenseits im Reiche der Liebe, nicht aber im Reiche des Glau=

---

a) Mark. 16, 16. b) Joh. 21, 15—17. c) 1. Corinth. 13, 2.

bens auf Erden: nur in der Einheit des Glau=
rens ist hier das Band der Liebe das der Vollkom=
menheit; wo der wahre Glaube fehlt, ist gelockert
das Band der Liebe: auch deswegen hat der
Kirchenfürst den wahren Glauben zu überwachen.
Bei Schöpfung der Erde bildete Gott für selbe
eine Feste im festen Lande. Zwei Drittel davon
deckt das Wasser in seinem schweren Gewichte
und seiner erweichenden Eigenschaft und das in
Tiefen, den Höhen der Berge gleich. Es toben
verbunden mit Stürmen so oft die Wasser der
Meere; es erheben sich wie Berge die Wogen
und stürzen hinunter wie zerschmetternd, wie
zermalmend den Boden. Im Inneren brennt
vielfach Feuer und höhlt aus die Erde und
man sollte befürchten, Wasser und Feuer wirk=
ten zum Ruin der Erde, doch die Feste hält
der Arm der Allmacht Gottes und Gottes allwis=
sendes und allweises Auge wacht in Liebe zu den
Menschen. Bei Schöpfung bildete ebenso auch
oben für den Sternenhimmel der Herr eine Feste,
die Luft: dieser so dünne, durchsichtige Körper,
trägt die Milliarden Sterne, diese großartigen
Körper. Wer sollte glauben, daß das sei! und
doch ists so, und obwohl die Sterne als Feuer=
kugeln erscheinen, verdünnen sie durch ihr Feuer
dennoch nicht die Luft so, daß sie ihre Kraft ver=
lierend, jene entfallen ließe. Bei Gründung sei=
ner Kirche bezeichnete der Herr als Feste dersel=
ben, wohl nur ein an sich schwaches Wesen, aber
in ihm wirkt er selbst: er hat es erwählt als sicht=
bares Haupt seiner Kirche, deren unsichtbares er

selbst ist*), aus dessen-Mund spricht er auch sein
Wort als Wort des Wahrhaftigen, das nicht irren
kann. Dies sinnbildete er auch schon bei seiner
Menschwerdung: er wurde als unser Heiland im
Innern eines Felsen, der Grotte Bethlehems ge=
boren und er entstand von dem Tode zu ewigem
Leben im Innern eines Felsen der Grabgrotte
auf dem Calvarienberge. Für dieses Haupt hat
auch der Herr insbesondere gebetet, daß es nie
wanke im Glauben, darin seine Brüder stärke:
sein Gebet war das Gebet des Allmächtigen, All=
weisen und Wahrhaften. Und als der Herr den
Petrus zum Felsen seiner Kirche ernannte, sprach
er weiter zu ihm: „Und dir will ich die Schlüssel
des Himmelreiches geben, was immer du binden wirst,
auf Erden, das soll auch im Himmel gebunden
sein und was immer du lösen wirst auf Erden,
das soll auch im Himmel gelöset sein^b)." Es wa=
ren die Schlüssel Zeichen der obersten stellvertre=
tenden Aufsicht und Gewalt über Palast und
Reich^c). Es waren darunter auch die Schlüssel
der Erkenntniß zu verstehen, wovon er bei den
Gesetzlehrern sprach^d). Wohl hat Jesus auch spä=
ter den Aposteln die Binde= und Lösegewalt
übertragen^e), aber als dem bleibenden Felsen der
Kirche hat er dem Petrus zugleich in seinen Nach=
folgern die Schlüssel gegeben: er soll sie geben
den Aposteln und Bischöfen aller Zeiten, selbst
aber gleichsam den Hauptschlüssel haben, allzeit
und überall zu öffnen die Thüre der Wahrheit,

---

a) Ephes. 4, 15. b) Matth. 16, 19. c) Isaias 22, 22. d) Luc.
11, 52. e) Matth. 18, 18.

zu schließen die Thüre des Irrthums, der Unwahr=
heit, d. h. sie als solche zur Verwerfung zu be=
zeichnen. Christus nannte sich auch die Thüre,
die Wahrheit, das Licht und Leben. Petrus soll
diese Thüre öffnen, die Wahrheit und das Licht
zum ewigen Leben herauszunehmen; ja als Stell=
vertreter des Herrn soll er so auch selbst die
Thüre zur Wahrheit, das Licht der Wahrheit in
seinem erhabenen Amte sein. Hier gilt denn
auch, was einst der König von Aegypten zu Jo=
seph, Israels Sohn gesprochen: „Weil Gott dir
alles kund gethan, was du geredet hast, sollte ich
einen Mann finden, der weiser, denn du, oder
dir auch nur gleich wäre[a]?“ Und er setzte ihn
über sein Haus und sein ganzes Land und sprach:
„Und den Befehlen deines Mundes soll alles Volk
gehorchen[b]“, und er legte ihm seinen Siegelring
zum Zeichen der ihm übertragenen Würde an[c].
Aehnliches erklärte und that Jesus hier dem ers=
ten Statthalter; Petrus übergab er schon das
geistliche Siegel der Wahrheit in seinem Reiche
auf Erden und es ist nur die Lehre als gött=
lich in Gehorsam anzuerkennen, welche die Zu=
stimmung des Kirchen=Oberhauptes und hierin
das Siegel der Bestätigung als Urkunde der Wahr=
heit erhielt, wie dies auch alle Concilien=Beschüsse
aller Jahrhunderte seit des ersten Petrus bis zum
gegenwärtigen bestätigen, und so wird es bleiben
so lange das Reich Gottes und darin die Statt=
halterschaft Gottes bestehen wird, also bis zum
Ende der Welt, dies ist göttliche Verheißung[c].

---

a) Genes. 41, 39.   b) V. 40.   c) V. 42.   d) Matth. 28, 20.

So auch schrieb der h. Agatho, welcher im
Jahre 679 den päpstlichen Stuhl bestieg, an die
Väter, welche sich gegen die monotholitische Irr=
lehre zu Konstantinopel versammelt hatten[a]): „Die
ganze katholische Welt erkennt diese (römische)
Kirche für die Mutter und Lehrmeisterin aller
andern. Ihr Vorrang kommt von dem h. Petrus,
dem Apostelfürsten, welchem Jesus Christus die
Leitung seiner ganzen Heerde übertrug, mit dem
Versprechen, daß sein Glaube niemals fehlen
würde". Die Väter erklärten einstimmig: Petrus
habe durch Agathos Mund gesprochen. So auch
sprachen die Bischöfe auf dem vierten allg. Concilium
zu Chalcedon bezüglich des an sie vom Papste Leo
gesandten Briefes: „Durch Leo hat Petrus ge=
sprochen". Die den Papst bei diesem Concil ver=
tretenden Legaten gaben von ihrer Zeit Zeugniß:
„Unser Land ist der Wuth der roheſten Natio=
nen preisgegeben. Wir leben mitten in Schlachten
und Plünderungen. Wir schweben unaufhörlich
in Unruhe und Bestürzung. Die Handarbeit ist
die einzige Quelle unserer Lebensſucht". Es war
damals, wie der h. Agatho weiter schrieb, durch
die beständigen Einfälle der Barbaren, das Stu=
diren beinahe unmöglich[b]).

Christus erschien nach seiner Himmelfahrt dem
Jünger der Liebe als Hohepriester, er zeigte die
Bischöfe wie Sterne von ihm entzündet in seiner
Hand, welche dieselben als Lichter über die ein=
zelnen Gemeinde setzte[c]); er erschien als Vorbild

---

a) 6. allgem. Kirchenversammlung. b) Buttler I. 208—209. c)
Offenb. Joh. 1, 13. 20.

im Hohenpriesterthume seiner Kirche für alle Zei=
ten, und es ahmte nach sein Vertreter im hohen=
priesterlichen Amte: er gab den einzelnen Spren=
geln ihre Bischöfe, und nur solche, welche in der
Lehre als Sterne Christi sich bewährten. Nur
die von ihm, dem Papste, bestellten Bischöfe sind
wahre und das so lange, als sie im Lichte Jesu
und so in dem seines Statthalters leuchten. In
diesem Lichte leuchten sie beglückend zum ewigen
Leben; wie jeder vom Herrn entzündete Stern
am Firmamente an der ihm vom Schöpfer an=
gewiesenen Stelle herrlich strahlt: so auch leuchtet
jeder solcher Bischöfe in dem ihm angewiesenen
Sprengel, und wie alle jene Sterne, wenn die
Sonne erscheint, ihr Licht mit deren Lichte zu
e i n e m Lichte vereinigen, so auch verschmilzt
das Licht der Lehre aller wahren Bischöfe mit
dem des Papstes, wo dieses im Lichte der Lehre
strahlend erscheint, mögen sie versammelt an ei=
nem Orte oder in ihren Bisthümern sein. Wo=
hin die Sonne strahlt, werden selbst die an sich
dunkeln Planeten umleuchtet, so daß sie dann im
Lichte der Sonne selbst leuchten: möchten doch
auch die in Irr= und Unglauben verdunkelten
Christen sich vom Lichte der päpstlichen Sonne
mehr erleuchten lassen und dann andere mit die=
sem göttlichen Lichte der Wahrheit beglücken. Einen
andern Lichtträger bezeichnet die heilige Schrift,
es war der höchste und mächtigste der Engel,
der da leuchtete in Weisheit und Herrlichkeit, da=
her Lucifer[a] (Lichtträger) genannt wurde; doch

a) Isai 14.

er fiel in Stolz und mit ihm Schaaren von
Engeln. Verstoßen von Gott, wurde er dessen
Feind und ward auch so der Feind Jesu, des
Lichtes dieser Welt und dessen höchsten Vertre=
ters in der h. Kirche, sowie der Kirche selbst.
In der Gestalt eines Lichtengels[a] sucht er zu
täuschen und zum Fall zu bringen. Er erscheint
in seinem Anhange auf Erden in denen, die sich
von seinem Geiste leiten lassen; er spricht durch
sie heuchlerisch, wie einst durch die Schlange im
Paradiese, er bietet die vergiftete Frucht der
Lüge an als Frucht der Erkenntniß des Guten
Bösen, verspricht alles Gute und sucht das
Gute zu rauben und in Unglück zu stürzen. Er
erscheint wie ein Lamm, sanftmüthig und buld=
sam, um sich Vertrauen zu erwerben, aber ebenso
als Löwe[b], zu erschrecken einzuschüchtern und
so zu erbeuten. In allem greift er als Lügner
und Vater der Lüge die h. Wahrheiten an, pre=
digt den Irrthum und falsche Lehren als Wahr=
heit, sucht den wahren Glauben und hiermit
alles Beglückende zu zerstören. Diesem bösen
Geiste steht so auch hier der Statthalter Christi
mit himmlischer Kraft und Einsicht entgegen, ihn
enthüllend, bekämpfend, besiegend. Er ist so der
Gegenheld jenes Fürsten dieser Welt, der wahre
Fürst von Gottes Gnaden.

Ueberall zeigt sich so auch Lucifer in unsern
Tagen als der in Macht gehörnte, in Stolz ge=
krönte vielköpfige Höllendrache, und er spuckt sein
Wasser der Lüge und Bosheit aus, sowie er es

a) 1, Corinth. 11, 14. b) 1. Petr. 5, 8.

ſchon gegen die neugegründete Kirche that[a]); doch
es erreichte dieſe nicht; die Erde, nämlich irdiſch
Geſinnte, verſchlangen es, und ſo geſchieht's noch
heute. Er mag es ausſpeien, wie damals gegen
die Kirche im Hohenprieſterthume[b]), dieſes ſteht
erhaben da über alles Wandelbare, mit den Flü=
geln des Glaubens und der Hoffnung in der
Kraft der Liebe, umſtrahlt vom Lichte Jeſus,
der Sonne der Wahrheit; die Lichter der Kirche
umkränzen ſein Haupt wie Morgenſterne im herr=
lichſten Glanze, und in ſchöner Harmonie mit
dem Lichte der es umkleidenden Sonne; ſie bil=
den ſeine Krone, wie auch der Weltapoſtel die
folgſamen Philipper ſeine Krone und Freude[c]),
die guten Theſſalonier ſeine Ehrenkrone[d]) nannte.
Mag auch der vielköpfiche Drache als Vater der
Lüge gegen die Kirche im gläubigen Volke ſeine
giftigen Waſſer falſcher Lehren ausſpeien, deſſen
Glaubenslicht wird er nicht verdunkeln, nicht
auslöſchen! er mag Fluthen erregen, wie es in
den Lügenſchriften gegenwärtig geſchieht, nicht
überfluthen und ertränken werden ſie dieſes Volk,
ſondern ſich aufthürmen, daß unbeſchadet daſſelbe
hindurch gehe, wie einſt das gläubige Volk Iſrael
durch die aufgethürmten Waſſer des rothen Mee=
res; nur über die Ungläubigen und Gottloſen
ſtürzen ſie zu deren Untergang zuſammen. Auch
wollte er ſich von Anfang an einen Thron auf
einem Felſen, dem gegen Gott verhärteten Sinn,
dem Stolze bauen, er wollte ihn ſelbſt über den

---

a) Offenb. Joh. 12, 15. b) Daſelbſt 12, 1. 14. c) Philipp. 4, 1.
d) 1 Theſſ. 2, 19.

Sternen, in Verbindung mit dem Himmel bauen, er brach aber zusammen und schrecklich war sein Sturz. Er wollte ihn bauen auf Erden über dem Heiligthume Gottes, auf der Zinne des Tempels zu Jerusalem, sowie er schon vorher ihn bauen wollte über den Steinen der Wüste, doch Verachtung wies ihn ab; er wollte ihn ferner bauen auf einem hohen Berge und sich im Sohne Gottes vom Himmel und von der Erde anbeten lassen, aber es traf ihn der Fluch des Herrn.

Als Sinnbild des Felsens der Kirche aber verherrlichte Gott von Anfang an die Felsen der Erde: bei der Schöpfung tauchten sie unverletzt aus dem Wasser hervor und die Wasser der Sündfluth vermochten sie nicht zu erreichen, zu zerstören. Im alten Bunde schon, dem Vorbilde des neuen, ließ er auf dem Felsen Sions sein Haus bauen, dort die Opfer darbringen und sein Wort auf steinern Tafeln auf dem Felsen Sinai's von ihm selbst geschrieben, hinterlegen und verkünden; auf einem Felsen zu Nazareth bekundet er seine Gottheit, durch die Felsen des Calvarienberges bestätigte er selbe; auf dem Felsen Tabors zeigte er sich in seiner Verklärung und auf einem Felsen des Oelberges stieg er zum Himmel und ließ darin zurück seine Fußtapfen. Im Felsen Petrus aber zeigt er die geistige Arche des neuen Bundes, darin hinterlegte er die Wahrheit seiner Lehre und drückte hierin seine Fußtapfen ein: wer diesen folgt, geht nicht irre.

Wie trostreich begrüßte uns daher die feier-

liche Verkündigung betreffenden Dogmas in gegenwärtiger ſo wirrenvollen Zeit; mit tiefgefühl-
teſtem Danke ſollten wir ſie als beglückendſtes
Ereigniß bewillkommen und herzlich uns freuen,
als Kinder der katholiſchen Kirche dieſe Unfehlbarkeit glauben zu dürfen, ja glauben zu müſſen.
Wie ſehr muß es uns beruhigen, Sicherheit in
Betreff des ſo vielfach und unausgeſetzt ange-
fochtenen edelſten und unentbehrlichſten Gutes,
des Glaubens in ſeinen Lehren, durch den Ausſpruch eines Vaters zu erhalten, der unter allen
Menſchen auf Erden unſere beſondere Verehrung
und Liebe verdient, der von Gott ſelbſt unter
allen Menſchen ſo ehrenvoll ausgezeichnet, zur
höchſten Würde erhoben wurde. Er iſt der höchſte
Kirchenfürſt, ihm ſteht daher auch in der Kirche
das Endurtheil in den wichtigen kirchlichen An-
gelegenheiten, das in Glaubensſachen zu, wie den
weltlichen Monarchen in weltlichen Sachen in
ihrem Staate; doch nicht dieſen, ſondern ihm
allein iſt der beſondere Beiſtand des Himmels
verheißen: ſeine Beſchlüſſe verdienen alſo auch beſondere Verehrung. Wie die Fürſten die wichtigen Urtheile ihrer Gerichtshöfe unterzeichnen,
ſie dadurch anerkennen und ihnen Kraft geben:
ſo geſchah dies von jeher auch bei wichtigen kirchlichen Beſchlüſſen der Kirchen-Verſammlungen:
die Entſcheidungen der Biſchöfe erhielten ihre
Kraft durch Beiſtimmung des Papſtes, ohne dieſe
galten ſie nichts, ſie ſind daher als päpſtliche Beſchlüſſe zu betrachten. War nicht ſchon im alten
Bunde der Hohepriester mit der Bruſtplatte des

Urtheils in Lehre und Wahrheit[a]), ein Vorbild
des Hohepriesters des neuen Bundes? War er
es nicht, der bei wichtigem und zweifelhaftem Ur=
theil, den Herrn befragte und von ihm solche Be=
lehrung erhielt, daß von seinem Urtheil nicht ab=
gewichen werden durfte, weder zur Linken noch
zur Rechten[b])? Ist selbst nicht auch jeder Priester
unfehlbar bei Consecration in der h. Messe: hört
nicht der Himmel auf seine Worte, sie bestäti=
gend durch Erfüllung? Gibt Gott nicht auch un=
ter den Sternen der Sonne insbesondere fort und
fort Licht und Wärme zum Leben und Segen
seiner Geschöpfe auf Erden; sind es nicht deren
Lichtstrahlen, die Alles beleben? So auch ist zu
erwarten, daß Gott unter den geistlichen Ster=
nen seines Reiches auf Erden dem ersten unter
Allen besondere Gnaden für das religiöse Leben
der Seinigen in demselben verleiht: erklärte er
doch die irdischen Güter als Nebensache im Ver=
gleich mit den Seelengütern[c]). War nicht auch
der Herr insbesondere mit Maria? War sie nicht
voll der Gnade nach Zeugniß des Erzengels
Gabriel, sie die Mutter des Gottessohnes? Sollte
er nicht ebenso mit seinem höchsten Stellvertreter
in seinem Reiche auf Erden sein, diesem sicht=
baren Haupte seines geistlichen Leibes, der Kirche,
und auch ihm von der Fülle seiner Gnaden
geben, daß er in Strahlen der Weisheit immer
klar für Wahrheit und hiermit für's Wohl seines
Volkes leuchte? Wer kann das vernünftig be=

---

a) Exod. 28, 29. b) Deut. 17, 11 und Num. 27, 21. c) Matth.
16, 33.

zweifeln? Jesus verließ den Petrus nicht auf
den Fluthen des Meeres, noch im Schifflein bei
tobendem Sturme: nahe dem Herrn war Pe=
trus bei allen wichtigen Ereignissen: Der Herr
wird ihm in seiner Kirche hilfreich nahe bleiben,
denn sein Wort ist wahrhaft: „Ich bin bei euch
alle Tage, bis an's Ende der Welt*)". Auch soll
dieser Fels in seiner Bedeutung allen Freunden
dieses Gotteshauses die Hoffnung beleben, daß
auch dieses zu seiner Erhaltung unter besonderem
Schutze Gottes verbleibe.

Zugleich dient diese Umgebung des Tempels
zu dessen Verzierung und zum Schutze gegen
Verunreinigungen, die so vielfach dort auf's be=
trübenste wahrgenommen werden, wo eine ähn=
liche Schutzwehr fehlt. Die Gruppirung vor
der Kirche ist in gleicher Weise wie die um die
Kirche ausgeführt; zwischen Felsblöcken, Zier=
sträuchen und immergrünen Bäumen steigt man
zu den Eingängen der Kirche empor. Man be=
achte die Bedeutung der immergrünen Zweige
der Bäume, gehe durch dieselben nicht als geistig
Todter, sondern als hoffnungsvoller Verehrer
Gottes im Blüthenschmucke der Tugenden, im
Dufte guter Werke; man bewähre so lebendig
den Glauben im Leben der Liebe und Gnade.

3. Statt des sechsten Fensters der Seiten=
schiffe ist auf der Nordseite der Kirche, die neunte,
auf der Südseite die zwölfte Station des h. Kreuz=
weges Christi in schöner Gruppirung angebracht.
Die Verzierungen der Fensterbogen bestehen aus

---

a) Matth. 28, 20.

schwarzen und weißen Hausteinen, welche den Far=
ben nach regelmäßig abwechseln; schwarz ge=
brannte Ziegelsteine bilden in Verbindung mit
den Fensterbänken ein Band um die Kirche herum;
das breite Band um das Chor besteht aus brau=
nen, unbehauenen, vulkanischen Schlacken.

Jn der Natur ist nichts von ungefähr; mit
Allem und Jedem hat der Schöpfer eine edle
Absicht, einen weisen Zweck verbunden, so auch
hat Alles und Jedes an diesem Gotteshause seine
Bedeutung, selbst die Verzierung in verschiedenen
Steinfarben. Die weiße Farbe, als Sinnbild
der Freude und Heiligkeit, bezeichnet dieses Haus
als heiliges, erbaut zur Freude des Himmels und
der Menschen: sowie zugleich zu deren Heiligung.
Die Abwechselung weißer und schwarzer Steine
sinnbildet, daß man die ewige Freude durch
Abtödtung, geduldige Kreuztragung bis zum
Tode, und so durch Buße, wozu die grauen und
braunen Steine, als Sinnbilder der Buße, mah=
nen. Die Mischung der röthlichen mit den hell=
gelblichen errinnern an die tröstliche Wahrheit,
daß der, welcher mit Christus leidet, sich auch in
seiner Verherrlichung mit ihm freuen wird[a];
lieben wir das blutige Leiden Jesu im eignen
Leiden, damit dies durch jenes verdienstlich und
wir dadurch selig werden. Mögen auch wir mit
Allem was wir thun, eine heilige Absicht, einen
edlen Zweck verbinden, damit uns nichts für die
Ewigkeit verloren gehe.

4. Ein breiter schöner Weg umgibt die

---

[a] 1. Petr. 4, 13.

Kirche, an den zur Süd= und Ostseite der Kirch=
hof, getrennt durch einen Zaun von Edeltannen,
zur Nordseite aber der Pfarrgarten, getrennt
durch eine Hainbuchenhecke, grenzt. Die West=
seite decken hohe Rothtannen und weißgrüner japo=
nischer Corcherus; den Boden bedeckt Sinngrün.

IV. Das Innere der Kirche.

I. Die Eingänge.

1. In's Innere der Kirche gelangt man, wie
schon erwähnt, durch die beiden Thürme: diese
bilden die Vorhallen der Kirche. Alle Wände
derselben sind, wie auch die der Kirche in kleinen
Steinchen ausgeführt. Ueber einem Sockel, be=
stehend aus blaugrauen krystallisirten Quarzen,
umziehen am Ein= und Ausgange mehrere breite
Bänder von grünen Schlacken, umfaßt von brau=
nen vulkanischen Schlacken, die Seiten und das
Verdeck; sie umgeben die Seitenwände von schnee=
weißem Quarze. Auch der Plafond, ein Kreuz=
gewölbe, ist mit weißröthlichem Krystall bekleidet.

2. Das Oberlicht der Thüre des Männer=
einganges enthält ein Glasgemälde: einen Engel
auf Wolken knieend, welcher mit der linken Hand
nach unten eine Dornenkrone, mit der rechten
nach oben eine Himmelskrone hält und zu den
Ein= und Austretenden gleichsam spricht: „Willst
du die Himmelskrone, so nimm zuerst die Dor=
nenkrone", wie auch der Heiland einst zur heil.
Katharina von Siena auf ähnliche Weise sprach,
als er ihr solche Kronen vorzeigte. Im Ober=
lichte der Frauenthüre hält ein Engel, auf Wolken

knieend, mit der rechten Hand den Ein= und Aus=
tretenden das Kreuz und eine Geißel dar, mit
der erhobenen anderen zeigt er die Himmelspalme
und spricht im Bilde: „Willst du diese Palme,
so nimm vorerst, wie dein Heiland es that, das
Kreuz und die Geißel· der Leiden und Drangsale".
Daher denn auch sind oben im Bogen beim Ein=
gange in die Kirche folgende Worte der h. Schrift
zu lesen: in dem der Männerseite: „Durch viele
Trübsale müssen wir eingehen in das Reich Got=
tes²)". In dem andern, der Frauenseite: „Mußte
nicht Christus dies leiden und so in seine Herr=
lichkeit eingehen²)?" Der heil. Kreuzweg, welcher
die Kirche theilweise umgibt, und an deren Ein=
gange endigt, wird durch diese Schriftstellen und
bildliche Darstellungen auf's geeignetste mit der
Kirche in Verbindung gebracht, die ebenfalls und
insbesondere der Verehrung des Leidens Jesu Christi
gewidmet, aber auch ein Haus des Trostes und
der Gnade für die in Christo Leidenden ist.

3. Ueber den bezeichneten Bogen, beim Oeff=
nen der Thüren sogleich sichtbar, liest man die
schönen, der heiligen Schrift entnommenen Auf=
munterungen zum Eintritt in den Tempel; so
auf der Männerseite: „Das ist die Pforte des
Herrn, die Gerechten werden da hineingehen⁰)!"
auf der Frauenseite: „Ich will eingehen in dein
Haus in der Fülle deiner Barmherzigkeit, will
anbeten in deiner Furcht⁴)!" Diesen Schriften
gegenüber, oberhalb der Thüren erblickt man den
Namen Jesu, gebildet aus Kupferschlacken.

---

a) Apostelg. 14, 21, b) Luc. 24, 26. c) Psalm 117, 20. d) D. 5. 8.

4. An den weißen Seitenwänden der Thürme
ist auf einer Seite die Thüre zur Treppe der
Emporkirche, auf der andern aber ein großes
Weihwasserbecken aus grauem Marmor, umfaßt
mit grau=bläulichen Bergkrystallen, angebracht;
darüber befindet sich eine Marmorplatte ähnlicher
Farbe, und eingefaßt mit einem Rahmen solcher.
Krystalle; darauf sind folgende Worte eingegra=
ben, welche der Ein= und Ausgehende bei Ge=
brauch des gesegneten Wassers andächtig lesen
möge, und zwar bei Besprengung seiner mit die=
sem Wasser: „Herr reinige mich von meinen
Sünden!" bei Segnung seiner in Gestaltung des
h. Kreuzzeichens über sich: „Mich segne der all=
mächtige und barmherzige Gott Vater, Sohn und
heiliger Geist." Schon im alten Bunde befand
sich nach Vorschrift Gottes ein großes Wasch=
becken für Priester im Vorhofe des Tempels[a]
als Sinnbild, mit reinem Herzen zum Opfer zu
schreiten. Im neuen Bunde gehört jeder Gläu=
bige zum königlichen Priesterthume Gottes[b]. Der
alte Bund war Vorbild des neuen, in welchem
die Gotteshäuser Behälter mit gesegnetem Wasser
für alle Eintretenden haben. Diejenigen, welche
dieses Wasser gläubig benutzen, machen sich des
Segens theilhaft, den der Priester im Namen
der Kirche darüber sprach. Wie die Taufe des
h. Johannes Vorbereitungstaufe zur Aufnahme
des Messias, solche zur Buße war, so ist auch
die Besprengung mit jenem Wasser Vorbereitungs=
taufe zum Gottesdienste und es sollen die Was=

---

a) 3 Könige 7.   b) 1. Petr. 2, 9.

fertropfen, womit man sich besprengt, theils den
Thau himmlischer Gnade, zur Reinigung und
Segnung, theils auch Thränen wahrer Reue über
die begangenen Sünden und die Sehnsucht be=
zeichnen, daß der Herr uns ferner vor aller Sünde
bewahren möge; weßhalb auch betreffende Gebete
dieser Bedeutung entsprechen. Gesegnetes Salz
wird damit vermischt nach Beispiel des Prophe=
ten Eliseus[a], der untrinkbares Wasser durch
Salz genießbar machte, wie Aehnliches Moses
that durch Verbindung des Wassers mit Holz,
als Sinnbild des Kreuzholzes Christi[b]. Salz ist
auch Sinnbild der wahren Weisheit, die wir an=
dauernd besitzen müssen, weil wir anders die
Kraft des Lebens in Gott verlieren. Der h. Cle=
mens gibt den h. Apostel Matthäus als Urheber
dieses Gebrauches in seinen Constitutionen[c] an.
Papst Alexander I.[d] befahl allen Priestern diese
Segnung in ihren Gotteshäusern vorzunehmen[e].
Zu beachten ist auch hierin, was der h. Paulus
an den h. Timotheus schrieb[f]: „Alles ist gut,
genossen mit Danksagung, denn es wird gehei=
ligt durch das Wort Gottes und das Gebet".

  5. Zur Seite des Weihwasserbeckens sind Opfer=
stöcke angebracht für Liebesgaben zur nöthigen
und kostspieligen Unterhaltung der heiligen Orte
hieselbst in ihren Bauten und Anlagen, sowie
dies auch über denselben auf grauem Marmor,
umfaßt mit Amethysten, verzeichnet ist. Die Vor=
derseite der Kasse schmücken Vergißmeinnicht,

---

a) 4 Könige 2, 20. b) Exod. 15, 23—25. c) F. Ribaden. in vita
St. Matthaei in fine. d) anno 119. e) Carranza in summa concili-
orum 24. f) 1 Br. 4, 4—5.

welche die Worte umschließen: „Ruf des Herrn:
Vergiß mein nicht!" So sprach einst Gott zu
seinem Volke im alten Bunde*), hier sei dies ge=
sprochen zu jedem Eintretenden als Ermahnung,
das Andenken an Ihn in seinem Hause insbe=
sondere zu bewähren und durch die That zu be=
kunden, also mit Ehrfurcht sich darin zu benehmen,
betend an Gott zu denken, sowie ehrerbietigst in
Dank und Liebe ein Opfer zu reichen. Erlaube
dir daher kein unnöthiges Schwatzen[b]; beherzige
vielmehr die ergreifenden Worte, verzeichnet in
goldener Schrift beim Eingange ins Schiff der
Kirche: „Habet Ehrfurcht vor meinem Heilig=
thume[c]! Der Herr ist in seinem heiligen Tempel,
es schweige vor ihm die ganze Erde[d]." „Er selbst,
der im Himmel wohnt, ist gegenwärtig an die=
sem Orte und schützt ihn, und die Böses zu thun
hinkommen, schlägt und tödtet er[e]." Table
Niemand die vervielfältigten Opferstöcke, wovon
jeder seinen heiligen Zweck hat; sondern es be=
trachte sie Jeder als geöffnete Hände Jesu zum
Empfange der Gaben dankbarer Liebe. Sie seien
dir Aufforderung, dich an's Opfern zu gewöhnen
und so deine Verdienste zu vermehren für den
Tag der Vergeltung. Welche Freude dann für
dich vom Richter zu hören: „Das hast du mir
gethan!" Wenn du aber an diesen um Hülfe
rufenden Opferstöcken vorbeigehest, ohne sie zu
beachten, wie der Priester und Levite am hülfs=

---

a) Isaias 44, 21. b) Auf mehrere Concilienbeschlüsse gestützt,
verbot selbst Papst Pius V. in den Kirchen Almosen zu fordern und
zu geben, nicht aber vor der Kirche. Buttl. VI. 169. c) Levit. 20, 2.
d) Habac. 2, 20. e) 2. Mach. 23, 39.

bebürftigen Verwunbeten vorbeigingen[a], was wirſt bu bann wegen dieſer Unterlaſſung vom Richter anbers hören als: „Das haſt bu mir nicht ge= than[b]!" Du beteſt täglich vor allem im Gebete bes Herrn: „Geheiligt, verherrlicht werde Dein Name!" ſo gib benn auch gerne zu dieſer ſeiner Verherrlichung, benn bazu werden ſolche Opfer= gaben benuth.

6. Oberhalb ber Weihwaſſer = Behälter iſt in ziemlich großer Schrift auf weißer Marmorplatte zu leſen:

Zur Erwägung.

„Entwenbe auch nicht bas kleinſte Steinchen aus bieſem Gotteshauſe, jebes iſt Gott geheiligt, der ba ſpricht: „Du ſollſt nicht ſtehlen". „Wer im Geringſten treu iſt, der iſt auch treu im Grö= ßern, unb wer im Kleinen ungerecht iſt, der iſt auch ungerecht im Größern[c]." Nimm nicht Theil an ber ſchon ſo vielfach geſchehenen Beraubung ſolcher Zierben bieſes Hauſes unb ber anderen heiligen Orte hierſelbſt, damit nicht auch bir bes Pſalmiſten Klage gelte: „Viel Böſes hat der Feinb am Heiligthum gethan[d]! Willſt bu ein Anbenken, ſo nimm gute Seeleneinbrücke mit, benn bieſes ſinb bie ſchönſten unb beſten Anben= ken. Was Gott vom verbotenen Baume im Pa= rabieſe geſprochen: „Berühret ihn nicht[e]!" das beachte auch hier. Statt Führer benuthe bas Büchlein: bie heiligen Orte zu Arenberg; be= ginne am Oelberge, bann zeigt bir ein h. Ort

---

a) Luc. 10, 31—32. b) Matth. 25, 40—45. c) Luc. 16, 10 d) Pſalm 73, 3. e) Geneſ. 3, 3.

den andern bis zum letzten. In der Kirche selbst ist das Führen, lautes Sprechen und Hunde bei sich zu haben verboten, ebenso das Herumwandern beim Gottesdienste; auch verhindere man das Herumlaufen der Kinder. Beachte gewissenhaft die Schriftstellen auf den schwarzen Marmorplatten an den zwei ersten Pfeilern."

Diese Tafeln stehen etwas vertieft in der Wand und sind mit einem Rahmen von gelben, rothen und braunen Ziersteinen umgeben.

Der Boden der Thurmeingänge besteht aus Lavaplättchen. Vorn liegt ein Eisengitter[a], welches zur Reinigung der Schuhe von Schmutz dient, den ein darunter befindliches tiefes Gewölbe aufnimmt. Dieses diene aber nicht nur zur Entfernung berührten Schmutzes, sondern mahne auch, den Boden des hl. Tempels nicht durch Ausspucken, noch viel weniger aber die heiligen Räume durch sündhafte Gedanken, Reden oder Handlungen zu verunreinigen.

II. Die Taufkapelle.
1. Die Geburt Jesu.

1. Diese Kapelle liegt zwischen den beiden Thürmen; man steigt in dieselbe über drei Lavastufen; ein eisernes Gitter schließt sie[b]. Aehnlich der Geburtsstätte Jesu, der Grotte zu Bethlehem, deren Felsenwände aus weißem Steine bestehen, ist auch diese Kapelle im Innern mit schneeweißem glänzenden Kalkspath bekleidet; 200 Centner dieser Prachtsteine, in kleine Stücke zer-

---

a) 1 Meter 88 Ctm. lang, 94 Ctm. breit. b) Ihre Höhe beträgt 6 Meter 28 Ctm., die Breite 6 Meter 28 Ctm., die Tiefe 5 Meter 9 Ctm.

14

schlagen, waren nöthig zur Bekleidung der Wände
derselben: nur sind zur Verzierung die Wände mit
schmalen Bändern grauer Bergkrystalle umfaßt.

2. Das Fenster in der Mitte der Außenwand
stellt in einem schönen Glasgemälde[a] die Geburt
Jesu dar. Ein vorstehender Rahmen von grauem
Krystall und ein zweiter von Amethysten umfassen dasselbe, wodurch es in freundlichem Diorama
erscheint. Das Jesukindlein in diesem Gemälde
ist gar lieb; es ruht in einer Krippe über Stroh
und Windeln, mit Windeln umwickelt. Es liegt
da wie lebend in himmlischer Verklärung. Maria,
die hl. Mutter, ist dem Kinde zunächst; sie kniet
ihm zur Seite; beseligende Mutterfreude, gemischt
mit Verwunderung, strahlt aus ihrem nach dem
Kinde gerichteten Angesichte. Mit rosarothem
Gewande gekleidet, umhüllt sie ein blauer Mantel. Diese einfache Bekleidung in sanftem, aber
herrlichem Farbenschmucke, entspricht so ganz dem
Charakter der demüthigen Jungfrau als Mutter der schönen Liebe[b]. Oberhalb der Krippe
kniet Joseph, der heilige Nährvater Jesu. Mit
in Verwunderung ausgebreiteten Armen, in tiefem Nachdenken und mit staunendem Blicke schaut
er auf das Kind Gottes. Engel erfüllen die
oberen Räume; singend sind sie dargestellt, theils
mit ausgebreiteten Armen, theils mit einem Oli-
venzweige in der Rechten als Sinnbild des Friedens, den ihr Gesang verkündigt. Ein feuriger

---

a) Die Zeichnung ist von Herrn Professor Ernst Deger zu Düsseldorf, die Glasmalerei von Herrn Hertel und Lersch, Hof-Glasmaler
daselbst. b) Eccles. 24, 24.

Strahlenglanz verherrlicht das Ganze, in dem in
goldener Schrift, wie im Lichte sich auflösend,
die Worte des englischen Hymnus schweben:
Gloria in Excelsis Deo et in terra Pax homi-
nibus bonae voluntatis. Zur Seite erblickt
man die Abbildung der Köpfe beider Lastthiere,
welche einst durch ihren Hauch und ihre Wärme
die Kälte im Stalle zu Bethlehem milderten.
Die in diesem Gemälde entfalteten himmlisch-
frommen Gefühle des großen Künstlers theilen
ihre heilige Wärme dem frommen Betrachter zur
geistigen Erhebung beglückend mit; mögen sie
andauernd in jedem Gemüthe verbleiben und auch
hierin denen des Künstlers entsprechen, der nur
Verherrlichung Gottes und Erbauung der Mitmenschen als Lohn seiner Arbeit suchte*). Vor
dem Fenster zu beiden Seiten knieen in Lebensgröße dargestellt, zwei Hirten, wovon der eine
ein Körbchen mit Früchten dem Kindlein Jesu
hinreicht, der andere auf zwei Lämmlein zeigt,
die er zum Opfer gebracht hat; darüber befindet sich ein breiter Absatz von Amethysten, welcher zugleich ein Fenster deckt, wodurch ein über-
raschend blaues Licht auf zwei knieende Engel
geworfen wird, welche eine Krippe umgeben, in
welche die Mütter bei der Aussegnung ihre neu-
geborenen Kinder selbst legen und dem Herrn
in Verbindung mit der priesterlichen Segnung
aufopfern. Es soll dies eine Nachahmung der
h. Gottesmutter sein, die ebenso ihr liebes Kind
dem himmlischen Vater aufopferte. Es diene

---

a) Er entschlief im Herrn am 27. Januar 1885.

14*

dieses Krippchen daher zugleich auch zur süßen
Erinnerung an diese Aufopferung und als fort=
dauernde Mahnung sich als Eigenthum Gottes
zu erkennen und die Unschuld und Demuth der
Kindheit zu bewahren. Am heil. Christfeste ist
diese Kapelle festlich mit Laubwerk und Blumen
geschmückt; ein wunderschönes Jesukindlein, Kopf
und Hände aus Wachs gebildet, wie lebend freund=
lich mild aufschauend, liegt in Mitte des Tisches
des Hochaltars, deutend, daß Jesus als Opfer=
lämmchen zur Erlösung der Menschen vom Him=
mel auf die Erde gekommen ist. Vor Beginn
des Frühgottesdienstes erhebt es der Priester im
festlichen Ornate gekleidet und trägt es in feier=
lichem Zuge zur Krippe. Alle Schulkinder tragen
brennende Wachskerzen und gehen wohlgeordnet
mit dem Priester zur Taufkapelle, ein sehr schönes
Jesulied singend. Dort angekommen, ertheilt
der Priester mit dem Jesukinde den Segen, legt
es sodann in die Krippe und betet mit den Ver=
sammelten die Litanei vom Jesukinde; hierauf
beginnt das erste Hochamt. Auch in Rom findet
diese ergreifende Ceremonie statt, welche heilsam
auf alle Beiwohnenden wirkt, deren Zahl groß
ist, weil dieser seltene und so feierliche Gottes=
dienst allgemein zur Theilnahme einladet und
die Kinder die Erwachsenen dazu auffordern.
Das äußere der Krippe ist von Kreiseln gebil=
det, welche die Schulknaben dem Jesukindlein
opferten anstatt damit zu spielen. Die Engel
knieen auf weißen Krystallen, wie auf Wolken;
sie sinnbilden den Schutzengel und den Namens=

patron der Kinder, die da Gott dargebracht wer=
den. Die vordere Oeffnung ist mit Tuffstein um=
faßt und mit Engelsköpfen und Tauben belebt;
davor liegt eine röthliche schöne Marmorplatte,
welche als Kniebank benutzt wird. Diese und der
Raum, wo die Engel knieen, ist mit Krystalpfei=
lerchen umgeben, welche durch Wände von weißem
Kalkspathe verbunden sind, die in zwei Abstufun=
gen nach dem Innern der Kapelle sich hinziehen.
Die unteren Pfeiler sind mit Platten von St.
Anna=Marmor gedeckt; sie dienen als Tische zur
Hinstellung der heiligen Gefäße und Geräthe bei
Ertheilung der h. Taufe. Zwei daselbst stehende
Engel halten Candelaber, deren Kerzen bei feier=
lichem Gottesdienste angezündet werden. Zwei
große Muscheln zieren die Vorderseite, und dienen
als Blumenbehälter zur Ausschmückung; zu bei=
den Seiten erheben sich Felsen von Tuffsteinen,
welche als Grotte zur bildlichen Darstellung dienen.

2. Die Taufe Jesu.

1. Auf der Südseite der Kapelle ist in schöner
Gruppirung die Taufe Jesu in lebensgroßen Sta=
tuen dargestellt. Jesus steht im Wasser, welches
künstlich durch graue Bergkrystalle nachgebildet
wurde; man glaubt, dasselbe fließen zu sehen.
In leichtem weißen Gewand gekleidet, die Hände
kreuzweise über die Brust gelegt, empfängt er die
Taufe. Der h. Johannes steht zu dessen linken
Seite und gießt aus einer Muschel das Wasser über
des Herrn Haupt. Darüber schwebt eine weiße
Taube als Sinnbild des h. Geistes. Schilfrohr, als
Wasserpflanze, bildet den Hintergrund; die nackten

Theile der Beine Jesu werden durch davorstehende Schwertlilien gedeckt. Hinter der Statue des h. Johannes steht eine Distel, als Sinnbild der Wüste, Felsen von Tuffstein durchwachsen von Schlingpflanzen umgeben zu beiden Seiten die Statuen und das Wasser, auf deren vorderen Spitzen stehen reichblühende Juccas, welche in ihren vielen Glockenblumen gleichsam in alle Welt hin läuten zur Bekehrung zu Gott.

2. Der h. Johannes ertheilte die Taufe zur Buße; Jesus wollte diese empfangen, weil er als Büßer für die sündigen Menschen das Erlösungs= werk unternahm. Es ist diese Taufe des Herrn zugleich Vorbild der Taufe, welche er gebot zur Aufnahme in seine Kirche und Ersatz der Taufe im Wasser und im heiligen Geiste für diejenigen, welche nur die Begierdtaufe erhalten[a].

3. Der Beichtstuhl.

1. Dieser steht an der Nordseite, er wird be= nutzt zur Ablegung der ersten Beicht der Kinder und zur Vorbereitungsbeicht zur ersten heiligen Communion; er soll den Kindern ein Denkmal dieser ihrer Beichten sein und alle Beichtende mahnen, allezeit in kindlicher Einfalt zu beichten. Er gleicht einem Throne als höchster Richterstuhl der Gerechtigkeit und Gnade. Auf zwei Stufen steigt man hinauf; deren Ränder zieren Glas= perlen in violettenem Farbenschein, als Sinnbild der Buße, die vorderen Ansichten aber Kupfer= und Bleierze. Die Scheidewand, welche Priester

---

a) Bildliche Darstellung der Taufe Jesu will die geistliche Be= hörde. S. Rituale Trevirense de baptismo.

und Beichtling trennt, ist vorn geschmückt durch
ein Schild, worauf die Gebete zur Erweckung
der drei göttlichen Tugenden, sowie der Reue
und des Vorsatzes verzeichnet sind, sie heißen:

„O mein Gott und Herr ich glaube Alles,
was die katholische Kirche vorstellt zu glauben,
weil Du o Gott, Alles geoffenbaret hast, der Du
nicht lügen kannst, weil Du bist die unfehlbare
Wahrheit, auch nicht kannst betrogen werden, weil
Du bist die ewige Weisheit.

O mein Gott und Herr, ich hoffe Verzeihung
meiner Sünden, Deine Gnade und endlich die
ewige Glückseligkeit durch die Verdienste Jesu
Christi, vermittelst meiner eigenen Mitwirkung,
weil Du, o Gott, solches Alles versprochen hast,
der Du in Deinem Versprechen der Getreueste
bist und wegen Deiner Allmacht geben kannst und
wegen Deiner Gütigkeit gerne geben willst, was
Du versprochen hast.

O mein Gott und Herr, ich liebe Dich aus
meinem ganzen Herzen über alle Dinge, schon
darum, weil ich unzählige Wohlthaten von Dir
empfangen habe; besonders aber liebe ich Dich,
weil Du bist das höchste Gut, welches seiner selbst
wegen aller Liebe und Ehre würdig ist.

O mein Gott und Herr, alle meine Sünden
sind mir von Herzen leid, weil ich von Dir, mei=
nem gerechten Richter, verdient habe gestraft zu
werden, wegen der Todsünde mit der ewigen,
und wegen der läßlichen Sünde mit der zeitlichen
Strafe; auch sind sie mir leid, weil ich Dir,
meinem Schöpfer, Erlöser, Seligmacher und höch=

ften Guttthäter so undankbar gewesen bin für
die vielen Wohlthaten, welche Du mir erzeiget
haft; am meisten aber und über Alles reuen und
schmerzen mich dieselben, weil ich Dich o höchstes,
schönstes, bestes und Deiner selbst wegen aller
Liebe würdiges Gut damit beleidigt habe.

O mein Gott und Herr ich verfluche meine
Sünden, und nehme mir kräftig vor, mein Leben
zu bessern, und Dich, o Gott, niemals mehr zu
beleidigen. Ernstlich will ich meiden alle Tod=
sünden, auch nach meiner Möglichkeit die läß=
lichen Sünden, besonders die ganz freiwilligen;
wenigstens will ich ernstlich mich bestreben, die
Zahl derselben zu vermindern, so viel mir mit
Deiner Gnade möglich ist".

Diese Gebete soll der Gläubige nicht nur vor
Empfang des Sakramentes der Buße, sondern
auch täglich beten; durch die drei ersten Gebete
soll man sich mit dem Himmel verbunden, durch
die zwei letzteren von der Hölle getrennt halten.
Das Schild ist mit glänzend weißen Muscheln
und mit Glassteinen in blauer Farbe umfaßt,
sinnbildend, daß dem Sünder, bei Gott wohlge=
fälliger Buße, das reine Gewand der Seele durch
Empfang des Sakramentes ertheilt werde. An
den beiden Seiten der Scheidewand ist die obere
Hälfte, wo des Priesters Sitz ist, mit weißem Kalk=
spath, die des Beichtenden mit Kupfererz bedeckt;
in deren Mitte ist eine Kreuzverzierung; die un=
tere Hälfte ist mit Tuffsteinen bedeckt; ein Rahmen
mit blauen Glassteinen umgibt das Gitter, da=
mit sind auch die beiden Lehnen umfaßt; das

Kniebänkchen und der Sitz sind in ähnlicher Weise
verziert. Die Rückwand besteht aus flachen, glän=
zend weißen, so übereinander liegenden Muscheln,
daß sie wie helle Wolken aussehen; wir sollen
dadurch erinnert werden, daß Jesus einst auf
den Wolken des Himmels zum Gerichte auf die
Erde herabsteigen wird und es soll zugleich mahnen
den Sünder, in Buße und Bekehrung, den Gu=
ten in Beharrlichkeit im Guten darauf sich vor=
zubereiten, damit der Richterspruch beglückend
geschehe.

2. In der Mitte des Beichtstuhles erhebt sich
ein Crucifix, umgeben von Reben mit Trauben,
diesem Symbole der Liebe Jesu im Leiden zu
unserm Heile. Das Kreuz als Werkzeug der
Erlösung und geheiligt durch Christus und sein
h. Blut, strahlt in prachtvollstem Perlenschmucke;
der für die sündige Menschen leidende Heiland
schaut sehnsuchtsvoll nach Rettung derselben gegen
Himmel. Sein rechter Arm ist ausgestreckt über
den Ort des Aufenthaltes des Priesters, der an=
dere über den des Beichtlings; sein Blut ergie=
ßend über den beichtsitzenden Priester zur Kräf=
tigung, über den beichtenden Sünder zur Erlö=
sung. Der obere Theil und die Seitentheile des
Beichtstuhls sind felsenartig in Tuffstein gebildet,
auffordernd den Bekehrten und Guten, felsenfest
im Guten zu verharren; betreffenden Beichtlingen
aber bleibt derselbe ein ernstes Denkmal, das sie
stets an die einst dort gemachten Vorsätze erin=
nert und zur gewissenhaften Vollführung derselben
mahnt. Die h. Maria Magdalena von Pazzis

faß über einem Beichtstuhle Christus am Kreuze und sein h. Blut reinigend über eine beichtende Schwester herabfließen: da rief sie: „Auch über mich! o Jesu, komme dein heiliges Blut!" möch= ten diese Worte in heiligem Echo auch in unserm Herzen ertönen!

4. Der Taufstein.

1. In der Mitte der Kapelle steht der Tauf= stein. Der marmorne Wasserbehälter ruht auf einer Säule, gebildet aus grauen Bergkrystallen, welche an die Wolkensäule erinnert, worin Gott im alten Bunde sein Volk durch die Wüste zum verheißenen Lande führte[a] und taufte[b]; an den vordern Seiten umschließt sie eine weiße Marmor= platte, worauf in goldener Schrift steht: „Selig, die im Blute des Lammes ihre Kleider waschen[c]!" auf der entgegengesetzten Seite ist eine solche Platte mit den Worten: „Wenn Jemand nicht wiedergeboren ist aus dem Wasser und dem hei= ligen Geiste, so kann er ins Reich Gottes nicht eingehen[d]". Die Säule erhebt sich über einem Sockel, gebildet aus glänzenden Bergkrystallen; er ist umkränzt mit Todtenköpfchen, die den der Erbsünde wegen[e] erfolgten Tod der Menschen sinnbilden. Auch der Stein ist mit grauen und weißen Krystallen umgeben, und erscheint wie von einer lichten Wolke getragen, die sein Wasser als Himmelswasser bezeichnet und die Gnade des Heils andeutet. Den oberen Theil des Steines decken weiße glänzende Bergkrystalle, unter denen

---

a) Exod. 13, 21. b) 1. Corinth. 10, 2. c) Röm. 5, 12. d) Offenb. Joh. 22, 14, e) Röm. 5, 12.

Engelsköpfchen eine zweckmäßige Verzierung bil=
den, indem sie andeuten, daß man durch die Taufe
geheiligt und befähigt wird zur Aufnahme unter
die Schaaren der Engel; ein dickes, durchsichtiges
Glas mit Rahmen, welches mit einem Lilienkranze
umgeben ist, schließt ihn. Ueber dem Glase ist
eine Erhöhung, verziert mit weißen Muscheln
und Gläsern, darüber liegt auf einem Kreuze
ein Lamm als Sinnbild des Lammes Gottes mit
den Wundmalen, woraus Blut fließt, anzudeuten,
daß dieses Taufwasser seine Kraft in dem Blute
der Erlösung habe.

2. Dieser Taufstein enthält den gemeinschaft=
lichen Heilsbrunnen der Pfarrgemeinde für ihre
neugeborene Kinder, welche man zur Taufe hier=
hin bringt[a]. Obwohl die Taufe, gültig ertheilt,
an allen Orten ihren Segen gibt, sowie denn
auch in den Zeiten der blutigen Christenverfol=
gung allenthalben getauft wurde, wo sich dazu
Vorbereitete vorfanden, so wählte man jedoch nach
erhaltener Ruhe hiezu die Kirchen, oder mit den
Kirchen in Verbindung stehende Kapellen. Man
erkannte den Taufstein mit seinem Wasser als
Schafteich, worin die vom guten Hirten zu seiner
Heerde und zu seinem Schafstalle berufenen Schafe
rein gewaschen würden; als Teich Siloe zur Hei=
ligung der Seele[b]: das Taufwasserbecken betrach=
tete man als Becken des Herrn, durch dessen
Wasser wir bei Abwaschung Theil an ihm selbst

---

a) Morgens zwischen eilf und zwölf Uhr· nicht nur als die ge-
eigneteste Stunde, sondern weil es auch Vorschrift der Kirche ist, die
Taufe am Vormittage vorzunehmen und sie gestattet selbe am Nach-
mittage nur bei wichtigen Gründen. b) Joh. 9, 7.

erhalten sollen[a]), indem er die Kraft seines Blu=
tes der Liebe zur Seligkeit damit verbindet[b]).
Die Kirche aber ist das Bethsaida[c]), „Haus des
Fischers" für den Himmel, das Bethesta (grie=
chisch) „Haus der Barmherzigkeit", „Ort des
Heils[d])", hier soll daher auch die Taufhandlung
stattfinden. Im alten Bunde schon mußten die=
jenigen, welche Gott geheiligt werden sollten zum
Tempel gebracht werden, wie dies auch die h.
Gottesmutter gethan, als sie das liebe Jesukind
seinem himmlischen Vater aufopferte. Die Taufe
ist eine geistige Wiedergeburt[e]), der Mensch wird
dadurch aus Gott geboren[f]), Kind des Vaters,
auf dessen Name er getauft wurde; man erhält
dadurch den Character der Kindschaft Gottes;
daher erscheint die Kirche allein schon als Ort
der Taufe. Der Mensch wird ferner auf den
Namen des Gottessohnes getauft, dadurch ihm
zugeschrieben als Eigenthum[g]); er wird in ihm
getauft[h]), zieht ihn an[i]), wird ein neues Geschöpf
in ihm durch die Taufe[k]), ein geistlicher Leib mit
ihm[l]) und so mit ihm vereinigt, Kind Gottes:
sollte dieses nicht in der Kirche, „dem Hause des
Herrn" geschehen, worin er ja auch allezeit unter
der Gestalt des Brodes verweilt. Wir werden
ebenso auf den Namen des h. Geistes getauft,
ja in ihm wieder geboren[m]); der heil. Geist tränkt
uns da[n]), drückt mit dem Feuer seiner Liebe den
unauslöschlichen Charakter der Kindschaft Gottes

---

a) Joh. 13, 8. b) Offenb. 1, 5. c) Joh. 5, 2. d) Joh. 5, 4. e)
Joh. 3, 5. f) Joh. 1, 13. g) 1. Cor. 1, 12—13. h) Röm. 6, 3.
i) Gal. 3, 27. k) 2. Cor. 5, 17. l) Gal. 3, 28. m) Tit. 3, 5. n)
1. Corinth, 12, 13.

ein^a); wir empfangen so durch ihn den Geist der
Kindschaft, in welchem wir rufen: Abba, Vater^b).
Dieser Geist gibt Zeugniß unserm Geiste, daß
wir Kinder Gottes sind^c), wenn aber Kinder,
auch ·Erben, nämlich Erben Gottes und Miterben
Christi^d); auch bezüglich der Taufe ertönt hier der
Ruf: „Siehe die Hütte Gottes bei den Menschen^e)".

Weil hier getauft, erneuern auch die Erstkom=
munikanten hier ihre Taufgelübbe, wozu bei der
Taufe die Pathen sie vertraten, und sie thun es
auf's feierlichste mit brennenden Kerzen in den
Händen. In der Ecke des Altars der Geburt
Jesu deckt ein Teller mit Becher, zum Gebrauche
bei der Taufe, eine Muschel, welche durch eine
Rinne mit dem Sakrarium verbunden ist, in die
das gebrauchte Taufwasser gegossen wird. Den
Boden ziert ein sehr schöner Mosaikteppich, dessen
Grundfarbe himmelblau ist.

III. Die Emporkirche.

1. Die Emporkirche oder Orgelbühne liegt 5
Meter 34 Ctm. höher als der Boden der Kirche,
oberhalb der Taufkapelle zwischen den beiden Thür=
men. Sie hat bloß ein Fenster, aber in gleicher
Höhe und Breite wie die Chorfenster und enthält
ein Glasgemälde, entsprechend dem mittlern der
Sakramentskapelle: der Vater und das göttliche
Lamm werden durch Gesang verehrt vom Himmel
und von der Erde, vom alten und vom neuen
Bunde. David mit der Harfe vertritt den alten
Bund, Maria die göttliche Mutter, den neuen

---

a) Matth. 3, 11. b) Röm. 8, 15. c) Röm. 16. d) Röm. 17.
e) Offenb. 21, 3.

Bund, die Cherubim den Himmel. Die Menschen=
gestalt mit Flügeln, sowie die Thiergestalten,
deuten auf das Lob Gottes von Allem, was Odem
hat; der Strom sinnbildet die Thiere im Reiche
der Wasser, wie der Adler die der Luft, der Löwe
die der Wildniß, der Ochs die der bebauten Erde,
die Menschengestalt die Menschen.

2. Die Orgel*) besteht aus zwei Abtheilun=
gen, zwischen denen das Fenster in freundlicher
Fernsicht und das Gemälde wie in einem großar=
tigen Rahmen verherrlicht erscheint. Die Brust=
lehne besteht aus einem leichten eisernen Gitter;
darunter befinden sich 3 große Tafeln mit sol=
genden Schriftstellen vom Lobe Gottes. „Alleluja!
Lobet den Herrn, denn Lobsingen ist gut, liebli=
ches und fröhliches Lob sei unserm Gott[b])!" „Ich
will loben meinen Gott, so lange ich lebe, will
loben meinen Gott so lange ich bin[c])". „Alleluja!
Singet dem Herrn ein neues Lied; sein Lob sei
in der Gemeinde der Heiligen[d])". An der innern
Fläche des Bogens liest man: „Laudate eum in
tympano et choro: laudate eum in chordis et
organo[e])". Die Schriftstellen im ersten sowie
im letzten Bogen oberhalb der Kapelle vom allerh.
Sakramente sind in lateinischer Sprache geschrie=
ben in Verehrung derselben als Sprache der hl.
Kirche beim öffentlichen Gottesdienste. Als Kö=
nigin der Sprachen wegen ihrer Würde, Schön=
heit, Klarheit und Kürze, sowie als Sprache der
Wissenschaft und höheren Bildung, ward sie

a) Geschenk des Pfarrers Caspar Gußbacher von Nauort.
b) Psalm. 146, 1. c) D. 145, 5. d) D. 149, 4. e) D. 150, 4.

Sprache der Religion und dies schon seit Anfang
des Christenthums, wo sie als Sprache der Römer
zugleich Weltsprache war. Auch als unveränder-
liche, nicht der Willkühr der Menschen und Ver-
änderlichkeit der Zeiten unterworfene Sprache,
war und ist sie die geeignetste der unveränder-
lichen Religion der Kirche; durch sie ist der Ka-
tholik in allen Ländern der verschiedensten Sprachen beim Gottesdienste seiner Kirche heimisch.

IV. Die Seitenschiffe.

1. Innere Einrichtung im allgemeinen.

1. Zu diesen führen die beiden Haupteingänge. Bei Eintritt in dieselben erblickt man
rechts zur Männerseite und links zur Frauenseite
abermals einen großen Weihwasserbehälter aus
schwarzem Marmor. Darüber ließt man auf
weißer, mit silbergrauem Krystall umfaßten Marmorplatte auf der Männerseite: „Ein reines
Herz erschaff' in mir, o Gott, und den rechten
Geist erneuere in meinem Innern[a]". Auf der
Frauenseite: „Mehr und mehr wasche mich von
meiner Ungerechtigkeit; und von meiner Sünde
reinige mich[b]". Unter beiden Schriften sodann:
„Mich segne der barmherzige und allmächtige
Gott Vater, Sohn und heiliger Geist".

2. Die Seitenschiffe sind vom Mittelschiffe
durch Pfeiler getrennt und endigen mit den Grabkapellen Jesu und Mariä[c]. Der Boden der
Gänge besteht aus Mosaikplatten; deren Grundfarbe ist grau, alle sind von röthlichen Plättchen

---

a) Psalm. 50, 12. b) D. 50, 4. c) Sie sind 7 Meter 53 Ctm.
hoch, 4 Meter 24 Ctm. breit.

mit Streifen umgeben; eine Rosette bildet bei
jedem Quadrate den Mittelpunkt. Die Gänge
ziehen sich zur Seite der Pfeiler hin.

Die Seitenwände sind bedeckt mit kleinen
dunkelgrünen Schlacken, deren Farbe, als Sinn=
bild der Hoffnung, die geeignetste für eine Kirche
als Gnadenort ist. Sie sind Reste von Mine=
ralien, wovon das Metall durch's Feuer geson=
dert wurde; man pflegt sie als nutzlos auf die
Halle zur Verschüttung zu bringen; hier erbli=
cken wir sie als reizender und ausdauernder
Schmuck der Wände, welche damit in einiger
Entfernung wie mit grünem Sammt bekleidet er=
scheinen und wohlthuend auf das schauende Auge
wirken. In den ersten Zeiten des Christenthums
schon wurden die Gläubigen, besonders die hh.
Apostel, als Auswurf der Menschheit betrachtet
und behandelt; man beraubte sie aller irdischen
Güter und übergab sie dem Tode: sie aber wa=
ren Edelsteine der Kirche Christi und ihre Ge=
beine selbst blieben kostbare Kleinodien, die man
stets mit aller Hochachtung verehrte. Daran möge
diese Schlackenverzierung erinnern und mahnen,
gleich den ersten Christen alle Verfolgungen mit
dem Bewußtsein zu ertragen, daß bei aller Be=
raubung und Bedrängniß der wahre Christ ein
Edelstein der heiligen Kirche, dieses geistlichen
Gebäudes ist; ja die am meisten von ihnen durch
die Weltkinder mißhandelt werden, erscheinen in
ihrer Geduld und christlichen Hingebung als kost=
barste Wesen im Auge aller Gottliebenden: sie
sind ein wahrer Schmuck der Kirche Gottes, und

werden nach ihrem Tode selbst als kostbarste Edel=
steine am himmlischen Jerusalem glänzen. Der
Sockel[a] von silbergrauen Quarzen, wie ihn die
Thürme haben, geht fort bis zu den Grabkapellen;
von gleichen Steinen ist auch die Einfassung der
Fensterwangen, sowie die Umfassung der Wand=
flächen zwischen den Halbpfeilern, welche letztere
aus Lava, ähnlich den Pfeilern, gemeißelt, in
gleicher Richtung mit denselben die Seitenmauer
durchbrechen; sie stehen von Mitte zu Mitte 5
Meter 2 Ctm. von einander und tragen Kreuz=
gewölbe, welche wie gefugte Ziegelsteine in Form
und Farbe gebildet sind.

3. Diese einzelnen Gewölbe trennen 63 Ctm.
breite Gurtbogen, die also vom Pfeiler zum Halb=
pfeiler gehen; sie sind an beiden Seiten von
silbergrauen Quarzen umfaßt und enthalten auf
röthlichem Steingrunde Schriftstellen in goldener
Schrift über den Tempel des Herrn. Auf Stein
waren auch die zehn Gebote Gottes geschrieben;
die röthliche Farbe aber soll mahnen, jene heil.
Worte in für Gottes Wort empfängliche Herzen
zur steten Erinnerung und Beobachtung zu schrei=
ben. Die goldene Schrift soll uns das Werth=
volle deren Inhalts deuten. An dem ersten
Bogen bei Eintritt in die Kirche, und zwar auf
der Männerseite, steht: „Wie lieblich sind deine
Wohnungen, Herr der Heerschaaren[b]“. Auf dem
zweiten: „Ich habe diesen Ort mir erwählt zum
Opferhause[c]“. Auf dem dritten: „Mein Haus
wird ein Bethaus genannt werden für alle Völ=

---

a) 73 Ctm. hoch. b) Psalm 83, 2. c) 2. Paral. 7. 12.

ter^a)". Auf dem vierten: „Preiset ihr Völker,
unsern Gott, und lasset hören die Stimme seines
Lobes^b)". An dem Bogen vor dem Grabe der
hl. Maria: „Von nun an werden mich selig prei=
sen alle Geschlechter^c)". An dem ersten Bogen
auf der Frauenseite steht: „Deinem Hause ziemt
Heiligkeit, o Herr! auf ewige Zeiten^d)". Am
zweiten: „Ich habe diesen Ort erwählt und ge=
heiligt, daß mein Name da ewiglich sei^e)". Am
dritten: „Es sollen meine Ohren aufmerksam auf
das Gebet desjenigen sein, der da betet an die=
sem Orte^f)". Am vierten: „Wir werden satt wer=
den von den Gütern Deines Hauses: Dein Tempel
ist heilig^g)". Am Bogen vor dem Grabe des
Herrn: „Die Nationen werden zu ihm beten und
sein Grab wird herrlich sein^h)."

Möge Jeder, der in dieses Gotteshaus ein=
tritt, in jenen Schriftstellen den Zweck des Got=
teshauses erschauen und ihn zur Verherrlichung
Gottes und zum eignen Seelenheile wahrnehmen.

4. An den vier mittleren Halbpfeilern jeder
Seite, sowie an den beiden neben der Taufka=
pelle und den beiden mit dem Chor verbundenen
Pfeilern sind Krystallkreuze mit vergoldeten Rän=
dern angebracht; sie decken die Vertiefungen, in
welchen die bischöfliche Salbung bei Consecration
der Kirche stattgefunden hat. Am Fuß derselben ist
eine Muschel mit einer Kerze zur Beleuchtung bei
dem Früh= und Abendgottesdienste, auch werden
diese Kerzen bei feierlichem Gottesdienste am Feste

---

a) Isaias 56, 7. b) Psalm 65, 8. c) Lucas 1, 48. d) Psalm 92, 5.
e) 2. Paral. 7, 16 f) D. 8, 45. g) Psalm 64, 5. h) Isaias 11. 10.

der Kirchweihe zur Erinnerung an die Salbung
angezündet, wie dies ebenso in Rom üblich ist;
sie sollen uns an die Heiligkeit des Tempels leb=
haft erinnern, mahnen das Gotteshaus heilig zu
halten und heilig zu benutzen; da aber die zwölf
Salbungen mit den zwölf darüber verzeichneten
Glaubensartikeln verbunden sind, so sollen diese
uns als lebendige Tempel Gottes mahnen die
Glaubenslichter an uns stets leuchten und in Ge=
horsam nach außen strahlen zu lassen, damit sie
uns eine strahlende Krone werden, wie wir damit
das Weib in der Offenbarung im Himmel ge=
krönt erblicken. Oelzweige umgeben die Kreuze,
worüber in Goldschrift auf grauen Marmorplat=
ten die zwölf apostolischen Glaubensartikel ver=
zeichnet sind. Der erste steht am Halbpfeiler
linker Seite der Taufkapelle; die andern folgen
an den der Frauenseite, der letzte ist an dem
Halbpfeiler der rechten Seite der Taufkapelle;
sie heißen: 1. Ich glaube an Gott den Vater, den
allmächtigen Schöpfer Himmels und der Erde.
2. Und an Jesum Christum seinen eingebornen
Sohn, unsern Herrn. 3. Der empfangen ist vom
heiligen Geiste, geboren aus Maria der Jung=
frau. 4. Gelitten unter Pontius Pilatus, ge=
kreuzigt, gestorben und begraben. 5. Abgestiegen
zu der Hölle, am dritten Tage wieder auferstan=
den von den Todten. 6. Aufgefahren gegen Him=
mel, sitzet zur rechten Hand Gottes, des allmäch=
tigen Vaters. 7. Von dannen er kommen wird,
zu richten die Lebendigen und die Todten. 8. Ich
glaube an den heiligen Geist. 9. Eine heilige,

katholische Kirche, Gemeinschaft der Heiligen. 10.
Ablaß der Sünden. 11. Auferstehung des Flei=
sches. 12. Und ein ewiges Leben. Amen.

5. Dieses Glaubensbekenntniß ist das theure
Andenken, welches uns die zwölf hh. Apostel
hinterließen, dessen kostbare einzelne Perlen sie
von Christus erhielten, und womit sie alle Völker
bereichern und beglücken wollten, weßhalb sie das=
selbe verfaßten, bevor sie sich in alle Welt hin
nach Jesu Befehl[a] vertheilten. Als theures Gut
sollen wir es in unserm Herzen bewahren, mit
dem Munde verkünden, im Leben zu unserm
Heile benutzen. Der hl. Ambrosius bezeichnet es
als Schild gegen die Versuchung des Satans,
und will, daß man es oft hersage, besonders beim
Aufstehen und vor dem Schlafengehen; und der
hl. Chrysostemus sagt: „Schreibt euch das Glau=
bensbekenntniß in eure Herzen und sprechet es
täglich bei euch selbst! Bevor ihr schlafen oder
fortgehet, bewaffnet euch mit dem Bekenntniß
des Glaubens[b]".

Das Kreuz ist das Symbol des Glaubens;
die Kryftallkreuze aber bezeichnen den kostbaren
Schatz des Glaubens, wofür man Alles hingeben
soll[c]; das Licht davor mahnet, im Lichte des
Glaubens zu wandeln! die Delzweige aber deuten,
daß das Leben im Glauben und nach dem Glauben
den Frieden dem Herzen gebe und bewahre. Diese
Zweige sind zugleich Sinnbild der Salbung, so=
wie das Kreuz Kundgebung ist, daß im Segen
und in der Kraft des hl. Kreuzes Jesu die Weihe

---

a) Matth. 28, 19. b) Hom. I. in Symb. c) Matth. 13, 14.

stattgefunden. Die leeren Muscheln sollen deuten,
daß wir entleert von uns selbst, frei von aller
Selbstsucht, nur für Gott, abgestorben der Welt,
leben sollen. Die Kerze aber, die in Verbreitung
ihres Lichtes zur Verherrlichung Gottes, als
Brandopfer sich selbst auflöst, diene insbesondere
als Mahnung, in Flammen der Liebe sich Gott
in Allem aufzuopfern; dann wird auch der Friede
des Herrn uns hier beglücken, und der Oelzweig
des ewigen Friedens uns jenseits zu Theil werden.

2. Die zwei Beichtstühle der Seiten=
schiffe.

1. Einiges im allgemeinen.

1. Diese Beichtstühle haben ihre Stelle unter
den mittleren Fenstern der Seitenschiffe. Die
Fenster und ihre Umgebung bis zu den nächsten
Halbpfeilern hin, gehören zur Gruppirung der=
selben, und machen ein Ganzes aus. Die Ge=
mälde der Fenster, welche naturgetreu, deren
Figuren also in Lebensgröße dargestellt sind, bil=
den die Hauptzierde der Beichtstühle. Beide ha=
ben gleiche Gestalt und Größe, jeder besteht aus
drei Abtheilungen, die mittlere, ist für den beicht=
sitzenden Priester, die beiden andern sind für die
Beichtlinge bestimmt. Jede Abtheilung hat ihre
Thüre und kann durch eine Pfanne mit heißem
Wasser, oder mit heißen Ziegelsteinen erwärmt
werden.

2. Als Decke hat die mittlere Abtheilung ein
Fenster mit hellem Glase, welches Licht zum Le=
sen durchläßt; das Fenster selbst kann theilweise

und ganz zurückgeschoben werden, je nachdem der
Priester mehr oder weniger freien Luftzugang
von oben wünscht; die Decke der anderen Abthei=
lungen besteht aus Fenstern, jede mit drei großen
Scheiben, wovon die mittlere helles, die beiden
andern blaues Glas, als Symbol der Buße,
haben; hierdurch umgibt den Beichtling ein mil=
des Dunkel, was nur wohlthuend auf ein schamhaf=
tes und geängstigtes Gemüth wirken kann. Als
Beichtfenster dient ein starkes Gitter von Eichen=
holz, gedeckt mit grünem Fensterdrahte; es kann
auch durch eine mit einem schmalen Rahmen um=
gebene schiebbare Glasscheibe theilweise und ganz
geschlossen werden. Dadurch sieht der Priester,
wenn Beichtlinge eintreten, und es wird zugleich
verhindert, daß der auf der einen Seite Weilende
hört, was der auf der andern Seite Beichtende
spricht. Für Harthörige sind elastische Ohrröhr=
chen vorhanden.

Der Sitz des Priesters ist ein Strohgeflecht,
getragen von Gurten, welche an zwei Walzen
mit eisernen Rädchen und eingreifenden Zungen
unter den Armlehnen befestigt sind, wodurch der
Sitz beliebig erhöht oder gesenkt werden kann;
er hängt frei, beweglich nach allen Seiten hin.
Es dürfte durch diese Einrichtung wohl mancher
Unterleibskrankheit vorgebeugt werden, von denen
so vielfach Priester durch langes Beichtsitzen auf
festem Sitze heimgesucht werden. Oben in den
Ecken befinden sich hölzerne Zapfen, zum Aufhan=
gen der Beichtkleider. In Mitte der Thüre im
Innern ist auch ein Tischchen angebracht, welches

angelegt werden kann, so man dessen nicht be=
darf. Oberhalb der Thür, also dem beichtsitzen=
den Priester gegenüber, stehen die für ihn auf=
munternden, aber auch warnenden Worte, welche
der Herr einst durch den Jünger der Liebe den
Vorstehern der Gemeinde zu Ephesus und Thya=
tira schreiben ließ: „Ich weiß deine Werke, deine
Mühe und Geduld^{a)}": so im Beichtstuhle rechter
Seite; in dem andern: „Ich kenne deine Liebe,
deinen Dienst und deine Geduld^{b)}"; denn das
Beichtsitzen ist die sinnlich unangenehmste und
beschwerlichste Beschäftigung des Priesters in sei=
nem Amte; das lange gebeugte Sitzen in engem
Behältnisse, das leise Sprechen, die Anstrengung
den leise sprechenden Beichtling zu verstehen, der
üble Athem so mancher Beichtenden, besonders
wenn sie noch nüchtern sind; alles dieses ist schon
plagend, größer aber erscheinen die geistigen
Beschwerden dabei: nichts zu hören als Belei=
digungen Gottes, kann dem Diener Gottes nur
schmerzlich sein, zu hören die den Menschen ent=
ehrendsten Sünden und Laster der Unlauterkeit,
Vergehen grausamer Bosheit und Lieblosigkeit
gegen Gott und Menschen, hartherzige Unbarm=
herzigkeit und Ungerechtigkeit, oft hartnäckige
Unversöhnlichkeit, grauenvolle Kälte oder Lauheit
gegen Gott, die Liebe, und bei dessen Werken
der Liebe; dabei die Furcht, ob aufrichtig gebeich=
tet werde, nicht Verschlossenheit in falscher Scham
stattfinde; sodann die peinliche Ungewißheit, ob
Reue und Besserungssinn in Wahrheit vorhanden

---

a) Offenb. 2, 2. b) D. 2, 19.

ist. Der Beichtstuhl an sich ist schon ein Kreuz, woran der Beichthörende gefesselt erscheint; aber wie dem Herrn das Kreuz der Sünden das schwerste und schmerzlichste war: so ist dies auch hier dem beichtsitzenden Priester. Dann kommt der Kampf gegen Satan, aus dessen Gewalt er die Sünder ziehen und deren kranke Seelen er heilen soll: welche Anstrengung und Sorgfalt? welche Ruhe und Gebuld, welche Tugendkraft und heiliges Leben, welches Geisteslicht und welche Herzens= wärme erfordert dies! und welche große Wach= samkeit muß der Priester selbst auch bei der Schwäche der menschlichen Natur haben, daß der Pesthauch der fleischlichen Sünden ihn nicht ver= gifte. Hierzu kommt noch die Verantwortung über Verwaltung dieses so wichtigen, selbst für Engelsschuldern[a]) furchtbaren Amtes, wobei es sich um das ewige Wohl der Seelen handelt, und worin der Priester treu befunden werden muß, wenn er selbst der Verdammung entgehen will. Daher auch sagt der h. Laurentius Justi= nianus: „Nichts ist gefährlicher als Bürgschaft für einen Sünder leisten" und der h. Gregor: „Nirgends ist ein Fehler gefährlicher als hier". Doch durch oben verzeichnete Worte des Herrn wird er stets erinnert, daß Jesus, dessen Stelle er vertritt auf ihn schaut, das genügt dem gläubigen Priester, um gerne alles Unange= nehme zu ertragen und gewissenhaft sein Amt zu versehen.

3. In den Abtheilungen für die Beichtenden

---

a) Conc. von Trient.

sind neben dem Gitter Schallläbchen angebracht, zur größeren Sicherheit, daß man außerhalb des Beichtstuhles nicht wahrnehme, was in demselben vom Priester und Beichtlinge gesprochen wird. Auf denselben sind die Gebetchen verzeichnet, welche der Beichtling vor und nach der Beicht zu sprechen hat, sie heißen:

1. „Ich armer sündiger Mensch bekenne Gott dem Allmächtigen, Mariä, seiner hochwürdigen Mutter, allen lieben Heiligen und Ihnen, ehr= würdiger Priester, an Gottes Statt, daß ich oft und schwer gesündigt habe mit Gedanken, Wor= ten und Werken, und Unterlassung vieler guten Werke, besonders aber klage ich mich an, daß ich seit meiner letzten Beicht, welche — vor einem Monate — geschehen ist, gesündigt habe^a)".

2. „Diese und alle meine andern Sünden, deren ich mich vor Gott schuldig weiß, sind mir von Herzen leid, weil ich dadurch meinen gerech= ten Richter, meinen liebreichsten Vater, das seiner selbst wegen liebenswürdigste Gut, beleidigt habe, ich will mich mit Gottes Gnade bessern und bitte Eure Hochwürden um die Lossprechung und um eine heilsame Buße".

Die innern Wände sind von Holz, die äußern aber deckt Mosaik in kleinen grauen Schlacken, umfaßt mit einem Bande von silbergrauen Quar= zen, das auch die vordere Seite und die mittlere Thüre umgibt: die Gesimse der beiden Thüren

---

a) Die Worte vor einem Monate stehen da, weil hier, wenn auch nicht allgemein, so doch insbesondere bei der Jugend und den Kran= ken, die monatliche Beicht und Communion üblich sind.

aber bilden braune vulkanische Schlacken, im
Innern umfaßt mit Amethysten; solche zieren
auch den oberen Rand an den Ecken, sowie schöne
Muscheln die Mitte, welche mit jenen durch
Schneckenhäuschen aus der Nordsee verbunden sind.
Dem Beichtenden geben hier die Meere tröstliche,
die Felsen der Berge mahnende, das Feuer be=
lehrende Symbole: jene erinnern an das Meer
der Gnaden Jesu, die er für uns in seinem Blute
und Tode errungen; die Quarze genommen aus
dem Herzen der Felsen, erinnern an deren Festig=
keit und mahnen starkmüthig die Segnungen der
Buße zu benützen und nicht wieder alsbald in
die Sünde zurückzufallen. Die violetten Ame=
thysten aber erinnern an den Werth der Buße
und daß der Sünder dadurch wieder eine Perle
im Reiche Gottes wird. Die Schlacken aber mö=
gen deuten, daß, wie sie in der Gluth des Feuers
zur Zierde dieser Kirche gebildet wurden, wir
aus dem Feuer der Drangsale in der Gluth der
Liebe gleich den heiligen Märtyrern als Zierde
der heil. Kirche hervorgehen. Jede dieser Thüren
hat zwei Füllungen, deren Friesen kleine weiße
Krystallsteinchen, umgeben mit bronzirten Eichen=
stäbchen, decken; die mittlere Friese der Seiten=
thüren ist Glas, worauf das Stoßgebet verzeich=
net ist: „O Jesu! Barmherzigkeit“. Dieser Spruch
soll die Sehnsucht nach Erlösung erhöhen. Die
Füllungen enthalten auf grauem Grunde Schrift=
stellen in Goldbuchstaben, die obere Füllung der
mittleren Thür ausgenommen, welche zwei neben
einander stehende Fensterchen hat, zwischen denen

ein Crucifix angebracht iſt, an deſſen Fuß ſich
eine Muſchel mit einer Wachskerze befindet, welche
man hervorziehen und nach jeder Seite hin len=
ken kann: die Fenſterchen haben im Innern grüne
Vorhänge. Der Raum um den obern Theil des
Crucifixes iſt mit verſchiedenen Arten blauer, ro=
ther und weißer Muſcheln und Meerſchnecken=
häuschen ſowie mit kleinen Kryſtallſteinchen ver=
ziert. Oberhalb dieſer Thür ſteht auf ſchwarzem
Grunde mit goldner Schrift der Mahnruf: „Rette
deine Seele!“ Dieſe Schrift iſt mit einem Rah=
men von grauen Kryſtallen umfaßt.

5. Die Darſtellung in den Fenſtergemälden,
welche durch einen vorſtehenden breiten, Rahmen
von vulkaniſchen Schlacken in einer Fernſicht er=
ſcheinen, überraſchen ſehr; man möchte glauben,
lebende Weſen in freier Natur zu ſehen. Zur
Seite der Fenſter in Rahmen von braunen vul=
kaniſchen und andern blauen und grünen Schla=
cken ſind ebenfalls auf grauem Grunde in Gold=
ſchrift Stellen der h. Schrift verzeichnet, welche
theils in Verbindung mit der Darſtellung des
Fenſterbildes ſtehen, überhaupt aber dem Sünder
heilſame Belehrung und troſtvolle Aufmunterung
zur Bekehrung geben. Auch iſt zu jeder Seite
ein freundlich entgegenlächelndes Engelsköpfchen
und oben in der Mitte ein weißes Kryſtallkreuz
angebracht, nicht nur zur Verzierung, ſondern
auch zur Erinnerung, daß Chriſtus am Kreuze
Alles an ſich ziehen möchte[a], und die Engel große
Freude über Bekehrung eines Sünders haben[b]“.

a) Joh. 12, 32 b) Luc. 15, 10.

2. Der Beichtstuhl zur rechten Seite.

1. Das Fenstergemälde oberhalb dieses Beicht= stuhles stellt Jesus als guten Hirten dar, welcher in der Wüste zwischen Felsen, Dornen und Di= steln das verlorene Schaf aufsucht. Er findet es in Dornen verwickelt um Hülfe flehend. Mit mit= leidsvollem Blicke eilt er zu ihm, es zu retten. Als solch' guter Hirt bezeichnet sich Jesus selbst[a], bewährte sich als solchen auf die tröstlichste und beglückendste Weise und thut es noch immer. Oberhalb des Fensters stehen die Worte des guten Hirten und des gefundenen Schafes: „Freuet euch mit mir, denn ich habe mein Schaf gefunden, das verloren war[b]". „Ich war wie ein verlore= nes Schaf, denn Deine Gebote habe ich vergessen[c]!" Zur rechten Seite des Fensters liest man: „Der Herr ist's der alle deine Missethaten vergibt, der alle deine Schwachheiten heilt, der vom Un= tergange erlöst dein Leben, der dich krönt mit Gnaden und Erbarmen[d]". „Gott selbst kommt und erlöst mich[e]". „Du erbarmest Dich des Wai= sen, der Dein ist[f]". Auf der linken Seite: „Ich will meine Schafe aufsuchen und sie retten; was verloren will ich suchen; was vertrieben, zurück= führen; was gebrochen, verbinden; was schwach, befestigen; was fest und stark, behüten; ich will sie weiden nach dem Rechte[g]. „Fürchte dich nicht, denn ich habe dich erlöst und dich gerufen bei deinem Namen: Mein bist du[h]".

---

a) Job 10, 11. Luc. 15. b) Luc. 15, 9. c) Psalm 118, 176. d) D. 102, 3. u. 4. e) Isaias 35, 4. f) Osee 14, 4. g) Ezechiel 34, 12. u. 19. h) Isaias 43, 1.

2. Die Schriftstelle des unteren Theiles der mitttleren Thür bezieht sich auf die Einsetzung des h. Sakramentes der Buße, sie heißt:

Der Herr zu seinen Jüngern:

„Empfanget den heiligen Geist. Welchen ihr die Sünden erlasset, denen sind sie nachgelassen, welchen ihr sie behalten werdet, denen sind sie behalten*)“. Darunter: Bekennet also einander eure Sünden, damit ihr selig werdet*)“.

Dieses Verzeichniß und das der geistlichen Werke der Barmherzigkeit, sowie das der ver= schiedenen Gattungen der Sünden auf den Sei= tenthüren des anderen Beichtstuhls mögen dem Beichtlinge als Beichtspiegel dienen, wonach er sein Gewissen erforsche; für jeden aber als Mahnung, jene Werke der Liebe zu erfüllen, und die der Sünde zu meiden, damit er einen gnädigen Richter jenseits finde. Daher stehen auch darun= ter die Worte des Richters: „Wahrlich sage ich euch, was ihr einem dieser Geringsten nicht ge= than habt, das habt ihr auch mir nicht gethan!“ So am Tage des Gerichts der Herr*). Auf der untern Füllung steht: „Wer kann sagen, mein Herz ist rein, ich bin frei von Sünden*)?“ „Siehe, ich werde mit dir ins Gericht gehen darum, daß du sprichst: „Ich habe nicht gesündigt*)“. Wer seine Missethat verheimlicht, dem wird’s nicht wohlgehen; wer sie bekennet und unterläßt, der wird Barmherzigkeit erlangen*)“. Auf der lin= ken Seitenthür steht in der oberen Füllung:

---

a) Joh. 10, 22—23. b) Jakob 5, 16. c) Matth. 25, 45. d) Sprüchw. 20, 9. e) Jerem. 2, 35. f) Sprüche Salom. 28, 13.

„Sei eifrig und thue Buße[a]!" Sodann folgen die sieben geistlichen Werke der Barmherzigkeit: 1) Die Sünder strafen; 2) die Unwissenden lehren; 3) den Zweifelnden recht rathen; 4) die Betrübten trösten; 5) das Unrecht geduldig lei=den; 6) denen die uns beleidigen, gern verzeihen; 7) für die Lebendigen und Todten Gott bitten. Darunter steht: „Ein Gericht ohne Barmherzig=keit wird über den ergehen, der nicht barmherzig ist[b]". Auf der unteren Füllung steht: „Fliehe vor der Sünde, wie vor einer Schlange; denn wenn du ihr nahest, fasset sie dich[c]". „Wenn dich die Sünder locken folg' ihnen nicht[d]". „Hast du gesündigt, so fahre nicht fort, sondern bitte des Vergangenen wegen um Vergebung[e]". „Ver=stricke dich nicht zweimal mit einer Sünde; denn schon die erste wird dir nicht ungestraft bleiben[f]". Lies nicht blos diese heilsamen Lehren, sondern beherzige und befolge sie, damit sie sich auch bei dir als heilsam bewähren.

3. Der Beichtstuhl zur linken Seite.

1. Dieser hat als Mittelpunkt seiner Grup=pirung im Fenster das Bild vom guten Vater und dem verlorenen Sohne. Der Sohn, zur Thür des väterlichen Hauses bußfertig zurückgekehrt, fleht den ihm an derselben entgegenkommenden Vater um Verzeihung an; er knieet vor ihm mit gefalteten Händen, sein Blick ist voll Schmerz der Reue vereint mit kindlichem Vertrauen. Der Vater schaut auf ihn mit mildem Blicke, ihn in

---

a) Offenb. 3, 26, b) Jakob 2, 13. c) J. Sirach 21, 2. d) Sprüche Salom. 1, 10 e) J. Sirach 21, 1. f) D. 7. 8.

Liebe umarmend. Diese ergreifende Scene in
trefflicher Darstellung, verherrlicht durch schönen
blauen Himmel, von dem das letzte trübe Wölk=
chen zu fliehen scheint, macht den wohlthuendsten
Eindruck auf das Gemüth eines jeden Schauen=
den; der arme Sünder schöpft Hoffnung, das
Herz des Bekehrten schlägt dankerfüllt, der Gute
freut sich des guten Vaters und der Bekehrung
des verloren gewesenen Sohnes[a]. Des Soh=
nes und des Vaters Worte sind in Goldschrift
oberhalb des Fensters verzeichnet, und es lauten
die Worte des Sohnes: „Vater! ich habe mich
versündigt wider den Himmel und vor Dir; ich
bin nicht mehr werth dein Sohn zu heißen[b]“.
Die Worte des Vaters sind: „Dieser, mein Sohn
war todt und ist wieder lebendig geworden; er
war verloren und ist wieder gefunden worden[c]“.
Zur rechten Seite des Fensters stehen folgende
Schriftstellen: „Bekehre dich zum Herrn und laß
ab von deinen Sünden. Kehre zurück zu dem
Herrn, wende dich weg von deiner Ungerechtig=
keit, und hasse überaus, was abscheulich ist: die
Sünde[d]“. „Säume nicht, dich zum Herrn zu be=
kehren und verschiebe es nicht von einem Tage
zum andern[e]“. Auf der anderen Seite steht:
„Wenn der Gottlose Buße thut über alle seine
Sünden die er begangen, und alle meine Gebote
beobachtet und Recht und Gerechtigkeit übt, der
soll leben, ja leben und nicht sterben[f]“. „Bekehre

a) Gefertigt von Friedrich Geißler, Glasbrenner in Ehrenbrett=
stein, in dessen Atelier alle Fenster dieser Kirche gemacht wurden, das=
in der Taufkapelle ausgenommen. b) Luc. 15, 21. c) Luc. 15, 24.
d) Sirach. 17, 21 u. 22. e) D. 5, 9. f) Ezechiel 18, 21.

dich zu dem Herrn, deinem Gotte, denn du bist
zum Falle gekommen durch deine Missethaten*)".
Am unteren Theile der mittleren Thür dieses
Beichtstuhles liest man: „Wahrlich, wahrlich sag
ich euch: Alles was ihr auf Erden binden wer=
det, das soll auch im Himmel gebunden sein.
Und Alles was ihr auf Erden auflösen werdet,
das wird auch im Himmel aufgelöst sein^b)". „Be=
kennen wir aber unsere Sünden, so ist er treu
und gerecht, daß er uns unsere Sünden vergibt,
und uns von aller Ungerechtigkeit reiniget^c)".
Auf dem obern Theile der Thür rechter Seite
steht: „Mein Sohn! prüfe, so lange du lebest,
deine Seele^d)". Sodann folgen die zehn Gebote
Gottes: 1) Ich bin der Herr, dein Gott. Du
sollst keine fremden Götter neben mir haben; du
sollst dir kein geschnitztes Bild machen, dasselbe
anzubeten. 2) Du sollst den Namen Gottes, deines
Herrn nicht vergeblich führen. 3) Gedenke, daß
du den Sabbath heiligst. 4) Du sollst Vater und
Mutter ehren, auf daß du lange lebest auf Erden.
5) Du sollst nicht tödten. 6) Du sollst nicht ehe=
brechen. 7) Du sollst nicht stehlen. 8) Du sollst
kein falsches Zeugniß geben wider deinen Näch=
sten. 9) Du sollst nicht begehren deines Nächsten
Weib. 10) Du sollst nicht begehren deines Nächsten
Haus, Acker, Knecht, Magd, Ochs, Esel, noch alles,
was sein ist. Auf der unteren Hälfte steht das
Verzeichniß der neun fremden Sünden: 1) Zur
Sünde rathen. 2) Andere sündigen heißen. 3)

---

a) Osee 14, 2. b) Matth. 18, 18. c) H. Joh. 1. Brief 1, 9.
d) Sirach. 37, 30.

In Anderer Sünden einwilligen. 4) Andere zur
Sünde reizen. 5) Ihre Sünden loben. 6) Zur
Sünde stillschweigen. 7) Dieselben nicht strafen.
8) Des fremden Gutes sich theilhaftig machen.
9) Anderer Sünden vertheidigen. — Sodann die
vier himmelschreienden Sünden: 1) Der vorsätz=
liche Todtschlag. 2) Die Sünden der Sodomiten.
3) Die Unterdrückung der Armen, Wittwen und
Waisen. 4) Die Vorenthaltung oder Entziehung
des Tag= oder Arbeitslohnes. Auf dem obern
Theile der Thür linker Seite steht: „Richte dich
selbst vor dem Gerichte, so wirst du vor den Augen
Gottes Gnade finden a)“. Sodann folgen die fünf
Gebote der Kirche: 1) Du sollst die gebotenen
Feiertage halten. 2) Du sollst alle Sonn= und
Feiertage die heilige Messe mit Andacht hören.
3) Du sollst die gebotenen Fasttage, wie auch den
Unterschied der Speise halten. 4) Du sollst zum
wenigsten einmal im Jahre deinem verord=
neten Priester oder mit dessen Erlaubniß einem
andern deine Sünden beichten. 5) Du sollst das
allerheiligste Sakrament des Altars zum wenig=
sten einmal im Jahre und zwar um die öster=
liche Zeit empfangen. Hierauf: „Wer die Kirche
nicht hört, der sei dir wie ein Heide und öffent=
licher Sünder b)“. Auf dem untern Theile sind
verzeichnet die sieben Hauptsünden: 1) Hoffart;
2) Geiz; 3) Unkeuschheit; 4) Neid; 5) Unmäßig=
keit im Essen und Trinken; 6) Zorn; 7) Träg=
heit. Sodann die sechs Sünden wieder den hei=
ligen Geist: 1) Vermessentlich auf Gottes Barm=

a) Sirach 18, 20 b) Matth. 18, 17.

16

242 Der Beichtstuhl zur linken Seite.

herzigkeit sündigen; 2) an der Gnade Gottes
verzweifeln; 3) der erkannten christlichen Wahrheit widerstreben; 4) seinen Nächsten um der
göttlichen Gnade willen beneiden; 5) gegen heil=
same Ermahnungen ein verstocktes Herz haben;
6) in der Unbußfertigkeit vorsätzlich verharren.
2. Die beiden Beichtstühle sind überraschende
Zierden der Kirche, dabei sehr zweckmäßig für
den Beichtvater und die Beichtenden eingerichtet.
Wegen seiner hohen Bedeutung als Richterstuhl
Gottes und Stätte der Versöhnung des Menschen
mit Gott, geziemt dem Beichtstuhle ein würde=
volles Aeußere; auch kann dieses für das schwache
Gemüth des Beichtenden nur erhebend, und die
schonende innere Einrichtung nur wohlthuend und
ermuthigend auf seine Seele wirken. So auch
umgibt den Beichtstuhl in einer Entfernung von
94 Ctm. ein Eisengitter zur Abwehr bei großem
Andrange von Beichtenden; einen Tritt steigt
man hinab zu demselben zur Verdemüthigung des
Sünders beim Hingange zur Versöhnung mit
Gott. Das h. Sakrament der Buße ist vom
Herrn feierlich vor seiner Himmelfahrt eingesetzt[a],
und hiermit die Verpflichtung seine Sünden zur
Vergebung zu beichten, von ihm ausgesprochen
worden, sowie dies denn auch die ersten Christen
schon nach Zeugniß der Apostelgeschichte[b], des
Jüngers der Liebe[c] und des h. Apostels Jakobus[d],
erkannten. Doch wären bezügliche Schriftstellen
selbst nicht verzeichnet, sprächen auch darüber
weder die Kirchenlehrer in ihren Werken noch

---

a) Joh. 20, 21—23. b) 19, 18. c) 1. Br. 1, 9. d) Br. 5, 16.

die h. Kirche in ihren Concilienbeschlüssen, wie
beides vielfach geschehen, schwiege hierüber sogar
auch die Geschichte, welche so allgemein davon
Zeugniß gibt, so würde sich dies Sakrament bei
würdigem Empfange als göttlich, vom Herrn ein=
gesetzt, durch den innern Frieden und Trost, die
Erhebung des Gemüthes und Stärkung der Seele
zum Guten gegen das Böse, bewähren. Wie auch
hätten wir anders Sicherheit der Vergebung un=
serer Sünden und so die Beruhigung der Ver=
zeihung? Auf der Kanzel schlägt wie ein Paulus
mit dem Schwerte des göttlichen Wortes der
Priester die Beulen und Geschwüre der Sünden
auf und gibt Belehrung im allgemeinen, im
Beichtstuhle aber gießt er als Jünger der Liebe
Oel und Wein in väterlicher Unterweisung und
benöthigtem Rathe bezüglich des Seelenzustandes
des Beichtenden zur Heilung ein: hier ist er
Arzt für den Einzelnen und eines solchen Arztes
bedarf solcher Kranke.

V. Die beiden Grabkapellen.

1. Die Kapelle des Grabes des Herrn.

1. Diese Kapelle*), welche den Schluß und
gleichsam das Chor des westlichen Seitenganges
bildet, ist ganz von silbergrauen Bergkrystallen
im Innern erbaut; auch die Decke, ein Kreuz=
gewölbe, bilden solche Krystallsteinchen. Man
schreitet über zwei Stufen von schwarzem Marmor
durch einen breiten Bogen von prachtvollen dunk=
len Bergkrystallen hinein; eine zweite Treppe aus

---

a) 5 Meter 22 Ctm. lang, 4 Meter 24 Ctm. breit, 7 Meter 22
Ctm. hoch.

drei Stufen von schwarzem Marmor führt zum
Altare. Das Grab mit der Leiche des Herrn
bildet zugleich den Altartisch. Die Statue in
Lebensgröße ist aus Holz geschnitzt und ihrer Bestimmung entsprechend, würdig ausgeführt[a]. Den
Unterleib deckt ein weißes Tuch, die Hände ruhen
kreuzweise über der Brust; die Augen sind wie
in süßem Schlummer geschlossen; wie Thau auf
den Blumen, so erscheint der Todeshauch über
dem Angesichte verbreitet, und Milde, Ruhe und
Ergebung bei allen Leiden in des Vaters heiligen
Willen darauf gemalt. Von oben, ohne betreffendes Fenster wahrnehmen zu können, wird das
Grab geheimnißvoll beleuchtet, ein blasser Todes-
schimmer umschwebt die Leiche; das Grab ist wie
in einen Felsen eingehauen, da alle Wände und
die Decke hellgraue Bergkrystalle bekleiden; die
Vorderseite ist offen, nur geschlossen durch eine
Glasscheibe. Verschiedene Arten schöner Glas-
und Bergkrystalle dienen zur Einfassung. Unter
der Altarplatte zieht sich eine Guirlande von
Früchten und Blumen hin, gefertigt aus Papier-
masse und gut vergoldet. Neben dem Altartische
und damit in Verbindung stehen zwei Krystall-
pfeiler, welche etwas niedriger als die Oberfläche
des Altares, eine Platte zum Gebrauche als Credenztischchen deckt. Daneben zur rechten Seite
ist eine große Muschel angebracht zur Aufnahme
des bei Abwaschung der Finger vom Priester
benutzten Wassers. Solche Muscheln sind zur
rechten Seite aller Altäre der Kirche.

a) In der Kunst Anstalt des Herrn Carl Mayer zu München

2. Hinter dem Altartische ist eine Staffel von schönen grauen Bergkrystallen, Quarzdrusen, Skalenoeder, Schwerspath und Kalkspath, welche Muscheln und Armleuchter mit Kerzen zieren. Am Fuße des Altares stehen zu beiden Seiten Candelaber als Zierde und zur weiteren Beleuchtung des Altars. Der rechtsstehende ist eine Stange mit dem Schwamme. Die Stange geht aus einer Geißel hervor, die als grünende und blühende Distel dargestellt ist: der links stehende ist eine Stange mit der Lanze; sie geht hervor aus einer großen Rohrpflanze mit Stengel und Blüthe. Beide Stangen sind bis oben hin von Passionsblumen umschlungen, von deren schönen Blüthen fünf zu jeder Seite als Armleuchter dienen, worauf Kerzen stehen. Es erinnern diese Gegenstände an Christi Leiden: an seine Geißelung, Verspottung mit einem Rohre, an seinen Durst am Kreuze und seine Tränkung durch einen mit Essig angefeuchteten Schwamm, sowie an die Lanze, welche seine heilige Seite durchbohrte.

Statt Fenster hat diese Kapelle ein Glasgemälde, darstellend trauernde Engel; von den drei untersten hält einer die Dornenkrone, der andere zeigt die auf einem Tuche liegenden Nägel, der mittlere den Kreuztittel. Dieses Gemälde ist umgeben zunächst mit seltenen röthlichen Krystallen, sodann mit den schönsten Amethysten. Den weiteren Hintergrund des Altars bilden Pfeiler von schönen grauen Bergkrystallen, welche ein breites Band von röthlichem Kalkspathe einschließen. An demselben sind mehrere Armleuchter von Glas angebracht zur Beleuchtung bei besonderem Gottesdienste daselbst. Das kleine Tabernakel in Mitte des Altars dient zur Aufbewahrung einer h. Kreuzpartikel; es ist umgeben von schönen Quarzkrystallen; den Schluß oben bilden grüne Bergkrystalle[a], die Vorderseite desselben schmücken Glassteine, welche ein Crucifix umfassen, dessen Fuß Reliquien zieren, welche mit dem Leiden Jesu in Verbindung stehen. Den Boden deckt ein schöner Mosaikteppich, dessen Grundfarbe gelblich ist, ähnlichen hat auch die Kapelle des Grabes Mariä. Es brennt darin Tag und Nacht eine Lampe. Anwendbar auf diese Grabkapelle ist, was auf dem Gewölbebogen beim Eingange in dieselbe zu lesen ist: „Die Nationen werden zu ihm beten, und sein Grab wird herrlich sein[b]".

2. Die Kapelle des Grabes Mariä, der Mutter Jesu.

1. Ueber zwei Stufen von Eichenholz, deren vordere Ansicht graue Krystalle bilden, steigt man durch einen Bogen in den schönsten weißen Ziersteinen erbaut hinauf in diese freundliche Kapelle; sie ist der Schluß des südlichen Seitenganges und hat gleiche Größe wie die Grabkapelle des Herrn. Auch führt zum Altare eine Treppe von drei Stufen, ebenfalls, wie beim Eingange, von Eichenholz, deren Vorderseite weißer Quarz bildet. Den Rand der Auftritte ziert eine Reihe rother Glaskrystalle, zu jeder Seite stehen auf weißem

---

a) Vom Grainerkopf der Schwarzensteineralpe im Thyroler Oberzillerthale. b) Isaias 11, 10.

Bergkrystalle wie über Wolken, vier Lilien, wovon
die obersten als Candelaber dienen. Der Al=
tartisch ist auch hier das Grab, dieses aber
enthält nur leinene Tücher, über welchen Rosen
und Lilien zerstreut liegen; kleine fliegende
Engelsgestalten dienen zur Belebung des Grabes
und zum Schmucke der Wände, welche, aus wei=
ßem Bergkrystalle errichtet, das Grab wie in einem
Krystallfelsen ausgehauen darstellen. Die vordere
Seite schließt, wie auch das Grab Christi, eine
große Glasscheibe. Das Grab selbst ist purpur=
roth beleuchtet, Maria, die hl. Mutter des Er=
lösers als Morgenröthe des Heiles a) und Mutter
der heil. Hoffnung b) zu bezeichnen. Unter der
Altartafel zieht sich vorn eine vergoldete Blu=
menguirlande hin. Die äußetn Seitentheile des
Grabes sind Pfeiler von weißem Krystalle, deren
Felder weißer Kalkspath bilden. An diese schlie=
ßen sich etwas weiter zurück Pfeiler von schönem
Bergkrystall an, welche zu Credenztischlein dienen.
Hinter dem Altartische befindet sich eine Staffel
von seltenen Krystallen, welche mit weißer Mar=
morplatte gedeckt ist. In Mitte desselben steht
ein Tabernakel, glänzend weiß, mit Goldstäben
und Krystallsteinen verziert, welche verschiedene,
mit dem Leben der seligsten Jungfrau Maria in
Palästina in Verbindung gestandene Gegenstände
umfassen; es enthält hh. Reliquien von der Krippe,
von der Dornenkrone, von den Nägeln, dem
Kreuze und Velum des Herrn. Den vordern
Theil schmückt insbesondere ein elfenbeinernes

---

a) Hoheöl. 6, 9. b) J. Sirach 24, 24.

Crucifix; die Seitentheile bestehen aus den pracht=
vollsten weißen Bergkrystallen und weißblühenden
Lilien, naturgetreu aus Zink gefertigt. Das Ta=
bernakel dient zur Aufbewahrung des Allerhei=
ligsten zur Winterszeit, während welcher an den
Wochentagen in dieser Kapelle der Gottesdienst
gehalten wird. Als Altarbild erscheint Maria
in Lebensgröße von Engeln umgeben, zum Him=
mel auffahrend. Sie ist gekleidet in rothem Ge=
wande und blauem Mantel; das Haupt ist mit
Rosen geschmückt, sie bezeichnend als die Rosen=
staude Jerichos in ihrer Gnadenfülle[a]. Ein von
oben herabkommender Strahlenglanz und ein Hei=
ligenschein in zwölf Sternen verherrlichen die
Gestalt. Dieses Glasgemälde[b] umgeben Pfeiler
und Lisenen verschiedener Krystalle, an welchen
ringsum viele Engelsköpfchen, mit Flügeln ver=
sehen, angebracht sind, die gleichsam Maria bei
ihrer Auffahrt umschweben. Die Seitenwände
der Kapelle sind in schneeweißem Quarze erbaut
deren Schluß ein Wulst in Farbe der Pfeiler
bildet. Krystallverzierungen in verschiedener Größe,
Gestalt und Farbe verbreiten sich über den ganzen
Altar der Kapelle; sie sind unterbrochen von klei=
nen Armleuchtern zur Beleuchtung bei besondern
kirchlichen Festlichkeiten. An dem Gewölbe sind
Engel gemalt, welche aus Blumenkörbchen Rosen
herabwerfen, eine Lampe brennt daselbst Tag
und Nacht.

2. Die Prophezeiung der heil. Jungfrau Ma=

---

a) Jes. Sirach 24, 18 und Luc. 1, 28. b) Zeichnung dazu machte
Herr Ittenbach, Maler zu Düsseldorf.

riä, welche am letzten Bogen über dem Eingange
der Kapelle verzeichnet ist, sehen wir erfüllt, und
wird es bleiben, nämlich: „Von nun an werden
mich selig preisen alle Geschlechter!" Wie müssen
wir uns glücklich schätzen, eine solche Mutter selig
preisen zu dürfen, welche die innigstgeliebte Toch=
ter des himmlischen Vaters, die edelste Braut
des heiligen Geistes und Mutter des Gottessohnes
und so Gottesmutter ist. Thun wir es hier, damit
wir gewürdigt werden, einst auch jenseits es thun
zu dürfen.

VI. Das Mittelschiff der Kirche.

1. Einrichtung im allgemeinen.

1. Dies beginnt vor der Taufkapelle und
endigt am Chore. Es ist begrenzt von acht gan=
zen und vier halben Pfeilern; diese machen den
Anfang und Schluß, jene bezeichnen die Seiten[a].
Die Pfeiler[b] sind oben durch Bogen verbunden:
sie sind viereckig, die Ecken gerundet zu Säulchen,
welche durch die Kapitäler und an den Bogen
fortlaufen. Die Kapitäler haben altromanische
Verzierung in Blättern verschiedener Formen.
Der Sockel[c] ist in demselben Style gearbeitet.
Die Pfeilerbogen sind mit einem Rande blau=
grauer Bergkrystalle umfaßt. Von den Kapitä=
lern aus gehen Lisenen[d], welche gleiche Krystall=
Umfassung haben: sie gehen am Gewölbe 'als

---

a) Die Länge dieses Schiffes beträgt 25 Meter 11 Ctm., die
Breite 8 Meter 79 Ctm., die Höhe bis zum Scheitel des Gewölbes
15 Meter 38 Ctm. b) Dieselben haben 1 Meter 10 Ctm. im Durchmesser, an Höhe 5 Meter 2 Ctm. und stehen 5 Meter 2 Ctm. vom
Mittelpunkt aus gemessen, von einander. c) 1 Meter 2 Ctm. hoch,
und 24 Ctm. stärker denn die Pfeiler. d) 63 Ctm. breit.

Gurtbogen durch und bilden sieben Felber am Verdecke, wovon jedes ein Kreuzgewölbe, in Allem ähnlich denen der Seitenschiffe ist. Die Liesenen haben eine graue, in's Röthliche übergehende Steinfarbe. Die Pfeiler sind aus Lava gemeißelt.

2. Die Gurtbogen am Gewölbe des Mittel= schiffes haben ebenso ihre Schriftstellen wie die der Seitenschiffe und dienen zu gleichen Zwecken: Hochachtung dieses Hauses in heiliger Benutzung zu förbern. Die Worte des ersten Bogens an der Taufkapelle heißen: „Der Ort, worauf du stehst, ist heiliges Land[a]". „Wahrlich der Herr ist an diesem Orte[b]". Zur rechten Seite auf der Lisene: „Lobet den Herrn alle Völker; lobet ihn alle Nationen[c]". Zur linken: „Dich sollen preisen, o Herr, alle Deine Werke und Deine Heiligen Dich rühmen[d]". Am zweiten Bogen steht: „Hier ist nichts anderes als Gottes Haus und die Pforte des Himmels[e]!" Auf der Lisene rechts: „Singet dem Herrn und benedeiet seinen Namen; verkündet von Tag zu Tag sein Heil[f]". Links: „Vom Anfang bis zum Untergange sei gelobet der Name des Herrn[g]". Am dritten Bogen: „An diesem Orte will ich den Frieden geben, spricht der Herr der Heerschaaren[h]". An der Lisene rechts: „Jubelt Gott alle Lande, dient dem Herrn mit Freuden, kommt vor sein Ange= sicht mit Jubel[i]". Links: „Jauchzet zu ihm alle Lande, lobsingt seinem Namen, laßt erschallen

---

a) Exod. 3, 2. b) Genes. 28, 16. c) Psalm 116, 1. d) D. 116, 10. e) Genes. 28, 17. f) Psalm 95. 2. g) D. 112, 3. h) Aggäus 2, 10. i) Psalm 99, 2.

sein Lob[a]". Am vierten Bogen: „Ich habe ge=
heiligt dieses Haus, und mein Auge und mein
Herz sollen daselbst allezeit sein[b]". An der Lisene
rechts: „Singet dem Herrn, denn er hat Herr=
liches gethan, verkündet das auf der ganzen
Erde[c]". Links: „Verkündet unter den Völkern
seine Herrlichkeit, unter allen Nationen seine
Wunder[d]". Am fünften Bogen: „Meine Woh=
nung soll unter ihnen sein, und sie sollen mein
Volk sein[e]". An der Lisene rechts: „Danket
allezeit für Alles Gott und dem Vater im Namen
unseres Herrn Jesu Christi[f]". Links: „Alles
was Odem hat, lobe den Herrn! Alleluja[g]".
„Singet dem Herrn mit Danksagung".

3. Die Seitenwände des Mittelschiffes, ge=
tragen von den Pfeilern und deren Bogen, sind
mit kleinen grünen Steinchen bekleidet, wie die
Wände der Seitenschiffe; auch haben die Rund=
fenster oben gleiche Quarzeinfassung wie die Fen=
ster der Seitenschiffe. Zwischen den Lisenen aber
sind Oelgemälde[h], umgeben mit einem Rahmen
von Bergkrystallen und braunen vulkanischen
Schlacken. Es sind deren zehn im Schiffe, zwei
im Chore, zusammen also zwölf, welche in Ver=
bindung mit dem Hochaltare und der Grabkapelle
Christi vierzehn Leidensstationen Jesu zur Hal=
tung des Kreuzweges bilden, sie stellen die
schmerzlichsten Leiden des Herrn und seiner ge=
liebten Mutter dar[i].

---

a) D. 65, 1—2. b) 3 Könige 9, 3. c) Isaias 12, 5. d) Psalm
95, 3. e) Ezech. 37, 27. f) Ephes. 5, 20. g) Psalm 67, 28. h) Jedes
2 Meter 14 Ctm. hoch und 2 Meter 51 Ctm. breit. i) Betreffende
Andacht ist im Pfarrhause für 5 Pfg. zu haben.

Das erste Bild: Christus am Oelberg. Im Staube der Erde am Oelberge knieend flehte wiederholt der Gottessohn um Abwendung des Leidenskelches, den ihm die Gerechtigkeit Gottes gefüllt, die Verlassenheit vom Vater, der nur mehr durch einen Diener, dem Engel, mit ihm sprach, und die Theilnahmlosigkeit der schlafenden Jünger verbitterten: er sah die zahllosen Sünden, die er sühnen sollte, den Undank, die Lieblosigkeit und Bosheit seines Volkes, das er so sehr liebte, zu dessen Rettung er Mensch wurde, für das er alles gethan; sah dessen Streben, ihm die schmerz= lichsten Leiden und den schimpflichsten Tod zu bereiten, schaute dessen Unbußfertigkeit, den ewigen Untergang so vieler: seine Seele wurde dadurch betrübt bis zum Tode, blutiger Angstschweiß be= deckte seinen Leib; doch ergeben in des Vaters Willen, war dessen Kundthuung durch den En= gel ihm stärkende Speise[a]).

Das zweite Bild: Der Verrath des Herrn durch Judas Iskariot, seine Gefangennehmung und die fliehenden Jünger. Der größte Schmerz hierbei war der Verrath durch Heuchelei, der schwarze Undank eines Apostels, den er als Freund auf's Liebevollste behandelte, die feige Flucht der übrigen Jünger, sowie die Gefangennehmung seiner, wie die eines Verbrechers, veranlaßt durch Priester, die ihrem Amte nach Diener Gottes, also seine Die= ner waren.

Das dritte Bild: Christus vor dem Hohen= priester Caiphas, der ihn des Todes schuldig er=

---

a) Joh. 4, 32—34.

als Richter seinen Tod beschlossen hat, der erste
Hohepriester im neuen Bunde, Petrus, den er
mit so großer Liebe unter den Aposteln aus=
zeichnete, ihn nicht als seinen Herrn anerkennen
wollte und dies veranlaßt durch eine Magd.
Wie tief dieser Apostelfürst dies sein Vergehen
selbst fühlte, zeigten seine Reuethränen, die erst
im Tode versiegten.

Das vierte Bild: Christus mit einem weißen
Gewande bekleidet, vom Könige Herodes und des=
sen Hofgesinde verspottet. Im Kleide der Weisen
wurde er, die ewige Weisheit,, als Thor ver=
höhnt. Als Bürger von Nazareth hätte Herodes,
Fürst von Galiläa, über ihn das Zepter der
Gerechtigkeit schützend halten müssen, statt dessen
übergab er ihn der Verhöhnung und dies im
Angesichte der feindlichen Ankläger.

Das fünfte Bild: Christus vor dem römi=
schen Landpfleger Pontius Pilatus. Zu seiner
Rechten ein Mörder und Volksaufwiegler. Der
heidnische Richter wohl wissend, daß man den
Herrn aus Neid überantwortet, gab sich alle Mühe
ihn zu befreien, stellte daher neben den unschul=
digen Heiland den schuldbeladenen Verbrecher, rech=
nend auf das Scham=, Ehr= und Rechtsgefühl der
Kläger, daher die Frage: Welchen von diesen beiden
wollt ihr, daß ich euch losgebe? doch diese zogen

den des Todes Schuldigen dem Unschuldigen
vor: wie tief verwundete diese schmachvollste Be=
handlung das liebreichste Herz Jesu!

Das sechste Bild: Die grausame Geißlung
des an eine Säule gebundenen Jesu: beraubt
seiner Kleider buldete er diese Qual. Es war
die Geißlung schmählichste Sklavenstrafe; dabei
suchte die rohe Rotte durch unmenschlichste Miß=
handlung des Herrn sich dessen Feinden dienst=
fertig zu zeigen. So groß auch hier der leibliche
Schmerz Jesu war, tieffühlbarer war ihm sein
Seelenschmerz.

Das siebente Bild: Christus als Eccehomo in
zerrissenem alten Solbatenmantel, mit einem
Rohre in der Rechten, eine Dornenkrone auf dem
Haupte. Was die rohe Rotte mit Jesus im
Gerichtshause vorgenommen: die empörendste Ver=
spottung desselben als König, das wurde hier
dem ganzen Volke bargestellt. Wohl alles sprach
hier für Mitleid zum Leidenden, was Pilatus
auch anburch anregen wollte, doch gefühllos blie=
ben Priester und Volk und verlangten mit Un=
gestüm Christi Kreuzigung und man brachte
schon das dazu bereitete Kreuz. Pilatus überließ
den Unschuldigen bessen Feinden.

Das achte Bild: Christus trägt das schwere
Kreuz. Durch den großen Blutverlust und die
vielen Leiden entkräftet, sinkt er ba zur Erde
nieder, wo ihm die ihn aufsuchende beängstigte
Mutter begegnet. Den Schmerz, den hier Jesu
kindliche und Mariä mütterliche Liebe empfanden,

kann nur der ermeſſen, welcher ſolch' zarte und
reine Liebe beſitzt wie jene.

Das neunte Bild: Chriſtus fällt abermal
unter dem ſchweren Gewichte des Kreuzes. Ein
Frembling, Simon von Cyrene[a], legt Hand an
daſſelbe, es ihm tragen zu helfen; das von Jeſu
mit Wohlthaten überhäufte jüdiſche Volk hielt
es für entehrend, ihm ſolchen Dienſt zu leiſten,
und nöthigt zu dieſer Hülfe, damit er nicht auf dem
Wege erliege, ſondern auf Golgatha am Kreuze
ſterbe: ſiehe Stolz und Bosheit vereint thätig,
die Leiden Jeſu zu erhöhen und zu verlängern.

Das zehnte Bild: Chriſtus wird zur Kreu=
zigung entkleidet. Dieſe Entkleidung war Er=
neuerung des Schmerzes der Geißlung, weil hier=
durch die Geißelwunden wieder aufgeriſſen wur=
den; ſie war Geißlung ſeiner Schamhaftigkeit
und peinlichſte Zubereitung zur Kreuzigung. Es
geſchah dies am Orte der Hinrichtung der Ver=
brecher. Wie der ärmſte Ort Stätte ſeiner Ge=
burt war, ſo der entehrendſte die ſeines Todes:
welchen Schmerz für den Herrn, der einſt dieſem
Volke das gelobte Land gegeben hat und ihm
den Himmel geben wollte.

Das eilfte Bild: Chriſtus wird an's Kreuz
genagelt. Die Strafe der Kreuzigung war die
ſchimpflichſte und ſchmerzlichſte: ſeine Schmerzen
zu erhöhen, ließ man auf ſeinem Haupte die
Dornenkrone und entzog ihm die Kleidung. Dieſe
unmenſchliche Grauſamkeit berührte ſein ſo auf=

---

a) Das Bild des Simon iſt das Portrait des Malers Herrn
Peter Molitor von Düſſeldorf.

opfernd liebendes Herz schmerzlicher, als selbst die Kreuzigung.

Das zwölfte Bild: Christus wird vom Kreuze abgenommen und seiner trauernden Mutter über= geben: hiermit werden in ihr alle die Leiden erneuert, welche der geliebte Sohn und sie in ihrer Mutterliebe mit ihm erduldeten. Erkenne du im Grade deiner Theilnahme den deiner Liebe zu Jesus und Maria.

Der zwei Meter breite Gang dieses Schiffes liegt in der Mitte, und er ist verbunden mit den beiden Seitengängen durch zwei gleich breite Quergänge, durch einen vor der Taufkapelle, den anderen vor dem Chore. Deren Boden besteht ebenfalls aus kleinen Plättchen und ist einge= theilt in Felder, deren Einfassung dieselbe ist, wie die der Seitengänge. Die Grundfarbe des Mittelganges ist hellbraun, die der Quergänge grünlich; sie ist unterbrochen durch kleinere Fel= der von graubraunen und schwarzen Plättchen. Jedes Feld hat seine Rosette in Sterngestalt von schwarzen und braunen Steinen; deren Grund= farbe ist grün. Neben diesem Mittelgange, so= wie neben den Seitengängen, stehen die Kirchen= stühle. Die untere Hälfte derselben im Haupt= schiffe sind aus der Jesuiten=Gymnasial=Kirche zu Coblenz, und rühren aus jener Zeit her, wo die Jesuiten daselbst segensreich wirkten und auch in den Schulen des Gymnasiums den Unterricht ertheilten. Die erhöhten Stühle an den Seiten= pfeilern benutzen die Sendschöffen zur Ueber= wachung der Versammelten beim Gottesdienste.

Die Kniebänkchen in der Nähe des Chores sind für die Schulkinder bestimmt.

4. An den freistehenden acht Pfeilern sind Luster zur Beleuchtung angebracht, welche zugleich als Zierde und zur Aufmunterung dienen, nach dem himmlischen Lichte zu streben. An jedem dieser Pfeiler ist nämlich in angemessener Höhe eine der acht Seligkeits=Lehren, wie sie der Hei= land in der Bergpredigt verkündigte[a], in Gold= schrift auf weißer Marmorplatte zu lesen. Darü= ber ist ein Herz, umschlungen von Rosenzweigen. Aus der Mitte dieser Herzen erhebt sich ein schö= nes Kreuz, in Bergkrystall gefertigt, welches eine Kerze enthält, die ihr Licht am obersten Theile des Kreuzes durch Federdruck gleichmäßig gibt. Auf dem Herzen, das röthlich bronzirt ist, steht in Goldschrift die Tugend verzeichnet, welche in der darunter kundgegebenen Lehre angepriesen wird, und sinnbildet, daß jede Tugend im Herzen, als dem Sitze der Liebe gewurzelt sein soll, gemäß den Worten des Herrn: „Lernet von mir, denn ich bin sanftmüthig und demüthig von Herzen[b]“. An allen Pfeilern erblicken wir dies Herz, denn in allen Lebensverhältnissen soll uns Liebe, diese starke Tugend[c], leiten; sie ist die Seele aller Tugenden und die Wagschale der Verdienste, ja sie ist das Siegel Gottes, das Alles göttlich und himmlisch macht; denn Gott ist die Liebe. Diese Herzen haben eine schöne Umfassung von glän= zend weißen Muscheln und Glasperlen in rothem Scheine. Die Schriften lauten: 1. Demüthiges

---

a) Matth. 5, 3—10. b) Matth. 11, 29. c) 1. Corinth. 13.

17

Herz. Die Lehre: „Selig sind die Armen im
Geiste, denn ihnen ist das Himmelreich". 2.
Sanftmüthiges Herz: „Selig sind die Sanftmü=
thigen; denn sie werden das Erdreich besitzen".
3. Bußfertiges Herz: „Selig sind die Trauernden;
denn sie werden getröstet werden". 4. Gottlie=
bendes Herz: „Selig sind die Hunger und Durst
haben nach der Gerechtigkeit; denn sie werden
gesättigt werden". 5. Barmherziges Herz: „Se=
lig sind die Barmherzigen; denn sie werden Barm=
herzigkeit erlangen". 6. Reines Herz: „Selig sind
die ein reines Herz haben; denn sie werden Gott
anschauen". 7. Friedfertiges Herz: „Selig sind
die Friedfertigen; denn sie werden Kinder Gottes
genannt werden". 8. Geduldiges Herz: „Selig
sind, die Verfolgung leiden um der Gerechtigkeit
willen; denn ihrer ist das Himmelreich".

An den mittleren Pfeilern sind die Fahnen=
stangen befestigt; die Fahnen selbst werden nur
an den höchsten Festtagen ausgehangen; alle sind
Kreuzfahnen. Die Schwungfahne, welche in der
Mitte der Emporkirche ihre Stelle hat, gehört
dem Sängerchore. In Mitte der Kirche hangen
zwei große krystallene Kronleuchter.

5. Pfeilerbogen sind fünf auf jeder Seite des
Mittelschiffes; sie enthalten Stellen aus der hl.
Schrift und den Werken der hl. Väter zur Be=
herzigung für die einzelnen Stände, wie folgt:

1. Priester: „Fürchte den Herrn von deiner
ganzen Seele, und halte seine Priester in Ehren*).
Das Priesterthum ist das höchste aller Güter, welche

---

a) Jes. Sirach 7, 31.

die Menschen besitzen[a].. O großes Geheimniß und erhabene Würde des Priesters, denen gegeben ist, was den Engeln nicht verliehen worden[b]. Wir haben aber diesen Schatz in irdenen Ge= fäßen, damit die Hoheit nicht uns, sondern der Kraft Gottes beigemessen werde[c]. Alles ist aus Gott, der uns mit sich versöhnt hat durch Chri= stum und das Amt der Versöhnung ertheilt hat[d]".

„Wir sind Gesandte an Christi Statt[e]. So halte uns Jedermann für Diener Christi und Ausspender der Geheimnisse Gottes. Hier wird nun von Ausspendern gefordert, daß jeder treu erfunden werde[f]. Priester, die gut vorstehen, halte man doppelter Ehre werth, besonders solche, die in Wort und Lehre sich abmühen[g]. Gehor= chet euern Vorstehern und seid ihnen unterthänig; denn sie wachen für eure Seele als solche, die Rechenschaft geben werden, damit sie dies mit Freuden thun und nicht mit Seufzen, denn das würde euch keinen Nutzen bringen[h]".

2. Obrigkeit: „Liebet das Licht der Weisheit, ihr alle die ihr Vorsteher seid über die Völker[i]. Wer sich darüber freut, daß er ein Vorgesetzter ist und seine Ehre sucht, und nur auf seinen Vortheil sieht, der weidet sich und nicht die Heerde[k]. Wenn ihr als Diener seines Reiches nicht recht gerichtet, das Gesetz der Gerechtigkeit nicht beobachtet und nach dem Willen Gottes nicht gehandelt habt, wird er schrecklich und schnell

---

a) H. Ignaz der Märthrer. b) Nachfolge Christi von Thomas von Kempen. c) H. Paulus 2. Corinth 4, 7. d) 2. Corinth 5, 18. e) 1. Corinth 4, 19. f) D. 4, 1—2. g) 1. Themoth. 5, 17. h) Hebr. 13, 17. i) Buch der Weisheit 6, 23. k) H. Augustin.

über euch kommen, weil das strengste Gericht
über die ergeht, welche andern vorstehen[a]".

„Fürchtet Gott, ehret den König[b]! Jeder=
mann unterwerfe sich der obrigkeitlichen Gewalt;
denn es gibt keine Gewalt außer von Gott, und
die, welche besteht, ist von Gott angeordnet. Wer
demnach der obrigkeitlichen Gewalt sich widersetzt,
der widersetzt sich der Anordnung Gottes, und
die sich dieser widersetzen, ziehen sich selbst die
Verdammniß zu. Sie ist Gottes Dienerin, dir
zum Besten. Darum ist es eure Pflicht, unter=
than zu sein, nicht nur um der Strafe, sondern
um des Gewissens willen[c]".

3. Jünglinge: „Höre, mein Sohn, die Worte
meines Mundes und lege sie wie eine Grundfeste
in dein Herz. Alle Tage deines Lebens habe
Gott in deinem Herzen und hüte dich, je in eine
Sünde zu willigen und die Gebote des Herrn,
unseres Gottes außer Acht zu lassen. Wie du
kannst, also sei barmherzig; hüte dich vor aller
Unkeuschheit, und laß nie etwas Lasterhaftes von
dir hören. Laß die Hoffart nimals in deinem
Sinn oder in deinen Worten herrschen; denn
alles Verderben hat in derselben seinen Anfang
genommen. Lobe Gott zu aller Zeit und bitte
ihn, daß er deine Wege leite, und daß alle deine
Anschläge in ihm verbleiben[d]".

Höre den Herrn: „Gib mir, mein Sohn,
dein Herz, und laß deine Augen meine Wege be=
wahren[e]. Die Frucht der Bescheidenheit ist die

---

a) Buch der Weisheit 6, 5—6. b) H. Petrus 1, Br. 2, 17. c)
Röm. 13, 1—5. d) Tob. 4. e) Sprüchw. 23, 26.

Furcht des Herrn[a]. Hab Vertrauen auf den
Herrn und verlaß dich nicht auf deine Klugheit[b].
Das Ohr des Weisen ist nach Lehre begierig[c].
Nimm die Lehre an von Jugend auf, so wirst
du bis in's Alter die Weisheit finden[d]. Wenn
dich die Sünder locken, so folg' ihnen nicht[e]. Der
Bösewicht gehorcht einer gottlosen Zunge[f]. Be-
rauschet euch nicht mit Wein, worin Ausschwei-
fung liegt, sondern seit voll des heil. Geistes, redet
mit einander in Psalmen und Lobgesängen und
geistlichen Liedern[g]".

4. Jungfrauen: „Die Jungfrauen werden
ihren Theil haben mit Maria der Jungfrau[h].
Maria aber sprach: Siehe, ich bin eine Dienstmagd
des Herrn[i]. Das Himmelreich ist gleich Jungfrauen, die ihre Lampen nahmen und dem Bräu-
tigame und der Braut entgegen gingen[k]. Der
Bräutigam kam, und die bereit waren, gingen
mit ihm zur Hochzeit ein. Alle sollen den Weg
der Keuschheit um Gotteswillen wandeln, Jünglinge und Jungfrauen, Alte und Junge[l]. Du
magst was immer für Tugenden besitzen und
an was immer für guten Werken glänzen, wenn
dir die Zierde der Keuschheit fehlt, so ist alles
vergeblich[m]". „Eine Jungfrau ist auf das be-
dacht, was des Herrn ist, damit sie an Leib und
Seele heilig sei[n]. Engel beten Christum im Himmel an, die Jungfrauen aber sind die Engel,
welche ihm auf Erden dienen[o]. Diese sind's, die

---

a) D. 22, 4. b) D. 3, 5. c) D. 18, 15. d) D. 5, 58. e) D.
1, 10. f) D. 17, 4. g) Ephes. 5, 19. h) H. Chrill. von Jerusalem.
i) Luc. 1, 33. k) Matth. 25, 1—10. l) H. Chrill. m) H. Hironymus.
n) 1. Corinth. 8, 34. o) Cyprianus.

sich nicht befleckt haben, denn sie sind Jungfrauen, sie folgen dem Lamme, wohin es geht^a). O Keuschheit, du erfreuest das Herz desjenigen, der dich besitzt; du gibst der Seele Flügel, sich zum Himmel empor zu schwingen. O Keuschheit, die du am Leibe und in der Seele blühest, wie eine Rose und das ganze Haus mit deinem Wohlge= ruche erfüllest^b)".

5. Söhne und Töchter: „Ein weiser Sohn erfreut seinen Vater, ein thörichter Sohn ist das Herzeleid seiner Mutter^c). Gedenke deines Va= ters und deiner Mutter, auf daß nicht Gott etwa deiner vergesse, du lieber nicht geboren zu sein wünschest und den Tag deiner Geburt verfluchest^d). Wer seinem Vater oder seiner Mutter flucht, der soll sterben. Wer seinen Vater oder seine Mut= ter schlägt, der soll sterben^e). Verflucht sei, wer seinen Vater oder seine Mutter nicht ehrt, und alles Volk soll sagen: Amen^f)".

„Jesus nahm zu an Weisheit und Alter und Gnade bei Gott und den Menschen^g). Er war unterthan seinen Eltern^h)." Der Vater: „Dieser ist mein geliebter Sohn, an welchem ich Wohl= gefallen habe^i)." „Kinder, gehorchet euern Eltern im Herrn, denn das ist recht^k); gehorchet ihnen in Allem, denn das ist wohlgefällig im Herrn^l). Wer den Herrn fürchtet, ehret seine Eltern und dient denen als seinen Gebietern, die ihn erzeugt haben^m). Ein weiser Sohn ist die Lehre seines

a) Off Joh. 14, 4. b) Ephräm. c) Sprüche 10, 1. d) Sirach 23, 18—19. e) 2. Mos. 21, 15, 17. f) 5. Mos. 27, 16. g) Luc. 2, 51. h) D. 2, 41. i) Matth. 3, 17. k) Ephes. 6, 4. l) Coloss. 3, 20. m) Sirach 3, 8.

Vaters[a]): Mit Wort und That und in aller Geduld ehre deinen Vater, damit sein Segen über dich komme, und sein Segen bis ans Ende daure[b]). Höre auf die Lehre deines Vaters, und verlaß nicht das Gesetz deiner Mutter, damit Zierde auf dein Haupt komme[c])".

6. Töchter und Söhne: "Die erste Pflicht der Christen ist die, daß man die Eltern ehre und ihnen die Mühen und Opfer bei der Erziehung wieder vergelte[d]). Welch' bösen Namen macht sich der, welcher seinen Vater verläßt und verflucht ist von Gott, der seine Mutter erbittert[e]). Wer seinem Vater oder seiner Mutter etwas nimmt und spricht, es sei keine Sünde, der ist der Genosse eines Mörders[f])".

"Gott will, daß die Kinder ihren Vater ehren, und will und bestätigt das Ansehen der Mutter über die Kinder[g]). Ehre die Eltern, weil der Sohn Gottes sie geehrt hat; den du liesest: Er war ihnen unterthan[h]. Die Eltern tragen gewissermaßen Gottes Bild an sich[i]). Ehre deinen Vater und deine Mutter, welches ist das erste Gebot mit der Verheißung, daß es dir wohlgehe und du lange lebest auf Erden[k]). Ehre deinen Vater von deinem ganzen Herzen, und vergiß nicht die Schmerzen deiner Mutter; gedenke, daß du ohne sie nicht geboren wärest, und thue ihnen Gutes, sowie sie auch dir erweisen[l]). Den Vater muß man lieben, den Schöpfer aber vorziehen[m])".

---

a) Sprüche 13, 1. b) Sirach 3, 9—10. c) Sprüche 1, 8—9. d) H. Chrill. von Jerusalem. e) Sirach 3, 18. f) Sprüche 30, 17. g) Sirach 3, 8. h) H. Ambrosius. i) H. Chrill. von Aler. k) Eph. 6, 2—3. l) Sirach 7, 29—30. m) H. Augustin.

7. Eltern und Männer: „Eltern, ihr ſeid die Seelſorger in euerem Hauſe[a]. Die Werke der Eltern ſind die Bücher, aus welchen die Kinder von ihnen lernen ſollen[b]. Wer ſeinen Vater ehret, wird Freude an ſeinen Kinder haben und am Tage, da er betet, erhöret werden[c]. Der Segen des Vaters befeſtigt die Häuſer der Kinder, aber der Fluch der Mutter zerſtört ſie von Grund aus[d]. Uebergib nicht dein Vermögen; denn es iſt beſſer, daß deine Kinder dich bitten, als daß du auf die Hände deiner Kinder bliden mußt. In allem, was du thuſt, behalte die Oberhand[e]“. Männer, liebet eure Weiber, wie auch Chriſtus die Kirche geliebt und ſich ſelbſt für ſie hingegeben hat[f]. Seid einander unterworfen in der Furcht Chriſti[g]. Ehrbar ſei die Ehe in allem und unbefleckt; denn die Unzüchtigen wird Gott richten[h]. Der Ehebrecher bringt ſein Leben in's Verderben, er ſammelt ſich Unehre und Schande, und ſeine Schmach wird nimmermehr ausgetilgt[i]. Ehebrecher und Ehebrecherinnen ſollen ſterben[k]. Ich will, daß die Männer an allen Orten beten und reine Hände aufheben ohne Zorn und Streitſucht[l]“.

8. Eltern und Frauen: „Ihr Väter, gebet euern Kindern Unterricht und eine chriſtliche Erziehung[m]. Erbittert eure Kinder nicht, ſondern erzieht ſie in der Lehre und Zucht des Herrn[n]. Eine Tochter die nicht eingezogen iſt, haltet in

a) H. Auguſtin. b) Joh. Chryſoſtemus. c) Strach 3, 6. d) Strach 3, 11. e) Strach 33, 22—23. f) Epheſ. 5, 25. g) Epheſ. 4, 21. h) Hebr. 13, 4. i) Spr. 6, 32—33. k) Levit. 10, 20. l) 1. Thimoth. 2, 8. m) Epheſ. 5, 4. n) Eph. 6, 4.

strenger Zucht[a]). Wer die Ruthe spart, haßt seinen
Sohn, wer ihn aber lieb hat, hält ihn beständig
in der Zucht[b]. Wenn ihr eure Kinder gut erziehen
wollt: so müßt ihr mit der Zucht auch die süße
Kraft der väterlichen Liebe verbinden[c]." — „Die
Weiber seien ihren Männern unterthänig, wie
dem Herrn. Wie die Kirche Christo unterthänig ist,
so auch seien es die Weiber ihren Männern[d]. Die
Weiber sollen sich in anständiger Kleidung mit
Schamhaftigkeit und Sittsamkeit schmücken[e]. Nichts
steht einem Weibe so schlecht an, als das vorwitzige
Nachforschen über anderer Leute Angelegenhei=
ten[f]. Betrüglich ist Anmuth und eitel die Schön=
heit; ein Weib, was den Herrn fürchtet, wird ge=
lobt werden. Sie hat Acht auf den Wandel ihres
Hauses und ißt ihr Brod nicht müßig, ihre Kinder
kommen empor und preisen sie selig und ihr Mann
lobt sie[g])".

9. Herrschaften und Dienstboten. „Ihr Herren!
was recht und billig ist, erweiset den Knechten,
da ihr wisset, daß auch ihr einen Herrn im Him=
mel habt[h]. Hast du einen treuen Knecht, so sei
er dir so werth, als du dir selbst, halte ihn wie
deinen Bruder[i]. Beleidige einen Knecht nicht,
der treu und redlich gearbeitet, noch einen Tag=
löhner, der sich dir aufopfert[k]. Die Hausväter
und Hausmütter sollen sich gleichsam als Bischöfe
in ihren Häusern betrachten und als solche über
das Betragen ihrer Diener wachen und für ihre

---

a) Sirach 26, 13. b) Sprüche 13, 24. c) H. Anselmus. d)
Ephes. 5, 22, 24. e) 1. Thimoth. 2, 9. f) H. Joh. Chrisostemus. g)
Sprüche 31, 29—30. h) Coloss. 4, 1. i) Sir. 33, 31. k) D. 7, 22.

geistlichen Bedürfnisse sorgen. Ach! wie viele Herrschaften sorgen mehr für ihre Hunde, als für ihr Gesinde[a]!" „Alle Knechte, die unter dem Joche sind, sollen ihre Herren aller Ehre werth halten[b]. Dienstboten sollen vornehmlich Gottes Knechte sein und sodann nicht aufhören, es mit ihren leiblichen Herren gut zu meinen[c]. Gehorchet in allem den leiblichen Herren, nicht als Augendiener, um Menschen zu gefallen, sondern mit Aufrichtigkeit des Herzens und Furcht Gottes. Alles was ihr immer thut, das thut von Herzen, als wie dem Herrn, und nicht den Menschen; denn ihr wisset ja, daß ihr vom Herrn den Lohn der Erbschaft erhalten werdet. Christo dem Herrn, dienet[d]".

10. Greise und Wittwen: „Eine Ehrenkrone ist das Alter, auf dem Wege der Gerechtigkeit wird es gefunden[e]. Die Kronen des Alters sind Kindeskinder, und der Ruhm der Kinder sind ihre Väter[f]. Mein Kind! nimm dich des Vaters im Alter an, und betrübe ihn nicht, so lange er lebet, und wenn seine Sinne abnehmen, so halte es ihm zu gute, und verachte ihn nicht in deiner Kraft, denn die Wohlthat, die Du deinem Vater erzeigest wird nimmermehr vergessen[g]; vor einem grauen Haupte sollst du aufstehen und die Person des Greises ehren[h]. Halte dich zur Gesellschaft kluger Alten und ergib dich von Herzen ihrer Weisheit[i]". — „Wittwen haltet in Ehren, die wahrhaft Wittwen sind[k]. Die wahrhafte Wittwe

---

a) H. Augustin. b) 1. Timoth. 6, 1. c) H. Gregor von Nazianz. d) Col. 3, 22—24. e) Sprüche 16, 31. f) D. 17, 6. g) Sirach 3, 14—15. h) 3. Moses 19, 32, i) Sirach 6, 35. k) 1. Timoth. 5, 3.

aber, die verlassen ist, setze ihr Vertrauen auf
Gott, und verharre im Gebete und Flehen Tag
und Nacht[a]. Denn welche in Wollüsten lebet,
ist lebendig todt[b]. Sie kam nimmer vom Tem=
pel und diente Gott mit Fasten und Beten Tag
und Nacht, so die Wittwe Anna[c]. Sie hatte bei
Jedermann einen sehr guten Namen; denn sie
fürchtete Gott sehr, und Niemand war der etwas
Böses von ihr redete[d]"; so Judith.

6. Wie für die einzelnen Stände in vorbe=
zeichneten Worten wohl zu beherzigende Belehr=
ungen gegeben werden, so wird auch das Bei=
spiel solcher Heiligen zur Nachahmung dargestellt,
welche bezüglichen einzelnen Ständen angehörten;
zu diesem Zwecke sind über den Kapitälern der
Pfeiler Statuen betreffender Heiligen aufgestellt;
sie sind in natürlicher Lebensgröße ausgeführt
und stehen wie auf Wolken, von grauen Berg=
krystallen gebildet, worin auf blauem Hintergrunde
der Name dieser Heiligen verzeichnet ist. Ober=
halb der einzelnen Statuen ist ein Baldachin,
geziert mit goldgelben Glassteinen und Muscheln,
an dessen vorderen Seite auf blauem Grunde in
Goldschrift verzeichnet ist, wofür bezüglicher Hei=
lige als Vorbild dargestellt wird. Die verschie=
denen Alter, Geschlechter und Stände haben un=
terhalb bezeichneter Schriften und Bildnisse ent=
sprechende Stelle beim Gottesdienste.

Am ersten Pfeiler zur rechten Seite des Hoch=
altars steht die Statue des h. Apostelfürsten Pe=
trus, dieses Vorbild der geistlichen Obrigkeit. In

---

a) D. 5, 6. b) Luc, 2, 37. c) 1. Timoth. 5, 7. d) Judith 8, 8.

der Rechten erglänzen die vom Herrn erhaltenen
goldenen Schlüssel des Himmels, in der Linken
ruht das geschlossene Buch des göttlichen Wortes,
dessen Sinn zu erschließen nur Petrus zusteht,
gleichwie dem Lamme Gottes den des Buches der
Geheimnisse Gottes[a]; Petrus ist der vom Herrn
bezeichnete Fels, woraus das reine Wasser gött=
licher Lehre quillt, sowie für den im Glauben
Verirrten das Heilwasser. Ihm sind die Schlüssel
gegeben, nicht e i n Schlüssel, sondern ein verviel=
fältigter, damit e r sie andern Dienern Gottes
anvertraue, um selbe nach seinem Willen und
Auftrage zu gebrauchen, und was ist anders
dieser Schlüssel als die wahre Gotteslehre, die
den wahren sichern Weg zum Himmel zeigt, ver=
bunden mit der Vollmacht zur Ausspendung der
Geheimnisse Gottes in den heiligen Sakramenten,
welche nur e r den Bischöfen und durch diese den
andern Dienern Gottes in seiner h. Kirche er=
theilt, wodurch Kraft und Befähigung zum Ein=
tritt in den Himmel gegeben wird. Ueber dem
Haupte der Statue strahlt die Tiara in ihren
drei Kronen, den Sinnbildern einer Herrschaft
im Namen, in der Kraft und unter dem Schutze
der allerheiligsten Dreifaltigkeit. Wie Christus
mit vielen Kronen in der Offenbarung des Jüngers
der Liebe[b], so erscheint auch der Statthalter mit
solchen, da er in Jesu Namen regiert, und wie
der Herr König der Könige, Herr der Herren[c]
genannt wird, so ist auch Petrus Fürst der Für=
sten der h. Kirche, höchster Fürst aller Gläubigen.

_____

a) Matth. 16, 19. b) Offenb. Joh. 5, 3. c) Offenb. Joh. 19, 12.

Er ist dargestellt in seiner Würde als Herrscher im Lichte wahrer Weisheit mit höchster, weil mit gött= licher Gewalt und im Besitze der göttlichen Schatz= kammer himmlischer Gnaden. Er ist Vorbild der geistlichen Obrigkeit in seiner glänzenden, thätig= sten und selbstaufopferndsten Liebe für Gottes Ehre und das wahre Wohl seiner Mitmenschen, sowie in allen Tugenden, insbesondere in der Demuth, in der er sich nach segensreichstem Leben selbst unwür= dig hielt, am Kreuze auf gleiche Weise, wie sein Heiland zu sterben, weßhalb er sich erbat, mit dem Kopfe nach unten gekreuzigt zu werden. Die eine bekannte Sünde der Verläugnung Christi bereute und beweinte er bis zu seinem Tode! mögen die welche in Sünde ihm nachgeahmt, ihm auch in der Buße und im heiligen Eifer nachahmen.

Dieser Statue gegenüber steht die des heil. Carl des Großen, dieses Vorbildes der weltlichen Obrigkeit. Er ist in irdischer Waffenrüstung, verbunden mit der Rüstung Gottes dargestellt, sowie sie der Weltapostel bezeichnet[a]: mit dem Schilde des Glaubens, dem Helme der Hoffnung und des Vertrauens auf Gott, mit dem Panzer der Gerechtigkeit und Liebe und dem Schwerte des göttlichen Wortes, daher auch stehen bezüg= liche Namen auf den einzelnen Theilen der Rü= stung. Zur Verherrlichung Gottes und zum Besten der Kirche machte er mit Papst L e o III., diesem Fürsten der Kirche, ein Bündniß und theilte mit ihm die höchste Gewalt: die weltliche übte er aus, die geistliche der Papst: diesem blieb die

---

a) Ephes. 6, 11.

höchste und unabhängige moralische Macht; die
Besiegelung dieses Bündnisses fand statt durch
die Krönung Carls zum römischen Kaiser durch
den Papst, welcher das alte römische Kaiserthum wieder, aber in höherer Weihe und größerem Segen hergestellt wünschte. Dem Kaiser
wurde hierauf der Primat der Ehre von allen
Fürsten der Christenheit in Europa anerkannt,
und diese ahmten bei ihrer Krönung in der Ei-
desformel und den Cermonien nach, und der erste
Erzbischof betreffenden Reiches reichte vom Altare
aus den neuen Fürsten die Krone; so schlossen
diese mit der Kirche gleichen Vertrag wie der
Kaiser. Leider blieb es nicht so, daher auch kamen
die traurigen Wirren: das Kaiserthum brach zusammen, doch die Kirche blieb und wuchs; jenes
tauchte in den Hohenstaufen wieder auf, brach
aber wieder zusammen, doch nicht das Papstthum;
seit dem ersten Papste, Petrus, besteht dies noch
immer; nichts vermochte es zu zerstören; es über-
lebte alle seitherigen Kaiserthümer, alle Erb- und
Wahl-Kaiser. Es bestand ohne Kirchenstaat, wo
die Päpste als Gefangene im Kerker schmachteten,
von Rom weggeschleppt, vertrieben oder gemar-
tert, getödtet wurden; es besteht noch jetzt, wo
der Papst seines irdischen Reiches gänzlich beraubt,
von zahllosen und mächtigen Feinden umgeben
und verfolgt ist, und wird bestehen bis zum Ende
der Welt, wo Christus als Richter erscheint:
wie das mörderische Schwert des Herodes das
Jesukind nicht erreichen und tödten konnte, so vermögen auch die Feinde der Kirche das Papstthum

nicht zu vernichten, weil der Herr mit ihm ist:
es ist eine Weltmacht, wie die Kirche ein unzer=
störbares Felsengebäube ist.

Der h. Carl erfüllte seine Verpflichtungen
gegen die Kirche auf's gewissenhafteste, und ge=
segnet war seine Regierung. Bei seinen Kriegen
erstrebte er Eroberungen für Gott durch Bekeh=
rung der Heiden zum katholischen Glauben; sei=
nem Heere ließ er ein Crucifix vortragen, zeigend,
worauf er im Kampfe vertraue, wofür er kämpfe.
Er verschaffte der Kirche die von dem Longobar=
barden=Könige entrissenen Besitzungen zurück und
beschenkte sie reichlich, that viel zur Verbreitung
der christlichen Religion, sandte Glaubensboten
in die heidnischen Länder, baute viele Kirchen,
gründete viele Bisthümer, brachte die großartig=
sten Opfer, und reichlich flossen aus seinen Hän=
ben die Unterstützungen für bedürftige Gläubigen;
er that überhaupt alles Mögliche für Gottesver=
ehrung, Tugend, Wissenschaft und Künste. In
Aachen verlebte er seine letzten Jahre und be=
suchte bort täglich das von ihm erbaute herrliche
Gotteshaus zur h. Messe und Abendanbacht, selbst
oft auch Nachts zum Gebete und that strenge
Buße für die Fehler die er begangen. Bei den
Großen unserer Tage fehlt es nicht an großen
Thaten, wohl aber oft an solchen, die zur Ehre
Gottes geschehen; auch viele Fehler werden viel=
fach von ihnen begangen, selten aber werden sie
bereut und noch seltener wird ernstlich Buße und
Genugthuung dafür gethan.

Als Vorbild der Knaben wurde gewählt Je=

sus im Knabenalter: er hält in einer Hand ein
Sträußchen Maiblümchen als Sinnbild der Fröm=
migkeit, und zeigt diese Blumenglöcklein den Kin=
dern, die unter demselben ihre Plätze haben, sie
auffordernd recht fromm zu sein. Der himm=
lische Vater in einem Brustbilde von Wolken
umgeben dargestellt, zeigt mit beiden Händen auf
ihn als seinen geliebten Sohn, an dem er sein
Wohlgefallen habe, stellt ihn so den Kindern als
Vorbild zur Nachahmung dar. Dieser Gruppe
gegenüber, oberhalb der Kanzel, ist für die Mäd=
chen Maria als Kind mit einem Sträußchen
Veilchen dargestellt, welche sie ihrem Schutzengel
überreicht gleichsam mit dem Versprechen, recht
demüthig und folgsam zu sein, was ja das Veil=
chen sinnbildet. Der Engel greift zum Sträuß=
chen, es den versammelten Kindern als Mahnung
zur Nachahmung zu reichen, also zur Aufmun=
terung recht demüthig zu sein, von ihren Schutz=
engeln sich willig leiten zu lassen, ihnen und
ihren sichtbaren Schutzengeln den Priestern, Leh=
rern und Eltern in allem Guten zu gehorchen. Die
zwei folgenden Statuen stellen den h. Aloysius
und die h. Rosa von Lima, Vorbilder der Jüng=
linge und Jungfrauen dar. Aloysius gehörte
dem Orten des h. Ignatius, Rosa dem des heil.
Dominikus an: beide sind in den feierlichen Ge=
wändern ihrer glorreichen Orden gekleidet. Aloy=
sius ist dargestellt in seiner Unschuld und in sei=
ner Liebe zum gekreuzigten Heilande, hält daher
in der rechten Hand eine Lilie, mit der Linken
drückt er ein Crucifix an sein Herz. Rosa hält in

der rechten Hand eine brennende Lampe, mit der
linken einen blühenden Rosenzweig als Braut=
strauß an der Brust: sie ist hiermit bezeichnet
als kluge Jungfrau und Braut Christi. Beide
Heiligen mahnen die Jünglinge und Jungfrauen,
ihrem Beispiele jungfräulicher Reinigkeit, innigster
Liebe zu Jesus, der Verachtung der Welt in allen
ihren Verlockungen, steter Wachsamkeit auf Sinne,
Herz und Wandel, sowie steter Uebung in from=
men Gebeten und im Dienste Gottes überhaupt
zu folgen*).

Sodann folgen die Statuen des hl. Gregor
von Nazianz und der heil. Nonna, Vorbilder der
Eheleute, besonders der Eltern, indem sie nicht
nur selbst als Heilige lebten, sondern auch alle
ihre Kinder zu Heiligen bildeten: was der junge
Tobias seinen Eltern war*), das waren auch diese
Kinder ihren Eltern; daher ließ man auch auf
dem Knopfe des Stabes Gregors die Namen sei=
ner hl. Kinder: Gregor, Cäsar, Gorgonia, auf
der Länge des Stabes: „Meine Kinder". Der h.
Vater erhebt segnend die Rechte, den Werth des
elterlichen Segens andeutend; die hl. Mutter hält
in der Rechten eine Feuerruthe, gebunden mit einem
Bande, worauf geschrieben ist: „Die Liebe". Das
ist die kräftigste Ruthe, verbunden mit göttlichem
Segen. Möchten die Eltern alle ihre Kinder in
göttlicher Liebe erziehen und als Vertreter Gottes
die Kinder täglich segnen; zu großen Hoffnungen
für Zeit und Ewigkeit würde das berechtigen.

---

a) Diese Statuen sowie die meisten anderen in der Kirche sind
bezogen aus der Kunstanstalt des Herrn H. Scherf zu Kalk bei Deutz.

Auf den beiden untersten freien Pfeilern stehen
die Statuen des hl. Vincenz von Paul[a], und der
hl. Elisabeth von Thüringen. Zu den Füßen letz=
terer steht ein Körbchen mit weißen Rosen zur
Erinnerung an die Liebe der Heiligen zu den
Armen, für 'die sie im Dufte der Barmherzig=
keit als Gottesrose blühte, sowie auch, daß Gott
zur kalten Winterzeit einst ihre Gaben für Arme
in Rosen verwandelte, da sie ihrem Gatten
damit begegnete. Ihre Liebe im Leiden zu
dem Heilande anzudeuten, hält sie mit der linken
ein Crucifix an ihr Herz; die Rechte und ihren
Blick aber erhebt sie zum Himmel als verlassene
und verfolgte Wittwe, ihre Kinder Gott empfehlend
mit dem Ausruf: „O Gott! sei Du Vater der
Vaterlosen." Der h. Vincenz ist dargestellt als
Vater der Waisen, liebreich ein Kindlein unter
seinem Mantel bergend. In den geistlichen Töch=
tern seines Ordens setzt der Heilige seine väter=
liche Sorgfalt für die Waisen fort; es ist dieser
Orden wie andere ähnliche eine Zufluchtsstätte
der Waisen und Trost sterbender armer Eltern.
Der Heilige diene zugleich als Vorbild Bemittel=
ter zur Aufnahme armer Waisen.

In gleicher Höhe und über ähnlichen Sockeln,
wie unter bereits erwähnten Bildern sind, stehen
zur Seite der Orgelbühne die Statuen des heil.
Isidor und der heiligen Zita, dieser Vorbilder
der Dienstboten. Isidor ist als Landmann in
spanischer Tracht mit Sense und Aehren darge=
stellt; Zita, die fromme Magd, mit Rosenkranz

---

a) Patron der Vereine christlicher Liebe.

und Gebetbuch, wie zur Kirche gehend. Diese Dienstboten versäumten den täglichen, öffentlichen Gottesdienst nicht, noch ihre Gebete im Hause; sie erkannten sich vorerst als Diener Gottes, und sodann als Diener der Menschen; sie fürchteten Gott zu beleidigen, den sie über alles liebten; wie im Dienste des höchsten Herrn erfüllten sie ihre Pflichten und Gott segnete ihre Arbeit zur Wohlfahrt ihrer Herrschaften; von dem wenigen Lohne und von der selbst bedürftigen Nahrung theilten sie den Armen mit, und erhielten dafür himmlische Gnade hier, jenseits den Lohn der Treue. Isidor kannte nicht die Verschwendung im Rauchen, Spielen, im Genusse berauschender Getränke, nicht die Verschwendung der goldenen Zeit in Wirthshäusern und dergleichen Belusti-gungsorte, der Orte des verlornen Sohnes; Zita kannte nicht den verderblichen Tanzboden und die Theater, nicht die Genußsucht und Eitelkeit in Putz der thörichten Jungfrauen: beide aber be-saßen den Frieden des Herzens, die Achtung der Menschen, das Wohlgefallen Gottes und hatten bei ihrer Armuth an irdischen Gütern, genügend Mittel durch Werke heiliger Liebe sich den Him-mel zu erkaufen. Welche schöne Vorbilder für Landleute, Dienstboten, ja für Jeden!

7. An jedem der zwei Pfeiler, zur Seite der Communionbank ist ein Opferstock angebracht, doch so, daß sie zugleich als Schmuck der Kirche erscheinen. Die Kasse liegt im Steine verborgen, sichtbar ist nur ein kleiner Theil derselben, wel-cher als Fuß einer weißen Marmorplatte dient,

worauf in ſchwarzer Schrift zum Opfern eingeladen
wird. Es iſt dies eine Nachahmung des Hohenprieſ=
ters Jojada, welcher neben dem Altare zur rechten
Seite ſolche Opferſtöcke ſtellte, einladend, Gaben
zur Unterhaltung des Tempels hinein zu legena).

Die Worte auf der einen Tafel lauten: „Gib
dem Allerhöchſten nach der Gabe, die er dir ge=
geben hat: gib mit fröhlichem Auge nach deinem
Vermögen: denn der Herr iſt Vergelterb)“. Die
auf der anderen: „Ein jeglicher gebe freiwillig
mit wohlgeneigtem Herzen dem Herrn Gold, Sil=
ber und Erzc)“. Dieſe Tafeln ſtehen etwas ver=
tieft im Pfeiler, ſind mit Kryſtallrähmchen und
Goldleiſten umgeben. Unter denſelben iſt auf
grauer Marmorplatte in Goldſchrift die Beſtim=
mung bezüglicher Opfer in folgenden Worten an=
gegeben: „Opfer für Unterhaltung dieſer Kirche“.

Möge Jeder der die Kirche beſucht, dieſe Kaſ=
ſen in ihrer Bedeutung wahrnehmen, Niemand ſie
überſehen; denn wie der Heiland im Tempel zu Je=
ruſalem am Opferſtocked) ſtehend auf die Opfernden
und die hineingeworfenen Gaben ſchaute, ſo weilt er
auch hier und ſchaut die Opfer der Liebe, Verehrung
und Dankbarkeit, die dargebracht werden; möge ſein
Mund Jedem Lob ſprechen können, wie er es einſt
der opfernden armen Wittwe that; möge Jeder
nach Vermögen und gerne opfern; denn einen
freudigen Geber liebt Gott, und was geht wohl
über ſolche Liebe? Gewinn' ſie dir hier, damit
du ſie auch beim Gerichte beſitzeſt.

---

a) 4 Könige 12, 9. b) Sirach 35, 12—13. c) 2. Moſ. 35, 5. d)
Mark. 12, 43.

II. Die Rosenkranzgruppe.

1. Der Kanzel gegenüber, oberhalb des Kate-
chetenstuhles und in Verbindung mit diesem erhielt sie die geeignetste Stelle als Lehrstätte der
Liebe zum h. Rosenkranze. Maria, die h. Gottesmutter mit dem Jesukinde überreicht dem heil.
Dominikus den Rosenkranz. Amethysten und Wolken ähnliche Bergkrystalle, durchbrochen und belebt
von Engelsköpfchen, bilden die Ausschmückung,
Schlingrosen die Umgebung. Solche bildliche Darstellung ist geboten in Kirchen und Kapellen der
Erzbruderschaft des hochheiligen Rosenkranzes,
welche hier besteht[a], und es ward das Hauptschiff
der Kirche als Bruderschaftskapelle, der Hochaltar
als Bruderschaftsaltar gewählt.

2. Eine Erzbruderschaft des Christenthums
bestand seit Beginn desselben: die Christen, durch's
Band der Vollkommenheit, die Liebe, verbunden,
waren e i n Herz und e i n e Seele[b], und wurden
Brüder genannt. Doch dies feste Band der Liebe
lockerte sich allmählig vielfach und die Klage des
Herrn über den Vorsteher der Gemeinde zu Ephesus[c]: „Das habe ich gegen dich, daß du die erste
Liebe verlassen hast", dehnte sich immer mehr auf
Andere aus. Diese Liebe wieder zu vervollkom-
menen, führte man in der h. Kirche eigene Bru-
derschaften ein, wovon die vorzüglichste die Bruderschaft des hochheiligen Rosenkranzes ist: sie

---

a) Feierlich eingeführt am 11. Januar 1880. Um solche einzu-
führen, bedarf es der Erlaubniß von Rom, welche bereitwilligst jeder
Provinzial oder Commissarius generalis des Dominikaner-Ordens erwirkt, wie dies für Arenberg Herr Pater Augustin Keller, Commiss.
general. und Prior zu Venlo that. b) Apostelg. 4, 32. c) Offenb.
Joh. 2, 11.

bildet Brüder und Schwestern nach dem Geiste
Jesu, dem Gotte der Liebe. Sie ist ein Gebets=
verein, der frommes Leben verlangt, ein sünden=
freies bedingt, denn das Gebet des Sünders ist
vor Gott ein Gräuel; sie ist ein heiliger Verein,
ähnlich dem der ewigen Lobpreisung Gottes im
Himmel. Selbst der Fußschemel des Himmels,
der Sternenhimmel, umgibt in steter Verherr=
lichung Gottes die Erde als feuriger Rosenkranz,
der in seinen Lichtstrahlen Tag und Nacht zur
Verherrlichung des Schöpfers duftet und die Men=
schen mahnt, als feurige Rosen der Liebe im
heiligen Vereine zu glühen, zu strahlen im Wohl=
geruche der Frömmigkeit zur Verherrlichung des
dreieinigen Gottes, damit sie auch einst in Seligkeit
strahlende Sterne des höchsten Himmels werden.

3. In zarter Liebe zum himmlischen Vater,
seiner göttlichen Mutter und seiner Braut, der
h. Kirche, offenbarte der Gottessohn die Gebets=
weise des Rosenkranzes durch seine geliebte Mut=
ter, die Gnadenvolle: er enthält das herrlichste
Gebet zum himmlischen Vater, das schönste zur
göttlichen Mutter, und alles was unser ewiges
Glück zu fördern vermag. Die Gottesmutter
lehrte*) es den h. Dominikus, d. h. den, der des
Herrn ist, damit er es predige, denen, die des
Herrn sind, den Gliedern seiner Kirche. „Dieses
Gebet hat die Mutter Gottes dem h. Dominikus
geschenkt“. „Dies Gebet hat uns die Gottesmutter
selbst gelehrt und es ist ihr weit angenehmer, als
jedes andere“: so der allbeliebte Papst Pius IX.

---

*) Im Jahre 1200 in Frankreich bei Toulouse.

Rosenkranz heißen bezügliche Gebete, weil, wie die Rose die schönste der Blumen ist, sie die herrlichsten unter allen Gebeten und in Reihefolge mit einander, wie zu einem Kranze, verbunden sind. Gott ist die ewige Rose und der Rosen= strauch in der Schöpfung der Engel und Menschen, dieser seiner Ebenbilder, denn er ist die Liebe. Diese hat er gepflanzt in's Paradies seiner Liebe hier, jene in's himmlische. Jesus von Ewigkeit her vom Vater der Liebe als Liebe in Liebe ge= zeugt, ward Mensch in Liebe, die verwelkten Ro= sen in den sündhaften Menschen zu erneuern: im himmlischen göttlichen Feuer der Liebe gab Er Lebenskeim und Blüthenkraft. Er ward für die Erlösten freudenreiche Urrose, in seinem Erlö= sungsleiben schmerzhafte, in der Erlösung und Erwerbung des Himmels glorreiche: seine Freude an der Erlösung rief hervor den Schmerz; dieser hatte zur Folge die Glorie. Er blieb das Herz der Marienrose im Ave, dessen Mittelpunkt sein süßer Name bildet. Der heilige Geist, dieser Geist der Liebe, unterhält in seinen Gnaden das Feuer der Liebe im Menschen, weht es an zur Gluth und Flamme, zur Freude in Gott, zum Schmerze der Reue, Gott beleidigt zu haben und in Vervollkommnung zur Verherrlichung. Die h. Gottesmutter Maria, diese geistliche Rose und Mutter der schönen Liebe, ist als Mutter Jesu dieser heiligsten Rose und durch dessen Liebe auch die unsrige: „Siehe deine Mutter!“ sie ist die freudenreiche Rose als Mutter Christi und die Braut des heiligen Geistes: „Mein Geist frohlockt

in Gott meinem Heilande!" die schmerzhafte im
Leiden des geliebten Sohnes; die glorreiche als
die Gnadenvolle im Himmel für uns. So denn
auch sagt der selige Albertus Magnus: „Obwohl
es andere heilige Frauen gibt, so erscheint doch
Maria, die Zierde ihres Geschlechtes und Königin
der Jungfrauen, unter ihnen, wie die Rose unter
den übrigen Blumen". Trefflich ist die Erläu-
terung eines frommen Schriftstellers*): „Die
Herrlichkeit des Rosenkranzes und die Verschie-
denheit seiner Mysterien kann nicht besser versinnlicht werden, als durch die Rose. Ihre Feuer-
farbe, ihre herzförmige Blättchen und die kleinen
Goldperlen in ihrer Mitte, führen uns die Ro-
senkranzverehrer vor in ihrer glühenden Gottesliebe, womit durch die Bande der Nächstenliebe, in
derselben Bruderschaft, welche in e i n e m Geiste
mit e i n e m Herzen und e i n e r Stimme Jesus
und Maria zu loben und zu lieben bezweckt. Das
grüne Blatt des Rosenstockes stellt uns die freudenreichen Geheimnisse dar, die Dornen die schmerzhaften und die Rosen selbst die glorreichen. Die
Rosenknospen sind das Sinnbild Jesu in seiner
Kindheit, die halbgeöffneten Rosen weisen hin
auf Jesum in seiner Passion, die völlig aufge-
blühten zeigen uns Jesum in seiner Glorie. Die
Rose erfreut durch ihre Schönheit, Jesus und
Maria trösten in den freudenreichen Geheimnissen
den armen Sünder. Sie sticht mit ihren Dornen: Jesus und Maria durchbohren unser Herz
in den schmerzhaften Geheimnissen mit dem Reue-

---

*) Siehe Mariapsalter 1879, Seite 102—103.

schmerze über unsere Sünden; die Rose erquickt
uns durch ihren angenehmen Duft: in den glor=
reichen Geheimnissen ziehen Jesus und Maria
unsere Seelen an durch ein brennendes Verlan=
gen nach den himmlischen und ewigen Gütern.
Geformt und genährt vom himmlischen Thau
öffnet sich die Rose in den Strahlen der Sonne.
Der Rosenkranz ist eine Blume, welche ein Erz=
engel auf die Erde brachte, er ist dem Himmel
entsprossen, der ihm durch den Thau seiner Seg=
nungen das Wachsthum verleiht. Pflegen und
hegen wir daher diese himmlische Blume, deren
Wohlgeruch uns an die süße Wonne des himm=
lischen Vaterlandes erinnert".

Hochheiliger Rosenkranz wird er genannt, weil
er die heiligsten Gebete enthält und in seinen Ge=
heimnissen dem allerheiligsten Altarssakramente
als Denkmal an Jesu Leben, Leiden, Tod und
Verherrlichung zur Seite gesetzt ist. Maria=
Psalter heißt diese Gebetsweise, weil geordnet
nach dem Psalter Davids: dieser hat 150 Psal=
men, der Rosenkranz 150 Ave; König David
sang seine Psalmen auf der Harfe mit zehn Sai=
ten*), hier bilden zehn Ave ein Gesätzchen, wovon
jedes mit dem göttlichen Lobgesang schließt, so=
wie die einzelnen Psalmgesänge. Maria nannte
auch diese Gebetsweise "meinen Psalter", so bei
bezüglicher Erscheinung. Der h. Augustin be=
zeichnet Maria selbst als Psalter mit zehn Sai=
ten, weil durch die lieblichen Töne bei ihrer
Fürbitte für uns der Zorn der Gerechtigkeit

---

*) Psalm 143, 9.

Gottes besänftigt werde, wie Sauls Zorn durch
Davids Harfenspiel besänftigt wurde, ja er er=
scheint in seinen Gebeten und Geheimnissen wie
eine Harfe, deren Töne den verschiedenen Gefüh=
len unseres Herzens erhebend und tröstend ent=
sprechen, er kann daher auch Mariä Harfe genannt
werden; gleichwie die Aeolsharfe beim Wehen
des Windes die herrlichsten Töne gibt, so thut
ein Gleiches diese Harfe bei Berührung unseres
Geistes im Gebete. Der selige Albertus Magnus
aber nennt Maria die 150 blätterige Jerichorose
und will, daß man sie häufig und weise begrüße;
ja sie soll ununterbrochener Gegenstand unseres
Dankes und Betrachtens sein, besonders aber
durch das Band der Geheimnisse des Rosenkran=
zes, womit Mutter und Sohn unauflöslich ver=
knüft seien. Dieser Psalter heißt auch großer Ro=
senkranz; er ist eingetheilt in drei gleiche Theile,
jeder mit fünf Gesetzchen und wird nach den
damit verbundenen Geheimnissen: freudenreicher,
schmerzhafter und glorreicher, jeder dieser, kleiner
Rosenkranz genannt. In gleicher Bedeutung be=
nennt man ihn auch Rosenkrone.

4. Jedes Gesetzchen beginnt mit dem Gebete
des Herrn, damit gemäß Offenbarung Mariä,
jeder wisse, daß unser Flehen nur in Gott sei=
nen Ruhepunkt finde: anwendbar sind daher die
Worte der Lection der h. Messe am Feste der
Geburt Mariä: „Wer mich findet, findet das
Leben und schöpft das Heil aus dem Herrn*)". Es
schließt jedes Gesetzchen mit dem göttlichen Lob=

---

*) Sprüche 8, 35.

gesang, weil Alles zur größeren Ehre Gottes ge=
schehen soll.

Der Psalter beginnt mit dem apostolischen
Glaubensbekenntnisse, weil der Glaube die Grund=
lage aller Gebete ist, sowie auch der Herr den
Petrus selig pries, weil er geglaubt, die h. Eli=
sabeth die h. Maria, weil sie geglaubt: auf Grund
dessen Ersterer Felsenmann der Kirche und Statt=
halter Christi, Letztere aber Gottesmutter wurde.
In Verbindung dreier Ave, werden die drei gött=
lichen Tugenden erweckt in Anerkennung dersel=
ben als Himmelsseiler, die uns mit Gott, dem
Himmel und den himmlischen Gaben verbinden:
auch diesen drei Ave geht aus bereits berührtem
Grunde das Gebet des Herrn voraus. Diese Ge=
bete sind als Vorbereitungsgebete zu betrachten
und nicht erforderlich zur Gewinnung der mit
dem Rosenkranzgebete verbundenen Ablässe.

Dies Gebet besteht vorerst im Gebete des
Herrn, wovon Christus der Lehrmeister ist und
worin Er zugleich mit uns, als den Gliedern
seines geistlichen Leibes bittet. Ihm auch ver=
danken wir den göttlichen Lobgesang. Es folgt
der englische Gruß, der Gruß, den Gott durch
seinen Engel Gabriel Maria schickte und ihr da=
durch den glücklichsten Augenblick ihres Lebens
bereitete, weil sie ihn als Anfang der Erlösung
betrachtete, wie sie selbst offenbarte. Er ist ein
heiliges Echo in unserm Herzen und Munde beim
Gebete; er enthält sobann den Freudengruß der
h. Elisabeth und bringt, wie der Anfang des
Gebetes mit dem Himmel, so hier mit dem alten

Bunde in Verbindung. Die zweite Hälfte von
„Jesus" an, haben wir von der Braut Jesu, der
h. Kirche, als unserer guten Mutter. Die fünf=
zehn Geheimnisse des Rosenkranzes führen uns
die h. Geschichte Jesu und Maria zur Betrach=
tung und Erwägung vor und geleiten uns bis
zum Himmel, dem wahren Vaterlande, wo auch
unser Geist, wie der der ersten Christen weilen
soll, um welche Gnade wir auch am Feste der
Himmelfahrt Christi in erster Oration der h.
Messe beten. Die Abbetung des h. Rosenkran=
zes ist feierlicher Gottesdienst. Zuerst errichtet
man in Gestaltung des h. Kreuzzeichens das Kreuz,
als Altar worauf das Opfer des Gebetes dargebracht
wird, wodurch wir selbst aber als Heiligthum, als
lebendiges Haus Gottes, als Bethaus bezeichnet
werden: auch das Geräthe zu diesem h. Dienste,
die Perlenschnur, ist geheiligt durch Segnung.
Die zwölf Artikel des apostolischen Glaubensbe=
kenntnisses strahlen gleich brennenden Lichtern, wie
die zwölf Sterne am Haupte des Weibes in der Of=
fenbarung[a]. Durch den göttlichen Lobgesang: „Ehre
sei Gott dem Vater, dem Sohn und heiligen Geist,
verbinden wir unsere Gottesverehrung mit der der
Chöre der Engel und Heiligen im Himmel und
huldigen mit ihnen der allerheiligsten Dreifal=
tigkeit: wir verehren den himmlischen Vater ins=
besondere durch das Gebet des Herrn, die Gottes=
mutter durch das Ave Maria. In Berührung
der einzelnen Perlen, sendet man betend, Rosen
der Liebe zum Himmel und sehen wir auch

a) Offenb. 12.

nicht die Perlen in blühende Rosen verwandelt
wie einst die ehrwürdige Dominikanerin Giomara*),
so sehen doch die Geister des Himmels diese geis=
tigen Rosen; glaubst du aber nicht würdig zu
sein diesen erhabenen Gottesdienst zu halten, so
rufe weinend mit der seligen Antonia von der
Menschwerdung b) Gott um Verzeihung deiner
Sünden an, und siehst du auch nicht, wie diese
sodann, den Rosenkranz in der Luft schwebend,
mit Blut besprengt, so erkenne in diesem Blute
das des Erlösers und suche durch sakramenta=
lische Beicht im Schmerze der Reue Vergebung,
und wie Antonia einst eine Stimme von Oben
vernahm die da sprach: „Deine Sünden sind dir
vergeben" und zugleich über ihrem Haupte einen
weißen Rosenkranz erblickte, so hörst du jene
trostreiche Worte vom Engel Gottes im Beichtstuhle,
dem Priester, und dein Seelengewand erscheint
weiß gewaschen durch das Blut des göttlichen
Lammes.

5. Das Rosenkranzgebet ist die vorzüglichste
Andachtsübung, die Königin der Gebete: so sagt
mit Recht der selige Alanus. So auch sprach
Maria zum h. Dominikus: „Dies ist die Andacht,
welche Du den Völkern predigen sollst, die An=
dacht, welche meinem Sohne und mir die ange=
nehmste, und das mächtigste Mittel ist, die Barm=
herzigkeit Gottes und einen besonderen Schutz
zu erlangen c)". Fürstbischof Heinrich nennt sie
„goldene Kette", woran Maria ihre treuen An=

---

a) Betrachtungen von Can. J. M. Trichaud, II. 99. b) bf. II. 362.
c) Psalter Mariä I. Seite 129.

hänger in den Himmel zieht. Papst Pius IX. nennt es „kurzer Inbegriff aller christlichen Ge= bete, ebenso ein kleines Evangelium, welches die= jenigen, welche andächtig und fleißig darin beten, zu dem Frieden führt, der im Evangelium ver= sprochen ist." Der Rosenkranz als Perlenschnur, gleicht der Ruthe Arons, welche im Heiligthume der Bundeslade blühte als Zeichen dessen Erwählung zum Hohenpriester: verbinden wir diesen in an= dächtigem Gebete mit einem gottliebenden, heiligen Herzen, so wird jede Perle bei betreffendem Ge= bete eine blühende geistliche Rose, welche die Seele erquickt und, Gott wohlgefällig, zum Himmel duftet. Sie gleicht dem Stabe Moses, wirkend große Wunder, wenn mit festem Glauben ge= braucht, wie dies die Lebensgeschichte des h. Do= minikus, des h. Franz Xaver und vieler anderer Heiligen bestätigt, deßwegen der Rosenkranz auch Wundergebet in seinen Segnungen[a], Hülfe der Gläubigen[b] und Waffen zur Bekämpfung des Uebels[c] genannt wird. Er ist ein Kapital, welches selbst unbenutzt seine Zinsen trägt, denn wenn man ihn nur ehrfurchtsvoll bei sich trägt, gewinnt man täglich einen nicht geringen Ablaß, weßwegen ihn Papst Paul V. Schatzkammer der Liebe nannte. Zierde der römischen Kirche nennt ihn Papst Julius III., als solche tragen ihn insbesondere die Ordens= leute, sowie die Katholiken überhaupt beim Kirchen= gange und beim Empfange der heiligen Sakramente.

Er ist ebenso das beste Gebetbuch, und mit ge= ringen Mitteln zu erhalten. Man kann darin

---

a) Leo XIII. b) Papst Clemens VIII. c) Papst Pius IX.

lesen, auch wenn man in andern Büchern nicht
lesen kann; er ist verständliches Gebetbuch für
Arme und Reiche, Herren und Diener, Gelehrte,
Gebildete und Unwissende, Ungebildete, für Kranke
und Gesunde, für alte und junge Leute; man
kann darin beten zu jeder Stunde, bei Tag und
Nacht, bei Licht und Finsterniß.

6. Was die öftere Wiederholung des Ave=
Maria=Gebetes betrifft: so bedenke, daß nach Got=
tes h. Anordnung in der Natur überall Wieder=
holung statt findet! kannst du zählen die Sterne
am Firmament, die Tröpflein in den Wassern,
die Sandkörnlein der Erde? Haben nicht die ein=
zelnen Gattungen der Bäume, Sträuche und Pflan=
zen überhaupt gleichgestaltete Blätter, Blüthen
und Früchte und erscheinen sie nicht um so schö=
ner und angenehmer, je zahlreicher solche sind.
Haben nicht die einzelnen Gattungen Vögel ihren
eigenen Gesang, den sie stets wiederholen und doch
ist er erfreulich; ist ferner nicht das Echo um so
schöner, je öfter der Schall sich wiederholt? Er=
kennt sich nicht der Monarch oder sonst eine hohe
Persönlichkeit geehrt und geliebt nach der Ver=
vielfältigung und Wiederholung des Rufes zur
Bewillkommung? Hört nicht gerne die Mutter
das vom Kinde zuerst gelernte Wort von dem=
selben tausendmal an einem Tage? Die Liebe
sieht nur auf Liebe und erkennt Worte nur als
Ausdruck derselben; Gott aber ist die höchste Liebe.
Servulus, der mit vieler Mühe nur das Alpha=
beth zu lernen vermochte: sagte dies täglich oft
daher und fügte dann hinzu: „O Herr! mache

du daraus, was du willst". Der Herr aber seg=
nete diese Ausdrücke der Liebe und Servulus
wurde ein Heiliger. Doch abgesehen hiervon, ge=
denke man, daß das Gebet Nahrung der Seele
ist. Nimmt man nicht zur Sättigung des Lei=
bes einen Bissen derselben Speise und einen
Schluck desselben Trankes nach dem anderen, ohne
daß es auffällt, sollte dann nicht ein Gleiches auch
in Betreff der Seele geschehen dürfen? Ist nicht
ebenso jeder Athemzug gleicher Luftgenuß und un=
entbehrlich für den Leib, jeder Pulsschlag eine
Blutwallung zur Erhaltung unseres Lebens? Wie=
derholen sich nicht auch die meisten Handlungen
des Menschen zahllos im Tage? Lieben wir also
auch die Wiederholung berührten Gebetes, erken=
nen wir diese Wiederholung als Liebesschläge des
Herzens, als Athmen der Sehnsucht nach dem Him=
mel, verbinden wir bezügliche Worte mit den Herz=
schlägen der Liebe zu Gott und Maria: die Liebe
versüßt und macht angenehm alles, was sie durch=
dringt; auch wechselt ja der Inhalt der Geheim=
nisse und bietet stets neuen und ergreifenden Ge=
genstand der Betrachtung. Im Manna, der
Speise des Volkes Israels in der Wüste, lag jeg=
licher lieblicher Geschmack[a], dasselbe genossen mit
Glauben und dankbarer Liebe; doch den Weltkin=
dern, welche den Geschmack sinnlicher Liebe pflegten,
erschien sad diese Wunderspeise. Demuth macht
stark und Gott angenehm das Gebet; Liebe macht
es lieblich und segensreich.

    7. Die Verehrung des Rosenkranzgebetes und

---

a) Weish. 16, 20.

die Theilnahme an bezüglicher Bruderschaft war
stets groß und nicht nur beim Volke, sondern auch
bei den höchsten Würdenträgern. Wie sehr eifer=
ten die Päpste dafür, wie sehr munterten sie dazu
auf in Ertheilung der großartigsten Ablässe und
durch eigenes Beispiel; Papst Pius V. verpflich=
tete sich selbst durch ein Gelübde zur täglichen Ab=
betung des Rosenkranzes; Papst Urban VIII.
wohnte der Rosenkranzbruderschafts = Prozession
bei. Auch der so hoch geschätzte und geliebte Papst
Pius IX. war Mitglied dieser Bruderschaft und
bot alles zur Förderung der Rosenkranz=Andacht
auf, indem diese den Frieden dem Herzen, der
Familie und dem Lande bringe. „Verkünde
allen Gläubigen", sprach er zum französischen Bi=
schofe von Laval, „daß der Papst sich nicht da=
mit begnügt Rosenkränze zu segnen, sondern
daß er auch selbst alle Tage den Rosenkranz be=
tet und seine Kinder dazu einladet, dasselbe zu
thun". Jeden Abend betete er ihn mit seinen
Hausgenossen in der Kapelle seines Palastes; sagte
so auch: „Ich wünsche sehr, daß er täglich in
jeder Familie gebetet werde". Daher auch gab
er den Rath[a]: „Betet alle zusammen in euren
Familien jeden Abend den Rosenkranz, Vater,
Mutter, Söhne und Töchter, alle zusammen be=
tet dieses einfache schöne, mit Ablässen so reich=
begnadigte Gebet. Nehmet dieses, meine Kinder
an als mein letztes Wort und als das Andenken,
das ich euch hinterlasse". Ebenso ermahnt der
h. Vater Papst Leo XIII., jeden Christen, eifrigst

a) Der Pilgerschaar aus Poitiers am 11. April 1877.

öffentlich, und privatim besonders in seiner Woh=
nung mit Familie das fromme Rosenkranzgebet
zu verrichten. Und ist es nicht auch die Mutter=
hand, welche uns den Rosenkranz darbietet?
sollten wir ihn nicht dankbar annehmen und ge=
brauchen? Der h. Vater Papst Pius IX., verehrte
den Rosenkranz, den er von Pius VIII. ererbt
hatte als kostbares Kleinod und betete ihn täg=
lich: mögen Eltern den Kindern, Freunde den
Freunden solch' Erbstücke verleihen.

Wie bemüht waren so manche Bischöfe für
allgemeine Einführung der Rosenkranzbruder=
schaft und des Rosenkranzgebetes in ihren Diöce=
sen: so der h. Carl Boromäus; er gebot daher
den Alumnen des Priesterseminars tägliche Ab=
betung des Rosenkranzes, damit sie nach eigener
Erfahrung, in späterem Wirkungskreise die Schön=
heit und den Nutzen desselben anrühmten, und zur
beglückenden Nachahmung aufmunterten: selbst
auch von den Soldaten verlangte er die tägliche
Abbetung des Rosenkranzes. Der h. Bischof Franz
von Sales machte zur Bewahrung der Rein=
heit des Herzens schon in der Jugend das Ge=
lübde, täglich denselben zu beten und hielt es bis
zum Tode. Er sagte, daß er keine Andacht kenne,
die angenehmer der h. Maria sei, und fügte hinzu:
„O welche schöne Hoffnung auf ihr ewiges Heil
haben diejenigen, welche ihn alle Tage mit Liebe
und Beharrlichkeit beten". „Viele, die jetzt im
Himmel sind, verdanken dem Rosenkranze einen
seligen Tod". Auch die in unseren Tagen als
muthige Kämpfer der h. Kirche, mit Ruhm ge=

krönten Bischöfe Conrad Martin von Paderborn
und Freiherr Wilhelm Emanuel von Kettler,
Bischof von Mainz, beteten ihn von Jugend an;
ja, letzterer nannte den Rosenkranz seinen bestän=
digen Begleiter, besten Freund und vorzüglichen
Rathgeber auf allen seinen Wegen.

Wie dem h. Ordensstifter Dominikus der Ro=
senkranz sein Lieblingsgebet war, den er überall
betete, so ward er Lieblingsgegenstand jedem Or=
densstifter für sich und seine Ordensmitglieder;
auch den schon früher gestifteten Orden wurde er
dies. Die Heiligen pflegten mit diesem Gebete
ihr Streben nach Vollkommenheit, daher war es
ihr liebstes Gebet; der h. Ludwig Bertrand trug
den Rosenkranz in Liebe und Verehrung Tag
und Nacht am Halse; der h. Paschalis hielt ihn
stets in der Hand, wo dies unmöglich war, trug er
ihn am Halse; ähnliches that der h. Franz Xaver.

Manche Fürsten auch verherrlichten ihr Leben
durch Liebe zum Rosenkranze. Friedrich III. und
seine Gattin Eleonore, sowie die Mitglieder sei=
nes Hauses waren durch's Rosenkranzgebet thä=
tige Mitglieder der Erzbruderschaft des h. Ro=
senkranzes; so auch bewährte Kaiser Carl V. die
zärtlichste Liebe zu diesem Gebete. Kaiser Franz I.
ließ eine Kirche bauen, worin täglich der Rosen=
kranz gebetet werden sollte. Anna, Gemahlin des
Königs Ludwig XIII. opferte ihren Sohn Ludwig
als Frucht des Rosenkranzgebetes Gott auf; ein
Gleiches that Theresia Maria, Gattin Ludwigs
XIV.: sie ließ ihn gleich nach der Geburt schon
der Bruderschaft einverleiben: dieser betete den

Rosenkranz von Jugend an. Ferdinand I., König von Aragonien verehrte die Gottesmutter
insbesondere als Königin des Rosenkranzes. Die
Könige von Spanien, Philipp der Erste bis zum
Vierten einschließlich, waren besondere Verehrer
des Rosenkranzes als Mitglieder bezüglicher Bruderschaft: ebenso Sigismund I., König von Po-
len, Heinrich I., König von Portugal; dieser gab
selbst Schriften darüber in Druck.

8. Mitglied dieser Bruderschaft zu werden
muß man sich bei betreffendem Rector melden
und seinen Namen in's Buch der Mitglieder
eintragen lassen. Verpflichtungen zur Gewinnung
der hiermit verbundenen Abläße sind, daß man
im Laufe der Woche den ganzen Rosenkranz in
seinen fünfzehn Gesetzchen, in Verbindung mit
den heiligen Geheimnissen betet: es kann dies
an einem Tage geschehen, oder nach Belieben
auf die Wochentage vertheilt; gänzliche oder theilweise Unterlassung dieser Gebete ist nicht Sünde,
hat aber den Verlust der Abläße für solche Woche
zur Folge: die zu gewinnenden Abläße sind in
einem Büchlein verzeichnet, welches jeder bei Aufnahme in die Bruderschaft auf Wunsch erhält.
An den höheren Festtagen Mariä, sowie an dem
ersten Sonntage eines jeden Monats wird hier
die vorschriftsmäßige Prozession Nachmittags in
Verbindung mit der Christenlehre oder Vesper
gehalten. Vier weißgekleidete Jungfrauen tragen
auf geschmückter Bahre die Maria-Statue; sechs
weißgekleidete kleine Mädchen tragen Lilien um
selbe. Voraus gehen fünfzehn Mädchen mit bren-

nenden Kerzen, welche mit Rosenguirlanden um=
wunden sind, und zwar die fünf ersten mit wei=
ßen, die darauf folgenden fünf mit rothen und
die letzten mit gelben Rosen, den freudenreichen,
schmerzhaften und glorreichen Rosenkranz sinnbil=
dend. An der Spitze des Zuges wird das Bru=
derschafts=Crucifix getragen, woran sich die Schul=
jugend anschließt; den Schluß machen zwölf Kin=
der mit schönen Kreuzfähnchen, geschmückt mit
heiligen Symbolen. Nach diesen trägt eine Jung=
frau eine große Marien=Kreuzfahne, eine zweite
wird getragen nach den Kindern mit den Kerzen.
Unmittelbar nach der Statue folgen Priester und
Meßdiener, sodann die Rosenkranzmitglieder der
Gemeinde. Während der Prozession durch die
Kirche wird die lauretanische Litanei gesungen;
während der Schlußandacht umgeben die Kinder
mit den Fähnchen und brennden Kerzen den Hoch=
altar worauf mit vorschriftsmäßiger Beleuchtung
das Allerheiligste ausgesetzt wird. Es ist dieser h.
Dienst ein sehr ergreifender, offenbar von Gottes
Wohlgefallen, sowie von seiner Gnade begleitet.

Heil der Gemeinde und den Familien, worin
diese Bruderschaft Aufnahme gefunden. Wo dieser
Verein der Liebe und Gnade blüht, hält er auf=
recht den Hausgottesdienst, die Abendversammlung
in Gott durch gemeinschaftliches Rosenkranzgebet;
es bewähren sich solche Häuser als Gotteshäuser,
die Väter und Mütter als Priester des Hauses,
die Bewohner desselben als Kinder und Verehrer
Gottes und Mariä. Mit der heiligen Liebe blühen
in solchen Häusern mehr und mehr alle Tugenden

auf und hiermit Glück und Segen für Zeit und
Ewigkeit. Diese heilige Beschäftigung läßt uns
vergessen sündhafte Abendbelustigungen der Welt,
macht das Haus zum Vorhimmel und das Leben
zum Vorgeschmack der Seligkeit des Himmels.
Man erkenne den Rosenkranz als Unterpfand
der Liebe Jesu und Mariä und benutze ihn so
in Liebe und Freude. Maria die gute Mutter,
nannte ihn bei dem seligen Alanus „Meinen
Rosenkranz" und versprach dem, welcher ihn andächtig im Leben bete, ihn vor unversehenem
Tode zu bewahren. In den Händen des seligen
Johannes Bergmans erglänzte sein Leben hindurch der Rosenkranz, so hielt er ihn auch hoffnungsvoll in seinen sterbenden Händen, mit im
Tode brechenden Augen schaute er ihn liebvoll an
und seine erblaßten Lippen küßten ihn. Schon als
Kind liebten auch wir ihn, er bleibe uns Lieblingsgegenstand in Gott, dann wird er uns auch
im Tode in den Händen unsrer Leiche ein Zeichen der Gnade und des Bundes mit Gott und
Maria, in den Händen der uns Ueberlebenden ein
Werkzeug der Liebe und des Trostes für uns sein.
Das Rosenkranzfest sei uns ein Andenken an die
vielen und großen Wohlthaten, welche dem christlichen Volke durch das Rosenkranzgebet verliehen
wurden: so der h. Vater Leo XIII., sowie eine Aufforderung zur Dankbarkeit für die dadurch erhaltene
Gnade und Aufforderung fortdauernder Verehrung
des h. Rosenkranzes in Liebe und Beten desselben.

III. Die Kanzel.

1. Die Kanzel hat ihre Stelle am letzten frei-

stehenden Pfeiler linker Seite des Hauptschiffes. Sie ruht auf einer runden Bergkrystallsäule. In der Mitte derselben liest man auf blauem Grunde in goldener Schrift die bedeutungsvollen Worte: „Die Kirche des lebendigen Gottes ist eine Säule und Grundfeste der Wahrheit*)". Zur Kanzel führt eine Treppe von zehn Stufen, welche über einen Krystallfelsen führt und von beiden Seiten mit einer Brustmauer von Krystallen umfaßt ist. An der vorderen Seite zeigt ein Engel eine Rolle, worauf folgende Worte verzeichnet sind: „Die Lippen des Priesters sollen die Wissenschaft bewahren, und das Gesetz soll man holen aus seinem Munde, denn ein Engel des Herrn der Heerschaaren ist er[b)]".

2. Das Innere der Kanzel ist mit Holz bekleidet; sie hat nach dem Bilde des Hauses, das die göttliche Weisheit sich mit sieben Säulen erbaut[c)] und nach den sieben Leuchtern, welche die Gemeinden, Christi sinnbilden[d)], sieben Pfeiler. Diese Leuchter erhalten ihr Licht von Christus, diesem Lichte der Welt[e)], er entstrahlt es im göttlichen Worte durch den Mund der Priester; nur d i e Lehre ist wahr, die von ihm ausgeht, und diese hat seine h. Kirche. Das Haus aber ist die göttliche Anstalt, welche Gott gegründet zur Belehrung und Heilung der Menschen; die Säulen gleichen der Feuer= und Wolkensäule, worin Gott sein Volk schützte und durch die Wüste zum gelobten Lande führte. Diese Pfeiler sind in Berg=

---

a) 1. Tim. 3, 15. b) Malach. 2, 7. c) Sprüchw. 9, 1. d) Offenb. Joh. 2, 1. e) Offenb. 1, 16.

kryftall errichtet, ruhen auf einem Sockel und
enden an einem Gesimse von verschiedenen Berg=
kryftallen. Den unteren Theil der Kanzel bilden
Kryftallbänder, welche in der Richtung der Pfei=
lerchen nach der Säule hinlaufen. Die zugespitz=
ten Felder, welche dadurch gebildet werden, sind
bekleidet mit weißen Kryftallsteinchen.

Diese sieben Felder, zwischen den Säulchen
aber enthalten auf blauem Grunde in Goldschrift
Stellen aus dem Evangelium und den Briefen
der einzelnen Verfasser der h. Schrift des neuen
Bundes und zwar folgende: Auf dem ersten:
Der Herr zu seinen Jüngern: „Gehet hin und
lehret alle Völker! Lehret sie alles halten, was
ich euch befohlen habe; siehe ich bin bei euch alle
Tage bis an's Ende der Welt^{a)}". Auf der zwei=
ten: Der Herr: „Nicht ihr seid es, die da reden,
sondern der heilige Geist. Wer Ohren hat zu
hören, der höre! Merket wohl, was ihr höret^{b)}".
Auf der dritten: Der Herr zu seinen Jüngern:
„Wer euch höret, der höret mich, und wer euch
verachtet, der verachtet mich; wer aber mich
verachtet, der verachtet den, der mich gesandt
hat^{c)}". Auf der vierten: Der Herr: „Wenn mich
jemand liebt, so wird er mein Wort halten, und
mein Vater wird ihn lieben; wir werden
zu ihm kommen und Wohnung bei ihm neh=
men^{d)}." Auf der fünften: Der h. Paulus: „Wir
bitten und ermahnen euch im Herrn Jesu, daß
ihr so, wie ihr von uns unterrichtet worden seid

---

a) Matth. 28, 19—20. b) Mark. 13, 11 u. 4, 23—24. c) Luc.
10, 16. d) Johannes 14, 13.

zu wandeln und Gott zu gefallen, auch wirklich wandelt, damit ihr immer vollkommener werdet[a])". Auf der sechsten: Heil. Petrus: „Das Wort des Herrn bleibt in Ewigkeit. Das Wort aber ist das, welches im Evangelium euch verkündet worden[b])". Der heil. Johannes: „Wer Gott kennt, höret auf uns; wer nicht aus Gott ist, höret nicht auf uns[c])." Auf der siebenten: Heil. Jacobus: „Leget ab alle Unreinigkeit und allen Auswuchs der Bosheit und nehmet an mit Sanftmuth das eingepflanzte Wort, das eure Seele retten kann, und seid Befolger des Wortes[d])". Der heil. Judas: „Bauet euch fest auf euern allerheiligsten Glauben, betet im heiligen Geiste, erhaltet euch in der Liebe Gottes und wartet auf die Barmherzigkeit unseres Herrn Jesu Christi im ewigen Leben[e])." Die einzelnen Tafeln sind umfaßt mit Goldstäbchen und weißen Bergkrystallen.

3. Die Lehne der Kanzel ist ein Polster, überzogen mit rothem Sammt, darunter ziehen sich hin ein Stab in Goldbronze und zwei schmale Bänder prachtvoller Bergkrystalle. Den Schalldeckel, in angemessener Höhe oberhalb der Kanzel, ziert ein strahlender Stern, in Glas gebrannt, der auf Christus, das Licht der Welt, deutet, in dem die Priester predigen, und wir alle leben müssen, um auf der Bahn des Heils zum Himmel zu gelangen. Die äußere Abrundung besteht in zwei Reifen von Amethysten und anderen

a) 1. Thessalonischer 4, 1. b) 1. Brief 1, 24. c) 1. Brief 4, 6. d) Brief 1, 21—23. e) Brief 1, 20—21.

Kryſtallen, welche ein ſchmaler Goldſtab trennt;
darunter iſt ein blaues Band von Zink, worauf
in Goldſchrift ſteht, was Jeder vor der Predigt
zum Himmel rufen ſoll: „Komm, heiliger Geiſt,
erfülle die Herzen beiner Gläubigen und entzünde
in ihnen das Feuer Deiner Liebe!" Dieſer Deckel
iſt leicht, ſchön und zweckmäßig; es ſpricht ſich
leicht auf der Kanzel. Die Rückwand bildet der
Lavapfeiler, welcher aber mit einem rothen
Sammt, in Falten herabhängend, gedeckt iſt.
Die Mitte deſſelben ziert ein Pult, mit Purpur
überzogen, worauf das h. Evangelienbuch vor
einem Crucifixe liegt, das zur Segnung der Ver-
ſammelten ausgehoben werden kann. Die Kanzel
ſteht da wie ein Waſſerbehälter, woraus ein lebendiger Quell göttlichen Waſſers ſich ergießt, wenn
der Engel des Herrn im Prieſter in ſelbe ſteigt,
wie einſt der Engel des Herrn an gewiſſen
Tagen in den Teich Bethſaida zu Jeruſalem
zur wundervollen Bewegung deſſen Waſſers
ſtieg[a]. Es geſchieht dies insbeſondere an den
Tagen des Herrn, wo des Herrn Wort von
da aus als Lebenswaſſer der Seele entſtrömt.
Das iſt ein heiliges Waſſer, ſoll daher geachtet,
geehrt werden durch aufmerkſame Anhörung;
nicht verſchüttet werden durch Unachtſamkeit und
Zerſtreuung des Geiſtes; es muß getrunken werden zur Erfriſchung und Belebung des Geiſtes
und Herzens, muß deſſen Segnungen in ſich wirken laſſen, und wie der Leib des irdiſchen Waſſers fort und fort zur Belebung und Erhaltung

---

a) Joh. 5.

bebarf, so auch die Seele jenes Seelentrankes.
Auch dieses Wasser heilt unfehlbar nicht nur den,
welchen es zuerst berührt, sondern alle, welche
es berührt, sofern sie es in sich wirken lassen.
Es soll daher als besonderes Geschenk der Liebe
Gottes betrachtet und in dankbarer Liebe benutzt,
d. h. allzeit und pünktlich lbefolgt werden. Wie
der eine Quell im Paradiese das ganze Paradies
befeuchtete und Wachsthum, Blüthe und Früchte
förderte, so soll ähnliche Wirkung jener Quell in
jeder Gottesgemeinde hervorrufen: alle Mitglieder solcher Gemeinde, jung wie alt, deren Geist
dies Lebenswasser zu erfassen vermag, müssen
daher auch an jenen Tagen, wo es hervorquillt,
davon sich befeuchten und durchdringen lassen.
Als Gottes Wort kommt es von Oben rein, es
darf daher nicht durch menschliche Lehre getrübt
werden: wie das irdische Wasser durch Vermisch-
ung mit Erde trüb und untrinkbar wird: so
würde Gott auch diesem seinem Wasser, getrübt
durch menschliche Ansichten die Wirksamkeit entziehen; denn solches Wort mit Irrthum vermischt, hört auf, Wort des wahrhaftigen Gottes
zu sein, und wie Lucifer, dieses ursprünglich
so herrliche Ebenbild Gottes ein Teufel, ein bö-
ser Geist wurde, da er seinen Willen gegen Gottes Willen geltend machen wollte, so hört auch
da das ursprüngliche Wort der Liebe auf, solches zu sein; es bekundet durch die Irrlehre den
Geist des Widersachers Gottes, hört so auf Gottes Lehre, Lehre des Heils zu sein. Sie ist auch
Speiseort, von wo aus das Brod des göttlichen

Wortes den da Versammelten vertheilt wird, wie einst Jesus auf dem Berge am galiläischen Meer Tausenden die Wunderbrode durch seine Jünger vertheilen ließ. Das Wort Gottes bezeichnet Jesus als Speise[a], die Erfüllung desselben als seine Speise[b]. Es soll so auch unsere Speise sein auf dem Wege zur himmlischen Heimath. In seinem Worte entstrahlt Gott seinen Willen zur Belebung und Vervollkommnung der Seele, dieses Ebenbildes Gottes: im Gebet nahen wir den Ausstrahlungen der Barmherzigkeit Gottes, in Verkündung des göttlichen Wortes aber nahet Gott uns: er nimmt unser Gebet zur Segnung auf, wenn wir sein Wort in Befolgung desselben aufnehmen und so werden wir dadurch genährt für das ewige Leben.

IV. Die Communionbank.

1. Die Communionbank trennt das Mittelschiff der Kirche vom Chore und steht zwischen den beiden Pfeilern, welche die innern Eckpfeiler der Grabkapellen bilden[c]. Sie hat drei Abtheilungen, wovon die beiden äußersten zugleich die Thüren zum Chore bilden, fünf Felder und sieben Pfeiler, deren Ecken aus hellgrauen Krystallen bestehen und Schriften auf weißem Hintergrunde umfassen. Die Schriftflächen bilden die vordere Füllung der Pfeilerchen und sind umgeben von goldgelben Krystallen. Die Schriften enthalten theils Einladungen zum Empfange des allerheiligsten Sakraments, theils bezeichnen sie

---

a) Matth. 4, 4. b) Joh. 4, 34. c) Die Länge derf. beträgt 8 Meter 75 Ctm., die Breite 42 Ctm., die Höhe 84 Ctm.

die Früchte würdiger, theils aber auch die Folgen unwürdiger Communion.

Die beiden mittleren heißen: „Nehmet hin und esset, das ist mein Leib, der für Euch hingegeben wird; dies thut zu meinem Andenken[a]".

„Dieser Kelch ist der neue Bund in meinem Blute: thuet dies, so oft ihr trinkt zu meinem Andenken[b]".

Die der zunächst stehenden Pfeilerchen: „Wer mein Fleisch ißt und mein Blut trinkt, der hat das ewige Leben, und ich werde ihn am jüngsten Tage auferwecken[c]". „Wer mein Fleisch ißt und mein Blut trinkt, der bleibt in mir und ich in ihm[d]". An den äußersten Pfeilerchen neben den großen Pfeilern steht: „Wer nun unwürdig dieses Brod ißt und den Kelch des Herrn trinkt, der ist schuldig des Leibes und Blutes des Herrn[e]". „Wer unwürdig ißt und trinkt, der ißt und trinkt sich das Gericht, indem er den Leib des Herrn nicht unterscheidet[f]". Auf jedem dieser Pfeilerchen steht eine Statue in entsprechender Größe, sinnbildend die Liebe zu Gott und zu den Nebenmenschen. Erstere in priesterlicher Kleidung, darstellend das königliche Priesterthum der Gläubigen[g]; sie zeigt daher in der rechten Hand den Leidenskelch, auffordernd, in geduldiger Ertragung aller Leiden seine Liebe zu Gott zu bewähren, sich so selbst Gott als Opfer hinzugeben. Die andere Statue im Levitengewande, dem Gewande der Diener Gottes im Tempel, hält eine brennende Kerze in der Rechten, sinn=

---

a) 1. Corinth. 11, 24.   b) V. 25.   c) Joh. 6, 55.   d) V. 57.   e) 1. Corinth. 11, 27.   f) 1. Corinth. 11, 29.   g) 1. Petri 2, 9.

bildend die Leuchte des göttlichen Wortes, in'
dessen Licht wir gehorsam wandeln müssen, um
zum ewigen Lichte des Himmels zu gelangen.
So ist hier zugleich im Bilde des h. Martyrers
Petrus ein Diakon, in dem des h. Martyrers Mar=
cellinus ein Priester, sowie im Bilde des h. Kir=
chenpatrons Nikolaus^a), ein Bischof, in dem des
h. Apostelfürsten Petrus, der Papst dargestellt
und hiermit die Hierarchie der Kirche bezeichnet[b].

2. Die dazwischen liegenden Felder sind mit
weißen, blaugrauen und gelblichen Krystallstein=
chen, zunächst aber mit rothen Glaskrystallen um=
faßt. Auf grünem Grunde stehen in Goldschrift
folgende Schriftstellen:

Auf dem mittlern: „Du bist der Priester
ewiglich nach der Ordnung Melchisedechs[c]." „Je=
sus, welcher nach der Weise des Melchisedech
Hoherpriester geworden ist auf ewig[d]!" Neben
diesem rechts: „Vom Aufgange der Sonne bis
zum Niedergange wird mein Name groß werden
unter den Völkern, und an allen Orten wird
meinem Namen geopfert und ein reines Opfer
dargebracht werden[e]". Neben dem mittleren links:
„Wir haben einen Opferaltar, wovon diejenigen
nicht essen dürfen, die dem Zelte dienen[f]". „Ha=
ben nicht die, welche die Opfer essen, Theil an
dem Altare[g]?" Das äußere rechts enthält die
Worte: „Verherrlicht und traget Gott in euerm

---

a) S. Altar der Kirchenpatrone. b) Das am Fuße des Erstern
eingemauerte Plättchen ist ein Stein des Colosseums, das an dem des
andern von der Grabstätte betreffender Heiligen aus den Catakomben.
c) Psalm 109, 4. d) Hebräer 6, 20. e) Malachias 1, 11. f) Hebräer 13,
10. g) 1. Corinth 10, 18.

Leibe*)". „Ich lebe, doch nicht ich, sondern Chri=
ſtus lebt in mir^b)". Das äußerſte links: „Haltet
den Herrn Chriſtum heilig in euren Herzen^c)".
„Ich fand den, den meine Seele liebt, ich halte
ihn und will ihn nicht mehr entlaſſen^d)".

3. Die hh. Schriftſtellen in den drei mittleren
Feldern beſtätigen die Wahrheit des erhabenen
Opfers des neuen Bundes, bezeichnend den Altar,
das Prieſterthum und das Opfer ſelbſt.

Das Opfern war ſeit Adams Zeiten ſtets der
Ausdruck göttlicher Verehrung; ſelbſt die Heiden,
blos erleuchtet durch das ſchwache Licht der Ver=
nunft, erkannten dies, und die Weigerung, der
Gottheit zu opfern, als ein des Todes ſchuldiges
Vergehen, weßhalb ſie die Rechtgläubigen, welche
ihren vermeintlichen Gottheiten nicht opfern wol=
ten, marterten und tödteten. Allezeit wurde es
von Gott im alten Bunde verlangt; er ſchloß
ſelbſt dieſen Bund mit ſeinem Volke durch Opfer,
ſo mit Noe, dem zweiten Stammvater der Men=
ſchen, und mit deſſen Nachkommen für alle Zeiten
und bezeichnete den Regenbogen am Firma=
mente als ſtete Erinnerung daran^e). Bei Dar=
bringung des von ihm geforderten Opfers er=
neuerte er ſeinen Bund mit dem Patriarchen
Abraham und deſſen Nachkommen^f) und abermals
da, wo dieſer auf göttlichen Befehl ſeinen gelieb=
ten Sohn Iſaak opfern wollte^g); denn dieſes Opfer
ſollte Vorbild des blutigen Opfers Chriſti im
neuen Bunde ſein. Durch's Opfer am Kreuze

a) 1. Corinth. 6, 10. b) Galat. 2, 20. c) 1 Pet 3, 15. d)
Hohesl. 3, 4. e) Genes. 8—9. f) Genes, 15, 18. g) Genes. 22.

hat der Herr den neuen Bund geschlossen, sein Blut hat er als das des neuen Bundes bei Einsetzung des hl. Opfers und Opfermahles bezeichnet[a], und es soll Bundesopfer bleiben bis er wiederkomme zum Gerichte[b]. Im alten Bunde, dem Vorbilde des neuen, hatte das gläubige Volk ein tägliches unblutiges Speis= und Trankopfer; auch dies Vorbild mußte seine Erfüllung bei dem gläubigen Volke des neuen Bundes erhalten und erhielt es im hl. Meßopfer. Die vorbildenden blutigen Opfer erfüllte Jesus durch sein blutiges Opfer am Kreuze; dies brachte er ein für alle Mal dar für das Menschengeschlecht aller Zeiten; es war dies das allgemeine Opfer für alle Menschen, ein Brandopfer seiner Liebe zum Vater; für die Menschen überhaupt opferte er sich dar an ihrer Statt, zu deren Sühnung; doch es konnte nicht Opfermahl für dieselben sein. In fortbauernder unblutiger Erneuerung dieses Opfers aber will er den einzelnen die Früchte seines blutigen Opfers zuwenden und thut es zugleich als Opfermahl. Seine Freude ist es, bei den Menschenkindern zu sein, daher erscheint er, wo er gerufen wird; sein Versprechen ist, uns nicht als Waisen zu hinterlassen, daher erfüllt er sein Versprechen, wo man nach ihm verlangt. Auf Erden lebend suchte er in allem die Ehre seines himmlischen Vaters, so auch bei Einsetzung des Altarsakramentes! er heiligte hierin sich zuerst seinem Vater als Opfer der Liebe, dann gab er sich als Opfermahl und so als Gottesmahl

---

a) 1. Corinth. 11, 25. b) Das. 26.

seinen Jüngern, als Familienmahl den Gottes=
kindern. Seine Liebe ist ewig, dauert so fort im
allerheiligsten Sakramente, sucht daher auch darin
insbesondere die Ehre seines Vaters, indem er
sich darin zuerst ihm aufopfert, dann erst gibt er
sich den Seinigen zum Genusse hin. Als ewiger
Priester nach der Ordnung Melchisedechs[a] bezeich=
net ihn der königliche Prophet; als solchen be=
währte er sich bisher und wird es bis zum Ende
der Welt. Der Priester ist zum Opfern aufge=
stellt[b], also auch Christus dazu für alle Zeit;
dessen Religion ist vollkommen, sie muß daher auch
alle Zeiten hindurch bleiben; und vollkommen muß
ihr Gottesdienst, das Opfer, sein; sie bietet die
größten Geschenke göttlicher Liebe, die vollkom=
menste Gabe in Christo; entsprechend der heiligen
Sache und unsern Bedürfnissen muß so auch das
Opfer Bitt=, Dank= und Lobopfer sein; und dies
ist das heilige Meßopfer. In diesem Opfer gibt
er das Himmelbrod, und erhält darin geöffnet
den Quell aller Segnungen der h. Kirche. Es
ist das höchste und segensreichste Geschenk, das
der Himmel, das Gott geben konnte; verehren
wir es dankbar.

5. Was' die Schriftstellen an den Pfeilerchen
über das h. Opfermahl betrifft, so beachten wir
die darin enthaltene ehrenvolle und beglückende
Einladung Jesu zu seinem h. Tische. Beherzigen
wir, wer uns einladet, und wozu er uns einla=
det: ist's nicht Christus der Sohn Gottes, die
Liebe, und daher dieses Mahl das beglückendste

---

a) Psalm 109, 4. b) 8, 3.

Liebesmahl? Gibt er uns hierin nicht ein Mahl,
woburch wir mehr und mehr seiner göttlichen Na=
tur theilhaft werden*)? Ist's nicht das wirkfamste
Mittel, der göttlichen Aufforderung möglichst
vollkommen nachkommen zu können: „Seid voll=
kommen, wie euer himmlischer Vater vollkommen
ist^b)". Ist das vollkommenste Wesen mit uns
verbunden, eins mit uns, so werden wir durch
dieses, was Gott von uns forbert. Als Gottes=
brob^c) nährt es göttlich, als Himmelbrod^d) himm=
lisch, als Engelbrod englisch; macht mehr und
mehr zum Heiligen und Engel des Himmels;
es schwächt und zerstört so die sündhaften Nei=
gungen und nährt himmlischen Sinn; es be=
wahrt uns die heiligmachende Gnade und kräftigt
selbe zur größeren Heiligkeit in uns; denn es
enthält den Gottmenschen zur Vereinigung mit
den göttlichen Menschen, das heißt mit denen,
deren Seelen ungetrübtes Ebenbild Gottes ist.
Wie Gott dem erften Menschen aus sich selbst
die Seele einhauchte: so will er hier der Seele
Speise sein zu beren Nahrung für sich, sein le=
bendiges Ebenbild im Menschen, und wie er ben
Leib des Adam burch die Seele geheiligt und
biese bamit verbunden hat: so will er auch hier
durch sich den Leib des Menschen nähren zur be=
glückenden Auferstehung; wie Christus in Erfül=
lung des Willens seines himmlischen Vaters seine
Speise erkannte; so sollen auch wir ihn hierin
als Lebensspeise anerkennen, zumal weil wir sein
geistlicher Leib sind, wovon er das Haupt ist:

---

a) 2. Petri 1, 4. b) Matth. 5, 48. c) Joh. 6, 33. d) Joh, 6, 32.

doch nur für gute Seelen ist es solche Speise und
solcher Trank, nicht aber für die, welche durch
Sünde teuflich geworden sind: „Was hat Christus
mit Brlial[a] gemein?" Als Gottmensch und Er=
löser starb er, damit der durch Sünde gestor=
bene Mensch lebe: sein Leben gab er als Kauf=
preis für dessen Leben: mit seinem Erlösungs=
blute wusch er rein von Sünden den so Erkauf=
ten, machte ihn dadurch wieder zum lebendigen
Bilde Gottes : und damit er solches bleibe, will
er es nähren mit sich selbst im allerh. Sakramente
als Speise und Trank: damit so der Mensch
durch ihn, den vollkommenen Sohn Gottes, im=
mer vollkommener und so ähnlicher dem Vater,
als dem Urbilde, werde. „Was ist der Mensch,
daß du ihn heimsuchest[b]? so rief aus der könig=
liche Prophet: Er ist das lebendige Ebenbild
Gottes, in ihm ehret daher der Heiland den
himmlischen Vater und liebt ihn: „Nur wenig
hat er ihn unter die Engel erniedrigt, mit Herr=
lichkeit und Ehre ihn gekrönt und ihn gesetzt
über die Werke seiner Hände[c]". Mit Gott soll
er herrschen über dessen Werke auf Erden, aber
in Aehnlichkeit Gottes : auch deßhalb vereinigt
sich Jesus mit dem Menschen im allerh. Sakra=
mente. Es heißt daher Communion, das ist Ver=
einigung: darin will er sich mit uns vereinigen
wie er es mit dem Vater ist; doch nur mit den
Seinigen, die er von der Sünde erlöst hat und
nicht mit Kindern des Verderbens, welche durch
Sünde vom Satan verdorben wurden. Er will

---

a) 2. Corinth. 6, 15. b) Psalm 8, 5. c) Psalm B. 6—7.

sich mit Jedem von uns vereinigen, daß durch
Ihn jeder ein Gott wohlgefälliger Sohn, jede eine
wohlgefällige Tochter werde und wir so mit die=
sem Wohlgefallen auch reichlich väterlichen Segen
erhalten. Er löst sich so gleichsam in jedem wür=
dig Communicirenden in Liebe auf: sollten wir
nicht auch ein Gleiches in dankbarer Liebe thun,
auf daß wir mit dem h. Paulus sprechen kön=
nen: „Ich lebe, doch nicht ich, sondern Christus
lebt in mir[a]". Es heißt Tisch des Herrn, wo=
ran also nur Diener, Kinder, Freunde des Herrn
Theil haben, solche, die des Herrn und nicht die
des Teufels sind. Es ist Himmelbrod, als Brod
für die, welche auf dem Wege zum Himmel wan=
deln, himmlischen Sinn und himmlisches Streben
haben und so wandeln auf dem steilen und müh=
samen Himmelswege und nicht auf dem breiten
Wege der Weltkinder zur Hölle. Es ist vom
Himmel herabgekommen und nährt für den Him=
mel; es bezeichnet, wofür wir bestimmt sind,
wofür wir leben sollen; es soll vereinigen mit
dem Himmel, ist selbst Unterpfand der himmli=
schen Seligkeit und glorreichen Auferstehung der
Leiber, als solches sichert es uns also beides zu,
will aber auch, daß sich der Leib zur herrlichen
Auferstehung, die Seele zur himmlischen Seligkeit
erhalte. Es heißt Engelbrod, weil bestimmt für
die, welche gleich den Engeln im Himmel den
Willen Gottes in allem erfüllen, ein englisches
Leben nach Vorbild der Engel und Rath der
Schutzengel führen. Blicken wir mit Entzücken

---

a) Gal. 2, 20.

auf die hehren Früchte würdiger Communion,
machen wir uns und bleiben wir deren theilhaft. Es
ist das Mahl des Segens, nicht gleich dem, was der
Patriarch Isaak genossen, ehedem er den Sohn
Jakob segnete, sondern es ist das Mahl des Testa=
mentes selbst, wodurch Christus uns als Erben
seiner Güter einsetzte, sich selbst hiermit als höch=
stes Gut gab und als Mahl, das der Seligen
Genuß und daher das Mahl Abrahams, Isaaks
und Jakobs im Himmel ist. Hüten wir uns
aber in Sünden, wie Judas, und so als Feind
des Herrn zu seinem Mahle zu gehen, damit die
solchen angedrohte Strafe nicht auch uns, gleich=
wie Judas, zu Theil werde. Bei Einsetzung des
allerheiligsten Sakramentes ließ Christus als Vor=
bild in Allem, zuerst die ergreifendsten Belehrun=
gen und Gebete vorangehen: er bewährt sein
heißes Verlangen nach diesem Mahle und nach
Vereinigung unserer mit ihm und hiermit die
innigste Liebe; sodann nahm er die Fußwaschung
an den Aposteln vor, dieses Sinnbild der Ab=
waschung des sündhaften Wandels und der er=
forderlichen Seelenreinheit und erklärte hierauf
diese seine Jünger als rein, den Sohn des Ver=
derbens ausgenommen. Er gebot hiermit den
Ausspendern dieses Geheimnisses, vor Ertheilung
desselben die Seelenreinigung von denen, welche
zu diesem seinem Tische gehen wollen, vorzuneh=
men und da zu erklären, wer würdig sei, hinzu=
gelassen zu werden und wer nicht; dies geschieht
durch das Sakrament der Buße, welches Christus
grade vor seiner Himmelfahrt hierzu eingesetzt hat

und die Fußwaschung erſetzen, dieſe als ihr Vor=
bild erfüllen ſollte. In Verwaltung dieſes Sa=
kramentes erfüllt der Prieſter den demüthigend=
ſten Dienſt, indem er vom häßlichſten Schmutze,
dem der Sünde, die Seelen derjenigen abwaſchen
ſoll, die reumüthig und aufrichtig ihre Sünden
bekennen, nicht aber ſolcher, welche wie Judas,
Kinder des Verderbens ſind. Mit Einſetzung dieſes
Sakramentes ertheilte alſo der Herr den Prieſtern
das Recht und die Verpflichtung, zu erklären, wer
zu dieſem Tiſche treten dürfe: ohne dieſe Erlaub=
niß des Beichtvaters darf Niemand zu des Herrn
Tiſche treten. Wohl ſoll ſich jeder ſelbſt prüfen,
der zur h. Communion gehen möchte, d. h. ſein
Gewiſſen erforſchen; aber von den Sünden rei=
nigen kann nur der dazu verordnete Prieſter und
ebenſo nur dieſer die Erlaubniß ertheilen, zum
Tiſche des Herrn zu gehen; ſelbſt derjenige, wel=
cher das Sakrament der Buße nicht bedürfte,
muß ſich vom Prieſter als rein und ſo als wür=
dig zum Hintritt zur h. Communion erklären laſſen;
denn auch die Apoſtel hatten ſicherlich, Judas
ausgenommen, keine ſchweren Sünden begangen
und mußten ſich dennoch der Reinerklärung durch
den Herrn unterwerfen.

6. Möglichſt oft aber ſollen wir das allerhei=
ligſte Sakrament empfangen und ſo entſprechen
der Liebe Jeſu, in der er täglich ſich auf dem
Altare für uns opfert und als Opfermahl ſich an=
bietet, damit wir durch Genuß uns der Früchte
des Opfers beſonders theilhaft machen. Im
Drange der Liebe will er durch öftere Communion

Gewalt brauchen, daß wir heilig leben, will
nöthigen den Sünder, Ihm zu leben, damit Er
Aller Theil der Ewigkeit werde. Er, der Abglanz
des Vaters, will unſer Ebenbild des Vaters durch
Sich beleben und verherrlichen und dies immer
mehr durch wiederholten Empfang. Wie die
Heiligen im Himmel in ihm die Seligkeit ge=
nießen, ſo will er uns in jeder erneuerten Com=
munion den Vorgeſchmack dieſer Seligkeit geben.
Wie das Herzblut dem ganzen Leibe fortdauernd
Leben und Kraft gibt, ſo will Jeſus in uns
durch ſein heiliges Blut das Leben der Seele
erhalten und kräftigen; wie aber jenes Blut durch
Speiſe und Trank genährt wird, ſo ſollen wir
durch wiederholten Genuß dieſer göttlichen Speiſe
die Wirkungen des h. Blutes Jeſu für die Seele
befördern; denn es will der Herr in ſeinem
Blute nicht ein bleibender Quell der Belebung
in uns ſein, wie jener e i n e Quell dies für das
Paradies war für die Zeit deſſen Beſtehens, ſon=
dern er ſoll, da wir die Schönheit der Seele
durch die Erbſünde verloren haben, von neuem
fortdauernd als Quell der Belebung aufgenom=
men, wir aber ſollen zugleich dadurch zur größe=
ßeren Werthſchätzung derſelben hingeführt und
ermuntert werden, durch Reinheit des Herzens
uns dieſes Quelles würdig zu erhalten, wir ſollen
ſtets verkoſten, wie ſüß der Herr iſt, auf daß
wir nicht nach ſündhaften Genüſſen gelüſten; wir
ſollen in uns das Erlöſungsblut hierin fortdau=
ernd aufnehmen, damit wir uns allezeit als Er=
löſte erkennen und für die Ewigkeit es zu bleiben

suchen. Er will fortdauernd Theilnahme an den Segnungen seines heiligen Opfers, damit wir reich und stark in der Gnade werden. In seiner so ganz hingebenden und aufopfernden Liebe zu uns will er uns zwingen zur Gegenliebe, um uns so in diesem Leben das ewige Glück zu sichern. Er will täglich seine Liebe zu jedem zeigen, seine Sehnsucht nach Vereinigung; er kommt täglich zur Prüfung unserer Liebe, klopft an unsern Herzen an, eingelassen zu werden und Abendmahl mit uns zu halten. Er will stets von neuem in uns kehren, damit wir seiner nicht ver= gessen; er will daß wir unser Herz, das ihm an= gehört, ihm stets in treuer Liebe zur Aufnahme bereit halten: wir sollen so unsere freundschaft= liche Liebe zu Jesus im vertrauten Umgange mit ihm, als dem Freunde unseres Herzens öffent= lich kund thun und den bösen Geist abschrecken, unsern Herzen zu nahen: sollen es so zugleich gegen dessen Anfechtungen schützen und zum Kampfe stärken, damit wir nicht verzagen, sondern muthig ihm entgegen treten; sollen es auch nicht andern Creaturen schenken, wozu wir kein Recht haben, da es Eigenthum Jesu ist. Es war Bedürfniß seiner Liebe im Hinblick auf unser Bedürfniß, dieses hh. Sakrament einzusetzen: er sehnte sich nach Einsetzung desselben und nach erster Hin= gabe seiner vor seinem Tode, hierin seine Sehn= sucht für alle Zeiten zu bekunden. Er wollte sich uns dadurch als Erbe geben, dessen wir uns alle Tage des Lebens erfreuten. Er thut Alles hierbei, den Genuß desselben selbst auch für die

Sinne angenehm zu machen, behielt daher hierin
Gestalt, Geschmack und Geruch des Brodes und
Weines bei, gibt sich in' den kleinsten Partikeln,
bietet es in allen katholischen Kirchen, jeden
Tag und jede Stunde an; verwirklicht täglich
bei dem h. Meßopfer dieses Mahl, macht dessen
Verwirklichung selbst nicht abhängig von der
Würdigkeit des celebrirenden Priesters, und harrt
im Speisekelch Tag und Nacht der Hingabe an
uns entgegen. Aber er will so auch, daß man
bei diesem Mahle feiere das Andenken seiner
Liebe zu uns im Leben, Leiden und Sterben
und sinnbildet hierzu fortdauernd seinen Tod.
Die weiße Brodsgestalt erscheint als ihn umge=
bendes Todtentuch, der Speisekelch als Sarg,
das Tabernakel als Grab. In diesem Andenken
sollen wir verehren sein ganzes Erlösungswerk,
und Jeder soll dies als solches für sich, indem
Jesus bei Genuß des h. Mahles sich jedem Ein=
zelnen als Erlöser hingibt. Er zeigt hierin, wie
der Gottmensch liebt, dessen Liebe kein Hinderniß
kennt, die zur Beglückung auch nur eines Men=
schen, das allerh. Sakrament eingesetzt hätte, die
sich nicht zurückschrecken läßt durch die Unwür=
digkeit so Vieler, nicht durch Geringachtung, Ver=
achtung, Verspottung, Mißhandlung: grade wegen
der gottlosen Welt wollte er die Seinigen nicht
als Waisen zurücklassen[a], sondern er will bei
ihnen bleiben bis an das Ende der Welt[b]: So
sollen wir allzeit das Andenken seiner Liebe feiern,
damit wir sie nicht vergessen und uns stets deren

---

a) Joh. 14, 18. b) Matth. 28, 20.

Segnungen theilhaft machen: den Bund des Er=
lösers sollen wir so stets erneuern, da wir diesen
so leicht und oft durch Sünde brechen, so zugleich
die Erlösung erneuren, indem Jesus uns hier
den Leib gibt, den er für die Sünden der Welt
hingegeben, das Blut, das er dafür vergossen
hat, und er gibt es mit seinen Verdiensten. Mit
ihm sollen wir allzeit sein und sammeln für unser
ewiges Heil, anders ist dies in Gefahr. Er will
so selbst durch Empfang die Segnungen des h.
Opfers uns überbringen, sie in unser Herz, als
seine Schatzkammer, zu unserer ewigen Beklückung
niederlegen. In jeder erneuerten Aufnahme sol=
len wir die Aufmerksamkeit des Himmels auf
uns ziehen, das Wohlgefallen des himmlischen
Vaters an uns zu erhöhen und so dessen Segen
für uns vermehren, die Engel und Heiligen aber
erfreuen, da Jesus höchster Gegenstand ihrer
Liebe und Seligkeit ist. Auch als Unterpfand
der Auferstehung des Leibes und ewiger Seligkeit
der Seele will er täglich sich hingeben, damit
wir dadurch jenen mehr heiligen, diese vervoll=
kommnen, und wir sollen so für höhere ewige
Seligkeit thätig sein. Er will, daß wir dadurch
fort und fort die göttlichen Tugenden zur immer
heilsamern Verbindung mit Gott und dem Him=
mel üben; denn durch nichts vermögen besser
diese Tugenden in uns belebt zu werden als durch
dieses allerheiligste Sakrament, worin der Glau=
bensgründer, der Schatz aller Segnungen und
der Quell der Liebe vorhanden ist.

Es ist dieses Sakrament eine Speise, um

welche uns der Herr in seinem Gebete täglich
als tägliches Brod beten lehrte. Wir sollen darum
bitten, wie er selbst den Vater um Verwirklichung
desselben bat, sollen in unserem Gebete liebevolles
Verlangen darnach kund geben; er will, daß wir
es vom Vater verlangen, zu dessen Verherrlich=
ung er im allerheiligsten Sakramente noch täg=
lich thätig ist, wie er dies allezeit war, da er
noch auf Erden wandelte. Das Gebet des Herrn
enthält nun sieben Bitten: die drei ersten und
drei letzten beziehen sich auf höhere, denn irdische
Güter: sollte der Mittelpunkt aller Bitten, die
vierte, sich auf das Vergängliche, irdische Brod
beziehen, wovon der Herr sagt, daß man es als
Nebensache betrachten und vor Allem nach dem
Höheren streben soll. Die ersten Christen ver=
standen diese Bitte und empfingen daher täglich
das heil. Opfermahl: so auch erklären es die hl.
Kirchenlehrer der Urzeit des Christenthums, unter
andern insbesondere der heil. Cyprian, Martyrer
und Bischof von Carthago, indem er das Gebet
des Herrn im Geiste der heiligen Kirche erklärte.
Wie das Volk Gottes im alten Bunde bei der
Wanderung nach dem gelobten Lande bis zum
Tage des Eintritts in dasselbe durch Wunderbrod,
das Manna genährt wurde: so soll uns auf der
Reise zum himmlischen Vaterlande dies Him=
melbrod nähren, weßhalb es auch Wegzehrung
genannt wird. In der Nacht kam Jesus in diese
Welt, anzudeuten, daß er gekommen ist als himm=
lisches Licht, die Finsterniß der Sünde zu ver=
drängen, das allerheiligste Sakrament setzte er

ein bei angebrochener Nacht als Nachtmahl, zur
Stärkung gegen die Werke der Finsterniß; er
setzte es am Abende seines Lebens ein, als sein
Abendmahl, zugleich aber auch als Abendmahl,
Wegzehrung beim Hingang in's andere Leben
für die Seinigen, und da wir unsere Todesstunde
nicht wissen, und uns allen der Mahnruf Christi
gilt: „Wachet, denn ihr wisset weder den Tag
noch die Stunde"! so sollen wir jedes Mahl mit
solchen Gefühlen und solcher Vorbereitung empfan=
gen, wie wenn es das letzte im Leben wäre. Sind
wir nicht auch alle mühsam und beladen, sollten
wir daher nicht bei dem Herrn Erquickung
suchen? Wie der Prophet Elias, die Wittwe zu
Sarephta und ihr Sohn in den Tagen harter
Prüfung täglich das Wunderbrod aßen und da=
durch über die Plagen siegten, so soll jenes Wun=
derbrod in unsern Tagen schwerer Heimsuchung
uns stärken und schützen. Durch Hingabe seines
Leibes und Blutes hat Jesus uns erlöst, als Er=
löste sollen wir auch von dem Kaufpreise unserer
Erlösung leben, uns nähren mit seinem Fleische
und Blute; als Gottesvolk sollen wir das Got=
tesbrod genießen. Gehen wir öfters zu diesem
Gnadentische; lassen wir uns wenigstens in jedem
Monate einmal durch Jesus, das Licht der Welt,
im allerh. Sakramente mit seinem Lichte von
neuem erfüllen und umstrahlen, damit der Mond
uns nicht beschäme, der jeden Monat in voller
Umstrahlung im Lichte der Sonne erscheint. Zeigt
nicht auch der Herr in seinem himmlischen Reiche
den Lebensbaum in jedem Monat mit neuen

Früchten^{a)}? Und wozu dieses? Damit sie genossen
werden. Und ist in seinem Reiche auf Erden
Jesus nicht der Lebensbaum und selbst die Lebensfrucht, die er fort und fort vom Altare aus
anbietet? Sollten wir die himmlische Andeutung
nicht gerne auf Erden wahrnehmen, derselben
nachkommen? Hätten Adam und Eva im Paradiese öfter die Frucht vom Baume des Lebens
genossen, sicherlich würden sie die Frucht des
Todes nicht verkostet haben; gingen wir als
gute Kinder Gottes oft zu diesem Tische der
Gnade, wir würden weder verlorene Söhne, noch
thörichte, vom Himmel ausgeschlossene Töchter
werden; denn jede Communion ist ein neues
Liebeswerk, das die Liebe belebt und seine großen Verdienste hat; tägliche Communion aber ist
der schönste Einklang mit dem allerh. Opfer, das
täglich gebracht wird und so der beglückendste An-
und Nachklang der Liebe Jesu bei uns: durch's
Opfer zeigt Jesus täglich seine Liebe, wir sollen
die unsrige täglich wenigstens durch geistliche Communion zeigen, wenn die sakramentalische unmöglich ist. Stets sei dieses Heiligthum und höchste
Gut der Magnet deiner Liebe, schenke ihm daher
alle Zeit deine ganze Aufmerksamkeit, denn wie
der Widersacher die Ureltern vom Genusse der
Frucht des Lebensbaumes im Paradiese dadurch
abhielt, daß er ihre Aufmerksamkeit auf die ver-
botene Frucht lenkte, so thut er ein Gleiches noch
immer in Beziehung jener Lebensfrucht; wie er
Ekel den Israeliten in der Wüste gegen das

a) Offenb. 22, 2.

Manna einflößte, indem er sie an die Fleischtöpfe
Egyptens erinnerte und böse Begierde darnach
anregte: so thut er Aehnliches gegen unser Him=
melbrod; wie er so vielen Jüngern bei Verkün=
digung des h. Abendmahles Unglaube durch sinn=
liche Auffassung einhauchte, so thut er Aehnliches
noch immer: theils regt er den Stolz an, theils
falsche Demuth, theils zeitliches Interesse, feige
Rücksichten in Menschenfurcht und flüstert ihnen
Entschuldigungen ein, welche der Herr mit den
Worten widerlegt: „Sie wollen nicht". „Sie
gehen ihre Wege; sie sind dessen nicht werth".
Solche Menschenkinder suchen Gründe auf zur
Dispense vom Fastengebote bezüglich irdischer
Speisen, was aber den Genuß der edelsten gött=
lischen Speise betrifft, suchen sie Gründe gegen
den Genuß auf, geleitet von jenem Fürsten die=
ser Welt. Alle bezüglichen Entschuldigungen kom=
men von diesem Widersacher Gottes und des
Göttlichen, vom Vater der Lüge: sie sind daher
Unwahrheit, Lüge, Eingebungen des Teufels als
Verderber und Menschenmörder von Anfang an,
sie sind Belehrungen des Lucifer der durch seine
Irrlichter von Gott und dem Himmel abführt.
Die da folgen, sind Lehrlinge dieses bösen Geistes
und folgen ihm in's ewige Verderben. Wohl
läßt Satan es ungestört zu, daß Weltkinder zur
Osterzeit communiciren, auch des Judas Com=
munion war Ostercommunion; doch wie er
diesen dabei mit dreißig Silberlingen, dem Lohne
des Verrathes des Herrn, beschäftigte, so thut er
Aehnliches bei jenen: er leitet sie mit zeitlichem

Interesse. Alle die keine Neigung zum Genusse dieser edelsten Seelenspeise haben, deren Seele ist krank, sowie der Leib es ist, wenn der Mensch keine Eßlust zu seiner Lieblingsspeise hat: die sich aber vom Herrn entfernen, gehen zu Grunde sagt der Psalmist[a]. Bei Festmahlen der Familie ladet man als Ausdruck freundschaftlicher Liebe Freunde und Verwandte ein, man hält das Nicht= erscheinen ohne genügenden Grund als Beleidi= gung; ebenso halten solche es als beleidigende Zurücksetzung, wenn sie bei der Einladung über= gangen werden. Gleichfalls benutzt man zur Aussöhnung bei Feindseligkeiten die Gelegenheit solcher Festmahle. Auch zu seinem Festmahle la= det der Herr durch seine Priester ein; ist das Nichterscheinen nicht auch für ihn eine Beleidi= gung, und dies um so mehr, weil Er unser Herr ist und sich selbst bei diesem Mahle zur Speise gibt? Man nimmt von ihm täglich die Nahrung für den Leib und verschmäht die für die Seele, welche er nach seinem Ebenbilde geschaffen! Er schließt Niemand von seinem Mahle aus, auch seine Feinde nicht; ladet vielmehr ein zur Ver= söhnung, wozu er selbst im Sakramente der Buße die Menschen heiligen, von ihren Sünden mit seinem Blute abwaschen will: erhöht nicht all' dies die Beleidigung des Herrn bei Verweigerung der Theilnahme an seinem h. Mahle? Mit wel= cher Liebe bist du, o Christ, zum ersten Male zur h. Communion gegangen, warum jetzt nicht ebenso? Was der Herr an dem Vorsteher der

---

a) Psalm 72.

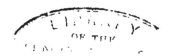

Gemeinde zu Ephefus rügte, bas gilt auch hier:
„Ich habe gegen dich, baß bu beine erste Liebe
verlaffen*)". Solcher möge die Mahnung beachten;
„Bedenke also, aus was bu herabgefunken bist
unb thue Buße unb thue bie ersten guten Werke**)".
Wo aber Kränklichkeit öftere Communion un=
möglich macht, ba kommt der Herr gerne zum
Kranken, wenn biefer in Liebe nach ihm verlangt:
folchen liebt er ja unb will sich ihm offenbaren***)
unb bies auch im allerh. Sakramente. Man laffe
ba nur beim Diener bes Herrn, bem betreffenden
Priester, den Wunsch der Liebe ausfprechen, unb
es wird deffen Freude fein, bem Herrn unb bem
Kranken recht oft bie Freude der Spenbung bie=
fes Geheimniffes der Liebe zu machen.

7. Die Schriftstellen der zwei äußern großen
Felder fordern zum Jubel im Befitze bes Herrn
auf; fie mahnen, Jefus, als unferer Liebe bas
Herz in hl. Liebe gänzlich zu übergeben, fowie
ihn, als unfer Leben, allein barin leben zu laf=
fen unb in h. Wandel barin zu verherrlichen;
thun wir bies: glücklich werden wir hier fein,
felig jenfeits werden.

Auf der inneren Seite, also der im Chore,
haben bie Pfeilerchen keine Füllungen mit Schrif=
stellen; bie fünf größeren Felder aber zwischen
ben Pfeilerchen find Oelgemälde, welche als Vor=
bilber auf bas allerheiligste Sakrament hinbeu=
ten. Das mittlere stellt Jefum als guten Hirten
bar, sitzend unter zwölf Lämmern, sie speifenb
unb tränkenb mit feinem h. Fleifche unb Blute.

***

a) Offenb. 2, 4. b) Daf. 2, 5. c) Joh. 14, 21.

Eilf Lämmer sind weiß, sinnbildend die würdig
Genießenden, eins ist schwarz, sinnbildend den
Judas Iskariot, und mit ihm die unwürdig
Communicirenden[a]. Zur linken Seite dieses Ge=
mäldes bezeichnet das nächste das Innere des
Heiligthums des Tempels zu Jerusalem mit der
Bundeslade und den Schaubroben. Der Hohe=
priester, im priesterlichen Ornate und ein Rauch=
faß in den Händen, tritt ein zur Räucherung[b].
Das Bild zur rechten Seite zeigt den Propheten
Elias unter dem Wachholderbaume, wie ihm der
Engel Brod und Wasser gebracht zum Genusse
und Stärkung auf der Reise zum Berge Horeb[c].
Das diesem zunächst befindliche stellt die Wittwe
von Sarephta und ihren Sohn dar mit dem Mehl=
topfe und Oelkruge, worin das Mehl und Oel
bei täglicher Benutzung während der Zeit der
Dürre nicht abnahmen[d]. Das letzte auf der an=
dern Seite stellt Josue und Kaleb dar, wie sie
aus dem gelobten Lande Früchte, an einer Stange
tragend, mitbringen[e].

8. Der Sockel unten, wie die Gesimse, sind
Krystallsteine; darüber liegt die Tischplatte[f],
deren runder Rand etwas höher denn die innere
Fläche und mit golbgelbem Glasbande geschmückt
ist. Eine feine Leinwand deckt selbe als Com=
muniontuch und kann der Länge nach zusammen
gefalten werden, wie dies stets nach Gebrauch
desselben geschieht; ein in Mitte der Länge nach
getheiltes grünes Wachstuch, welches beim Auf=

a) Joh 10, 11 und Luc. 22, 19—21. b) Erob. 24—29 und 3.
König 6—8. c) 3. König 19, 8. d) 3. König 17, 6. e) Numeri 13,
25. f) 39 Ctm. breit.

decken Unterlage der Tücher wird, dient beim Zusammenfalten als Decke derselben. Hierdurch bleiben die Tücher rein; durch die Vertiefung der Tischplatte aber und ihre Breite ist Verun=ehrung einer h. Partikel durch etwaiges Herab=fallen nicht zu befürchten. An den höheren Fest=tagen bildet die nächste Unterlage des Commu=niontuches ein prachtvoller Purpur.

Die Kniebank besteht aus einem mit grünem Wachstuche überzogenen Polster, eine Nachbildung der Lagerstätte Christi und seiner Jünger bei Ein=setzung des heiligen Abendmahles und bei erster heil. Communion; ein schönes Polster in drei Abtheilungen, mit herrlicher Blumenstickerei auf Sammt wird an höheren Festtagen benutzt. Hin=ter der Communionbank steht eine Tafel mit den Worten: „Warne das Volk, daß es nicht etwa gelüste, die Schranken zu übersteigen, um den Herrn zu sehen*)". Diese Warnung erschien noth=wendig, weil Neugierige die Thüren zum Chore öffneten und in's Heiligthum des Chores eintraten, welches nach kirchlicher Vorschrift ver=schlossen ist.

VII. Das Chor.
I. Das Chor an sich.

1. Das Chor, so genannt, weil chorweise von den Geistlichen darin das Brevier gebetet zu wer=den pflegt. Auch heißt es Presbyterium, weil der Priester dort die heiligste Verrichtung, das Meßopfer, vornimmt; daher auch heißt es Hei=

---

*) 2. Mos. 19, 21.

ligthum. Es liegt zwei Staffeln höher, denn das
Mittelschiff der Kirche, beginnt an der Communionbank und endigt an den zwei obersten Pfeilern, an welche sich unmittelbar zwei andere Pfeiler
anschließen, welche die Scheidung des Chores
und der Sakramentskapelle bilden, daher Schluß-
auch Triumphbogenpfeiler genannt werden. Auf
betreffendem Gewölbegurte liest man die ergreifende auf Christi Liebe am Kreuze bezügliche
Schriftstelle: „Mit ewiger Liebe liebe ich dich, darum erbarm' ich mich dein' und ziehe dich an
mich[a]".

2. Der Boden ist ein schöner Mosaikteppich,
röthlich dessen Grundfarbe. Das Gewölbe oben
ist blau, mit Sternen besäet. Im Chore befindet sich der Hochaltar, der Reliquienaltar und
der Altar der heil. Kirchenpatrone Nikolaus von
Myra und Joseph, des Vermählten Mariä, und
ein sehr künstlich geschnitzter Betstuhl[b].

II. Der Hochaltar.

1. Der Hochaltar nimmt als Haupttheil der
Kirche die erste Stelle darin ein: er steht in der
Mitte des Chores und erscheint in seiner Darstellung als erhabenster und vorzüglichster Theil
des Gotteshauses. Er besteht aus Altartisch,
Tabernakel mit Umgebung und der Gruppe der
Kreuzigung Jesu, in der er zugleich den Calva-
varienberg darstellt, auf dem Jesus nicht nur
das blutige Erlösungsopfer dem Vater für uns

---

[a] Jerem. 18, 3. [b] Von den Brüdern Peter und Jac. Münde-
nich, Hof-Tischler zu Coblenz.

darbrachte, sondern auch seine göttliche Mutter
uns zur Mutter gegeben, indem er zu dem, beim
Kreuze in Liebe uns vertretenden Jünger der
Liebe, auf Maria in seinem Schmerzensblicke
zeigend, sprach: „Siehe deine Mutter"! zu dieser
seiner guten Mutter aber, auf Johannes den h.
Jünger deutend: „Siehe dein Sohn"!

2. Der Altartisch ist ganz mit glänzenden
Steinen: meistens Amethysten, Carneol und Fa=
serquarzen umkleidet, gedeckt mit einer schönen
röthlichen Marmorplatte. Solcher Altar wird
fester Altar[a] genannt; die andern Altäre der
Kirche sind Tragaltäre[b], indem in Mitte des
Altartisches blos ein kleiner, vom Bischofe conse=
crirter Altarstein eingelegt ist, der leicht wegge=
nommen werden kann. Der Altarstein ist Sinn=
bild Christi, der Eckstein genannt wird[c], als
Grundstein, worauf alles Heil ruht. In Mitte
der Vorderseite strahlt der Namen Jesu in gold=
farbigen Glaskrystallen, zart mit solch' silberfar=
bigen Steinchen umfaßt[d]. Zum Altar führen
drei Staffeln von Eichenholz, deren Ansichten aber
von hellleuchtenden Krystallen gebildet sind. Auch
das Suppedaneum ist von Eichenholz. Der Al=
tartisch steht frei da: in Mitte desselben pflegt
ein Blumenstrauß in einer Vase zur Ehre dessen
zu stehen, dem er erbaut ist. An der östlichen
Seite der Platte befestigt die Altartücher eine
mit Glasperlen gezierte Leiste. Hinter diesen

---

a) Altare fixum. b) Altaria portatilia c) Matth. 21, 24. d)
Die Buchstaben J. H. S. bedeuten: Jesus Hominum Salvator: „Jesus
der Menschen Heiland". Ueber dem H. steht ein Kreuz als Werkzeug
der Erlösung.

befinden sich zwei Sockel an den beiden Seiten
des Tabernakels zum Aufstellen der Leuchter, sie
sind bedeckt mit rothen Marmorplatten: die vordere Ansicht derselben bilden Amethysten und verschiedene schöne Steine, die Rückwand Kreuzsteine
und Harmotom, sie sind bedeckt mit blühenden
Rosenstöcken. Den Schluß oben bilden Wolken
von grauen Bergkrystallen. Auf den Sockeln
stehen zwölf kupferne Leuchter mit Kerzen, wovon
die sechs untersten sich in Röhren befinden, an
deren Enden ein Spiegelschirm die Flamme vervielfältigt: den vorderen Theil der Sockel zieren
großblühende Clematis. An beiden Seiten des
Altars befinden sich Muschelarmleuchter mit Blumen verziert für die Osterkerze und Wandel-
oder Wandlungskerzen, welch' letztere beim Sanctus
der h. Meße angezündet und nach der Communion
wieder ausgelöscht werden; sie kündigen die Ankunft des Herrn im allerh. Sakramente an und
sodann dessen Gegenwart. Bei Aussetzung des
hochwürdigsten Gutes brennen sie aber während
des ganzen bezüglichen Gottesdienstes als Ausdruck des Glaubens der versammelten Christen
an die Gegenwart Christi im allerh. Sakramente.
Die vielen Leuchter mit Kerzen sind erforderlich
bei feierlicher Aussetzung des allerheiligsten Sakramentes, wobei reichliche Beleuchtung stattfinden soll[a]. Auf beiden Ecken der mittleren Al-

---

[a] Gemäß der Aufforderung des Papstes Benedikt XIV. sollen
da wenigstens zwölf brennen. Instructio XXX.; Die Instructio Cle-
mentina verlangt zwanzig für Rom. Wegen Armuth so vieler Kirchen und geringen Wachsopfer, pflegen vielfach nur sechs Kerzen dabei
zu brennen, weniger dürfen es nicht sein.

tarfläche steht ein Candelabre ganz umkleidet mit
Glasröhren, Glassteinen und indischen Muscheln,
deren Kerzen werden beim Gottesdienste an den
höhern Festtagen angezündet. Durch die Muschel
wird angedeutet, daß man beim Gebete abgestorben
der Welt, frei von allen weltlichen Gedanken
sein soll; die brennende Kerze aber mahnet, sein
Gebet in flammender Andacht und sich in gänz=
licher Hingabe an Gott aufzuopfern, also in Liebe,
was die Rose andeutet.

3. In Mitte oberhalb des Altartisches steht
über einem Sockel, welcher nach liturgischer Vor=
schrift die Höhe der Canon=Tafeln hat, das Ta=
bernakel, errichtet in Amethysten und gelblichen
Bergkrystallen. Dieses schöne Zelt des Herrn ist
im Innern mit weißer Seide bekleidet und so
groß, daß darin die Monstranze, das Ciborium
nebst der Pyxis zur Aufbewahrung der neu con=
secrirten kleinen Hostien, sowie also auch für die
Custodia der Lunula mit der h. Hostie der Mon=
stranze Raum finden. Es ist der vorzüglichste
Theil der Kirche, weil das Cabinet des Königs
der Könige, die Wohnung des Allerhöchsten, des
Herrn der Heerschaaren; es ist das Heiligthum
worin das lebendige Brod des Himmels hinter=
legt ist, worin der Gott der Liebe, so großartiges
in Liebe zu den Menschen wirkt. Es muß da=
her auch der Glanzpunkt aller Gegenstände in
der Kirche und die innere Ausschmückung die mög=
lichst herrlichste, in weißer Seide, nach Vorschrift
der Kirche, sein. Dieses h. Zelt hat zwei Thüren;
die innere schmückt an der Außenseite das Herz

Jesu, in rother Seide gestickt, auffordernd, daß auch unser Herz hier in Liebe weilen soll; eine Flügelthüre schließt dasselbe. Aeußerlich stellt diese die zwei Gesetztafeln des neuen Bundes dar, weßhalb auch oben im Halbkreise die Worte: „Die Gesetztafeln des neuen Bundes". Darunter steht auf dem rechten Flügel: „Du sollst Gott, deinen Herrn, lieben über Alles!" auf dem linken: „Du sollst deinen Nächsten lieben, wie dich selbst". Die mittlern Rahmen dieser Tafeln bilden ein prachtvolles Kreuz, bestehend aus blutrothen Glaskrystallen; die Umgebungsrahmen strahlen in den schönsten Glassteinen verschiedener Farbe: solche Steine sind überhaupt eine Hauptzierde des ganzen Altars bis zu dessen Schwellen, deren Ränder selbst davon durchbrochen sind. An der Rückseite dieser Thüre ist auf jedem Flügel ein stehender Engel als Wächter gemalt. Die Thürchen sind vergoldet und mit Verzierungen versehen. Beide Seiten des Tabernakels umgeben blühende Winden, die beiden Seiten neben demselben dichte Rosenstauden mit Blumen. Die Rose als Sinnbild der Liebe, und die blühende Winde als Sinnbild des frommen Strebens nach Oben sind die passendsten Verzierungen des Tabernakels, als Wohnung des göttlichen Sohnes bei uns im Geheimnisse des Glaubens. Die Seiten des Tabernakels decken Bandjaspis mit Chalcedon, Amethysten und andere Bergkrystalle. Unter demselben stehen in Goldschrift die für den Priester wohl zu beherzigenden Worte: „Ich will geheiligt werden in denen, die mir nahen, und verherrlicht

vor den Augen des Volkes⁾“. „Sie sollen heilig sein
ihrem Gotte und seinen Namen nicht entweihen;
denn sie opfern die Feuerung des Herrn und das
Brod ihres Gottes, und darum sollen sie heilig
sein⁾“. Den liturgischen Vorschriften gemäß über=
deckt ein schöner Baldachin das Tabernakel. Der
obere Theil besteht aus goldgelbem Glase: die
Pfeiler und Verbindungsleisten schmücken Krystall=
steine in Gold=, Silber= und rother Farbe. Unter=
halb des Baldachins ist der Thron von weißer
Seide, worunter die Ausstellung des Allerheiligsten
statt findet.

4. Den Schluß des Altares bildet die Dar=
stellung des gekreuzigten Erlösers auf dem Cal=
varienberge. Das Crucifix, ein Kreuz mit der
Leiche Jesu in Lebensgröße, steht in der Mitte
und zwar alter Ueberlieferung entsprechend, nach
Westen gerichtet; die Ränder des Kreuzes strah=
len in Goldgläsern, sowie Strahlen von solchen
gebildet, auch das Haupt der Leiche umgeben. Ein
Weinstock rankt am Kreuze, mit rothen Trauben
befruchtet, hinauf, den Herrn selbst als Weinstock
bezeichnend, der auf der Kelter des Kreuzes sein
Blut zur Rettung der Menschen sich auspressen
ließ, als Weinstock aber auch fortlebend, stets
Traubensaft bietet zum Andenken seiner Liebe
bis zum Tode und zugleich mahnt, die Liebe zu
ihm durch diesen Trank der Liebe zu nähren zur
Auferstehung der Leiber, zur Beseligung der Seelen
im Himmel, zur ewigen Vereinigung in beiden
mit ihm.

---

a) Rev. 10, 2. b) Rev. 21, 6.

Zwei andere Kreuze erheben sich in verhält=
nißmäßiger Größe und geeigneter Entfernung,
eins zur Rechten des Kreuzes Christi, das andere
zur Linken desselben, nämlich die der Schächer,
deren Arme mit Stricken, deren Füße aber mit
Nägeln daran befestigt sind. Der Schächer zur
Rechten schaut ernst und nachdenkend, die Gesichts=
züge von Schmerz und Gottvertrauen gemischt,
vor sich hin, den Kopf nach Christus gewandt. Er
harrt als reumüthiger Sünder dem Tode hoff=
nungsvoll entgegen, denn der Herr hat gesprochen
zu ihm: „Heute noch wirst du bei mir im Paradiese
sein". Der andere Schächer dagegen schaut ver=
zweifelnd über Jesus hinweg, blickt düster und
verächtlich nach oben, kundthuend, daß er an kei=
nen Gott und Himmel glaube, sowie er denn auch
ohne Bekehrung und Hoffnung gestorben ist. Siehe
in beiden Schächern neben Christus das jüngste
Gericht gesinnbildet: Christus auf dem Throne
der Gerechtigkeit, zur Rechten den Begnadigten,
zur Linken den Verworfenen. Zur Seite des Letz=
tern erhebt sich eine hohe Fächerpalme und neigt
sich in ihrem Stamme und ihren Blättern zum
unbußfertigen Sünder hin, wie wenn sie ihn an=
fachen wolle, beim Heilande Hülfe und Rettung
zu suchen. Zur rechten Seite erhebt sich eine Pal=
ma-Phönix[a] und dehnt ihre Krone nach allen Sei=
ten hin aus, sie ist in ihren Blättern Sinnbild
himmlischer Belohnung und mahnt, sich der Er=
lösung Christi theilhaftig zu machen, nach Lehre
und Beispiel des Erlösers zu leben, damit der

---

a) 6 Meter hoch, die Krone im Durchmesser 3 Meter.

Himmel uns zu Theil werde. Neben dem Altare
stehet zu jeder Seite eine große Aloe mit gelb=
gestreiften Blättern, sowie eine schlanke, liebliche
Palme mit Zweigen von leichtem Schwunge, wie
eine lebensvolle Pflanze, die mit Kraft und unauf=
haltsam nach oben strebt; es scheint, wie wenn
dieser herrliche Baum sich freue der Erlösung
und die Seelen der Erlösten auf seinen schönen
Blättern zum Paradiese tragen wolle. Mehrere
andere Gewächse zieren die Gruppe, welche in
Felsen von prachtvollen thüringer Tuffsteinen stehen,
an welchen man auch die Spalten sieht, deren die
h. Geschichte im Evangelium*) erwähnt. Alles ist
jedoch so geordnet, daß man einen freien Durch=
blick zur Kapelle des allerh. Sakramentes hat;
gewöhnlich ist aber betreffende Oeffnung durch zwei
große, Flügelthüren geschlossen, welche geöffnet
werden, wenn in jener Kapelle Gottesdienst ge=
halten wird; sie bilden das heilige Dunkel, wel=
ches während des Leidens des Herrn stattfand.

Zur Rechten des Crucifixes stehet zunächst
Maria, die heil. Mutter Jesu, hinter dieser Sa=
lome und Maria die Mutter des Jakobus; vor
diesen knieet Maria Magdalena. An allen die=
sen Statuen ist die Haltung würdig und die
Gesichtszüge drücken tiefen Schmerz der Liebe, je=
doch ebenso Ergebung aus. Zur Linken des Cru=
cifixes knieet Longinus als Büßender und Be=
kehrter, der des Herrn Seite mit der Lanze durch=
bohrt hat und Heilung seiner kranken Augen
durch einen darauffallenden Blutstropfen Jesu,

---

a) Matth. 27, 21.

zugleich aber auch Heilung der Seele erhielt.
Der heil. Jünger der Liebe steht dem Kreuze
zunächst mit zur Erde gerichtetem Blicke, wie
wenn sein zartliebendes Herz den Blick zur Leiche
des Herrn nicht zu ertragen vermöge; er erscheint
in tiefes Stillschweigen und tiefen Schmerz ver=
sunken. Hinter diesem steht der Hauptmann mit
der rechten Hand auf den Heiland zeigend, wie
wenn er die Worte spräche: „Wahrhaftig, dieser
ist Gottessohn"!

O Leser! welche Gefühle theilst du hier bei
Betrachtung dieser Gruppe? Fühlst du Schmerz
h. Liebe oder Schmerz der Reue als Sünder?
Theilst du die Hoffnung mit dem rechten Schä=
cher oder die Trostlosigkeit und Verzweiflung mit
dem linken Schächer? oder warst du ungläubig
und rufest nun mit Herz und Mund: „Wahr=
haftig dieser ist Gottes Sohn"! Ergriffen verließ
die Volksmenge den Calvarienberg und die Fort=
gehenden schlugen furchtsam an ihre Brust: gingest
du hier gefühllos weg, alle diese würden dich be=
schämen und dir Geist zum Nachdenken, Herz zur
Theilnahme und heilige Gefühle absprechen.

III. Der Reliquienaltar.

1. Dieser steht zur rechten Seite, der Evan=
gelienseite des Hochaltars; er wird nicht zur Dar=
bringung des heil. Meßopfers gebraucht, sondern
dient zur Aufbewahrung hh. Reliquien. Die Re=
liquien waren seit den apostolischen Zeiten in
der h. Kirche stets geehrt: bei den Gebeinen der
hh. Märtyrer versammelten sich die Gläubigen
häufig und feierten so gerne darüber das heil.

Meßopfer; man nahm sie ebenso an jene Orte, wo man eine Kirche baute. Es sollen daher solche Gebeine hier nicht nur unter dem Altarsteine nach Vorschrift der Kirche ruhen, sondern auch öffentlich zur Verehrung ausgestellt werden.

2. Auf einem röthlichen Marmorfuße ist der Altartisch errichtet, den eine ähnliche Marmor= platte deckt. Er hat an der vordern Seite vier Pfeiler von blaugrauen Kryſtallen, die oben und unten mit einem Bande von gleichen Kryſtallen verbunden sind; die beiden mittleren Pfeilerchen aber haben Füllungen mit Muſchelverzierung. Diese vier Pfeiler schließen drei steinerne Tafeln ein, jede ist geziert durch ein Kryſtallkreuz, wo= von das erste in Goldfarbe den Glauben, das zweite in grüner Farbe die Hoffnung, das dritte in rother Farbe die Liebe sinnbildet. Die Kreuze selbst zeigen in ihrer Bedeutung auf Jeſum, den Gekreuzigten, der in seiner heiligen Lehre uns diese werthvollen Tugenden verkündigte, in seinen Verdiensten am Kreuze sie uns gegeben hat. Sie mahnen zugleich, an des Menschen letzte Dinge zu denken und in Uebung jener Tugenden zu leben, daß uns der Himmel und nicht die Hölle zu Theil werde; in Betreff unserer gläubig Gestorbenen aber, ihrer im Leben be= währten Schwachheiten eingedenk, auf Christum hoffnungsvoll zu blicken, der ja auch für sie am Kreuze starb, und das in Liebe für sie zu thun, was uns der Herr durch seine h. Kirche als heil= sam für sie lehrt. Darauf beziehen sich nun folgende Schriftstellen und zwar auf der ersten

die über Gebet und Opfer für die Verstorbenen:
„Judas brachte eine Sammlung zu Stande und
sandte zwölftausend Drachmen Silbers nach Je=
rusalem, damit ein Sühnopfer für die Verstor=
benen dargebracht würde, indem er gut und
fromm in Betreff der Auferstehung gesinnt war.
Es ist also ein heiliger und heilsamer Gedanke
für die Verstorbenen zu beten, damit sie von
ihren Sünden erlöset werden[a]“. Die zweite ent=
hält Schriftstellen über den Tod des Gerechten
und des Sünders, daher ist darauf ein Todten=
kopf gemalt. Die Schriftstellen heißen: „Kostbar
in den Augen des Herrn ist der Tod seiner Hei=
ligen[b]“. „Der Tod der Sünder ist sehr böse[c]“.
Auf der dritten steht die Schriftstelle über die Auf=
erstehung der Gerechten und Sünder: sie heißt:
„Es kommt die Stunde, in der Alle, welche in den
Gräbern sind, die Stimme des Sohnes Gottes hören
werden. Und es werden hervorgehen, die Gutes ge=
than, zur Auferstehung des Lebens, die aber Böses
gethan haben, zur Auferstehung des Gerichtes[d]“.
Diese Platten haben Rahmen von gelblich weißen
Krystallsteinchen. Die Seitentheile dieses Tisches
sind einfach, jedoch mit Krystallen bekleidet. Darü=
ber befindet sich der Altar: ein geräumiger Reli=
quienbehälter nimmt die unterste Stelle ein. Alle
innern Seiten desselben sind mit bläulichen Krystal=
len bekleidet, in welchen in regelmäßiger Richtung
sehr viele Muscheln verschiedener Größe und Gestalt
als Träger von Reliquien befestigt sind. Diese

---

a) 2. Machab. 12, 43 und 46. b) Psalm 115, 6. c) Psalm 33,
32. d) Joh. 5, 28—29.

liegen auf rothem und blauem Sammt, theilweise
auf weißen Seidenkissenchen, alle umfaßt mit
rothen und weißen Perlen. Der mittlere Theil
der Rückseite hat eine Nische von Rubin=Glimmer,
deren Mitte ein Kreuz von schöngestalteten Meer=
schneckenhäuschen ziert; sie ist überwölbt durch
drei prachtvolle Korallen; die Pfeilerchen darun=
ter sind Arragonit und Chabosit. Der Boden
ist Mosaik in Verzierungen mit kleinen Krystallen,
Muscheln, Schneckenhäuschen; mit Sternen, gebil=
det von Arragonit, Rosenquarz und indischem
Harze; die offene Vorderseite schließt ein großes
Glas. Maiglöcklein, Veilchen, Rosen und Ver=
gißmeinnicht umgeben die Reliquien als Verzie=
rung und sprechen in ihrer symbolischen Bedeu=
tung das Lob der Heiligen und unsere Wünsche
aus. Er enthält Reliquien von Gegenständen,
welche mit dem Leben Jesu und Mariä in naher
Verbindung standen, von Personen die mit ihm
lebten; sodann viele von Heiligen und Seligen,
verschiedenen Standes, Geschlechts und Alters;
auch mehrere größere Gebeine; sowie solche der
Gesellschaft der h. Ursula, aus der Ursulinerkirche
zu Cöln. Ueber diesem Reliquienbehälter erhebt
sich in der Mitte eine Nische von Bergkrystall
sowie von weißem und grauem Kalkspathe, wo=
rin in Lebensgröße auf Krystallwolken die Statue
des auferstandenen Heilandes steht: die Einfassung
dieser Nische und die äußere Umgebung dieses
Reliquienschreines umschließen rings um die Nische
einen tiefen Raum, worin größere Reliquien,
trierischer hh. Märtyrer auf mit rothem Sammt

gedeckten, mit Muscheln und Glassteinen gezier=
ten Gestellchen liegen, deren Hintergrund Strah=
len von Glas=Krystallen bilden. Große Glas=
scheiben schließen diese Räume.

Dieser Schrein, einem Altare ähnlich, hat eine
weitere Umgebung von zahllosen kleinen Seemu=
scheln und Schneckenhäuschen, sowie von vielen
großen prachtvollen Muscheln[a], welche nach Ge=
stalt, Größe, zweckmäßiger Verbindung und Ab=
wechselung eine überraschende Zierde desselben sind.
Das freundliche dieses Schreines erhöhen aber
noch mehr die Reihen Glassteine, welche in den
prachtvollsten Farben glänzen und über den gan=
zen Altar einen eigenthümlichen Reiz verbreiten.
In gleicher Höhe mit dem Altartische ist auf jeder
Seite ein Armleuchter, aus einer großen Muschel
mit Stachel bestehend, zur Aufstellung der Trauer=
kerzen angebracht, welche bei Beerdigung einer
Leiche getragen wurden. Diese brennen an den
drei ersten Sonntagen nach der Beerdigung wäh=
rend des Hochamtes, als Opfer für betreffende
Verstorbenen. Von der Muschel aus steigen Schling=
pflanzen mit Blüthen, um die Kerze gewunden,
nach oben, als Sinnbild der Sehnsucht nach be=
glückendem Wiedersehn. Drei kleinere Muscheln
mit Kerzen an der vorderen Seite des Altars
dienen zur Verschönerung, und es werden diese
Kerzen an bezüglichen hohen Festtagen angezündet.

IV. Der Altar der hh. Kirchenpatrone.

1. Auch dieser ist kein Altar zum Meßlesen,
deren im Chore gesetzlich nur einer vorhanden

---

a) Von den ostindischen Gewürzinseln oder Molucken.

sein darf. Er steht dem Reliquienaltar gegen=
über. Daselbst ist in schöner Umfassung von
einem Rahmen grauer Krystalle und blauer und
grüner Schlacken, sowie von großen Muscheln und
Epheuranken ein Wandgemälde[a] in Oelfarbe, das
Meer beim Sturme darstellend, worauf ein Schiff
mit Menschen in großer Gefahr erscheint an Klip=
pen zu scheitern. Die in solcher Lebensgefahr sich
Befindenden rufen um Hülfe den Patron der
Schiffer an, der auch erster Patron hiesiger Kirche
ist, den h. Nikolaus, dessen Statue daher auch
zur obern Seite des h. Joseph steht, der besonders
viel durch seine Fürbitte bei Gott vermag und
allgemein als helfender Vater von den sich in
Noth befindenden Gläubigen angerufen wird. Zur
Liebe mahnend steht oben im Bogen: „Vor Allem
aber habet die Liebe, welche das Band der Voll=
kommenheit ist[b]“.

2. Die beiden Pfeiler, worauf diese Statuen
stehen sind durch ein Krystallband in Bogenge=
stalt, mit großen röthlichen Muscheln und großen
grünen Schneckenhäusern verziert, die zugleich
als Füllhörner für herabhängende Schlingblumen
zur größeren Verzierung an höheren Festen dienen.
In dem von Epheu umgebenen Raume zwischen
diesen Pfeilern, dessen Rückseite mit Krystallen
und grünen Schlacken bekleidet und mit den
Symbolen der göttlichen Tugenden in glänzen=
den Glassteinen, deren Farbe den Sinnbildern
entsprechen, geschmückt ist, sind Sitze angebracht,

---

a) 3 Meter 30 Ctm. hoch, 2 Meter 36 Ctm. breit. Gemalt von
Herrn Zick aus Coblenz.   b) Coloss. 2, 14.

als Ruhestätte während der Predigt für die Meß=
diener, bei feierlichem Gottesdienste mit Mini=
stratur aber für die Dienst thuenden Priester. Die
beiden Pfeiler haben im Inneren schön verzierte
Nischen. Beide sind geschlossen durch starke Thür=
chen von Eichenholz, welche in Mitte ein Kreuz
haben, welches, sowie die Ränder mit strahlenden
Krystallgläsern auf Goldgrund geziert sind: Das
untere der Statue des h. Nikolaus enthält eine
Reliquie des h. Kirchenpatrons; das andere eine
Partikel vom Stabe des h. Patriarchen Joseph,
sowie Steinchen vom Hause dieses Heiligen. Un=
ter jenen Nischen sind Verzierungen in kleinen
Meerschneckenhäuschen und Muscheln, deren Mit=
telpunkt bei ersterer das Herz Jesu, bei letzterer
das Herz Mariä darstellt. Auch diese Gruppe
nimmt den ganzen Raum zwischen den beiden
großen Pfeilern ein, sowie auf der andern Seite
der Reliquienaltar.

VIII. **Die Kapelle vom allerheiligsten Sakramente.**
I. Die beiden Gebetskapellchen.

An beiden Seiten des Hochaltars geht der
Weg zur Kapelle des allerheiligsten Sakramen=
tes. Zur Epistelseite ist das Credenztischchen
in einer Nische von schönen Tropfsteinen, nebst
einer Muschel zur Aufnahme des Wassers, wel=
ches der Priester beim Lavabogebete gebrauchte;
dort auch ist der Draht angebracht, welcher mit
der Glocke im Thürmchen des Chores in Verbin=
dung steht, womit bei Beginn des öffentlichen
Gottesdienstes und bei der Wandlung geläutet
wird. Eine solche Glocke an dieser Stelle ist sehr

22

zweckmäßig, weil da das Läuten genau zum be=
stimmten Zeitpunkte und ohne Störung in der
Kirche durch Herabgehen zur Thurmglocke statt=
finden kann. Bei der Wandlung vermag so in
vollkommenem Einklang mit der Schelle das Läuten
zu geschehen. Die Eingänge sind oben umkränzt
von großen Muscheln, Gries= und Tropfsteinen;
in Eisentropfsteinen, versteinertem Holze und Pe=
trefakten sind die Seiten errichtet; vor dem Ein=
gange hängt eine ewige Lampe. An der Ostseite
sind Nischen von grauem Bergkrystalle und Kry=
stallglas = Verzierung, worin zu jeder Seite des
Altars ein Engel in Lebensgröße steht; der zur
rechten Seite hält eine Tafel mit dem Gebete
des Herrn, der zur linken Seite eine Tafel mit
dem englischen Gruße. Diese Orte werden da=
her als Kapellchen betrachtet, welche zum Gebete
einladen. Diese Gebete sind die herrlichsten der h.
Kirche. Das erste hat zuerst gesprochen und gelehrt
der Gottessohn selbst, und er will, daß wir es
allen unseren anderen Gebeten beifügen; denn als
er seine Jünger auf deren Bitte, beten lehrte,
sprach er[a]): „Wenn ihr betet so sprechet", und
er sprach betreffende Gebetsformel. Er will dies
sein Gebet mit uns beten und dadurch unser
Gebet seinem himmlischen Vater recht wohlge=
fällig und so für uns recht segensreich machen;
jedes Wort darin ist Gottes Wort, entnommen
der heiligen Schatzkammer des lieben Herzens
Jesu, und uns verkündet durch den h. Mund des
Herrn selbst: es enthält den Willen Gottes, gibt

---

a) Luc. 11, 2.

an, wonach wir streben, was wir thun und lassen
sollen und ist zugleich Gnadenmittel, den himm=
lischen Segen dazu zu erlangen[a]. Das Gebet
an die Gottesmutter Mariä enthält theils den
himmlischen Gruß des Erzengels Gabriel[b], theils
den Gruß der großen Heiligen des alten Bundes,
der h. Elisabeth[c]; sodann ein Bittgebet, welches
die h. Kirche bei Gelegenheit des allgemeinen
Conciliums zu Ephesus beifügte, welches gegen
die Irrlehre Nestors, des Patriarchen von Con=
stantinopel gehalten wurde, welcher der heiligsten
Jungfrau Maria den Namen Gottesmutter streitig
machen wollte. Mit welch' unaussprechlichem
Jubel des gläubigen Volkes wurde die Verdam=
mung jener Irrlehre begrüßt, mit welch' beseli=
gender Freude ertönte allgemein der Ruf zur
heiligen Maria als Gottesmutter! mögen wir
diese Begeisterung für Maria theilen, mit den
Engeln, den Heiligen und mit der heil. Kirche,
dieser Braut Jesu, fort und fort Maria verehren
als die Gottesmutter, als unsere liebreiche Für=
bitterin am Throne Gottes und am Herzen ihres
göttlichen Sohnes und daher oft das so vielfach
geheiligte Gebet: „den englischen Gruß" zum
Himmel senden.

II. Die Sakristeien.

1. Zuerst gelangt man aus dem Gebetska=
pellchen in die Vordersakristei. Ueber dem Ein=
gange steht in goldener Schrift von Glassteinen:
„Mein Gott und mein Alles". Sie dient zum
Aufenthalte der Meßdiener bei Vorbereitung zum

---

a) Joh. 16, 23, b) Luc. 1, 28. c) Luc. 1, 42.

Gottesdienste; diese haben daselbst Schränke zur
Aufbewahrung ihrer Kirchenkleider; auch befindet
sich dort Alles in zweckmäßiger Ordnung, was
sie beim Gottesdienste zu tragen haben, näm=
lich Crucifix, Fackeln, Laternen, Rauchfaß, Schiff=
chen und Stange mit dem Opferbeutel, die Lösch=
hörnchen, sowie ein Verzeichniß der Meßdiener,
nebst deren Statuten. Sie ist von oben erleuchtet
durch eine Oeffnung, worüber eine Glasplatte liegt,
doch so, daß der Rauch, welcher den Rauchfässern
nach Gebrauch am Hochaltare in der Sakristei
noch entsteigt, durchzugehen vermag, und alsbann
den oberen Theil des Altars wie mit Wolken zu um=
geben pflegt. Darunter befindet sich ein breites drei
hundert Jahre altes, in Sandstein gemeißeltes
Bild, die Anbetung des Jesukindes von den drei
Weisen aus dem Morgenlande darstellend. Es war
dies eine Zierde im Johannis=Chörchen der früheren
Kirche zu Vallendar, und wurde bei deren Abbruch
für Arenberg gekauft; die Unterschrift desselben
sind die darauf bezüglichen Worte der h. Schrift[a]:
„Sie fielen nieder und beteten es an. Sie tha=
ten auch ihre Schätze auf und brachten ihm Ge=
schenke: Gold, Weihrauch und Myrrhen“. Es
diene diese Darstellung zur steten Mahnung,
allzeit ähnliche Opfer, nämlich den Weihrauch
der Audacht in frommen Gebeten, das Gold der
Tugenden und guten Werke, und die Myrrhen
geduldiger Ertragung der Leiden, und so sich
selbst in seinen Leiden Gott darzubringen. Dieses
Bild erscheint in seiner Umfassung mit Zier=

---

a) Matth. 2, 11.

steinen und Muscheln als Altärchen, und soll
dienen zur besonderen Erbauung der Chorknaben,
sowie zur Aufmunterung der Kinder überhaupt,
auch in ihren Wohnhäusern sich ein Altärchen zu
bereiten, um vor demselben ihre Gebete am Mor=
gen und Abende, nach Mahnung des Katechis=
mus knieend zu verrichten. Die Eltern mögen
durch liebevolle Fürsorge zur Errichtung eines
solchen Altärchens in einem Crucifixe, in den
Bildnissen der seligsten Jungfrau Maria, eines
Schutzengels und der Namenspatrone der ein=
zelnen Familienmitglieder, ihren Kindern heilige
Freude machen und sich davor mit ihnen betend
in Gott erfreuen. Unter dem Altärchen ist eine
Nische, bekleidet mit Schneckenhäuschen; sie ent=
hält den Weihwasserkessel mit darüber hangendem
Weihwedel. Oben zu beiden Seiten, sowie ober=
halb der Thüren sind Gebetchen verzeichnet zur
Belebung der Liebe und des Vertraues der Kin=
der und aller Eintretenden; die Schriften bestehen
aus Glasperlen verschiedener Farben und heißen:
„O Jesu! meine Liebe".—„O Maria! meine Zu=
flucht".—„O Jesu, guter Hirt! leite mich".—„O
Maria, gute Mutter! bitt' für mich". Glücklich,
für welche diese Stoßgebete Wahrheit enthalten!
Die Wände sowie der Plafond bestehen theils
aus weißem Kalkspath, theils aus weißen Quarz=
steinchen und Muscheln. An dem breiten Bogen
in derselben liest man: „Bekenntniß und Schön=
heit ist in seinem Angesichte, Seligkeit und Herr=
lichkeit in seinem Heiligthume*)." Es sollen diese

---

a) Psalm 95, 6.

Worte die Sehnsucht nach dem Heiligthume be=
leben.

2. Von hier aus geht man durch einen zweiten
Bogen zur Sakristei der Priester; man liest daran
die Lobpreisung des allerheil. Sakramentes in den
Worten: „Gelobt und gepriesen sei das allerheiligste
Sakrament! Jetzt und in Ewigkeit. Amen!" Dieser
Bogen verbindet die Stiegen zur Kapelle des allerh.
Sakramentes; in jenem Lobspruche soll man daher
dem Herrn vor Ersteigen der Treppe aus der
Ferne schon seine Huldigung kund thun, wie man
dieses ja auch sonst bei Herannahen geachteter und
geliebter hoher Personen zu thun pflegt; beim
Weggehen nach Besuch der Kapelle aber soll er zum
Nachruf dankbarer Liebe und Verehrung dienen.

Die oberen Füllungen der Sakristeithüren be=
stehen aus weißem Glase, durchbrochen von Stäb=
chen und Bogenverzierungen; sie dienen dem
Priester zur Beobachtung der Meßdiener und ge=
ben zugleich den innern Räumen mehr Licht.
Die Sakristei bildet einen Halbkreis, ist geräumig
und hell, denn sie hat drei große Fenster. Sie liegt
innerhalb der Kirche, macht also von außen kei=
nen unangenehmen Eindruck, wie sonst so oft
Sakristeien durch Anbau an die Kirche, wodurch
das ästhetische Gefühl beleidigt wird, und auch
der schönste Bau eine Störung des Schönen erhält.

Zu den beiden Seiten der Thür sind Bet=
schemel, worüber eine Tafel mit den Danksagungs=
gebeten nach der heil. Messe sich befindet*). Dar=

---

a) Sehr empfehlenswerthe Vorbereitungs- und Danksagungsge-
bete bietet das Manna quoditianum sacerdotum. (Friburgi Brisgo-
yiae), welches zum Gebrauche auf dem Betstuhle liegt.

über hangen die Originalzeichnungen zweier
Fenstergemälde der Sakramentskapelle. Verdeck
und Wände der Sakristei sind sehr täuschend wie
Ahorn= und Eichenholzbekleidung übermalt. Die
Nischen der Wände füllen größtentheils Schränke
zur Aufbewahrung der Geräthe, Bücher, Gewänder
und Tücher aus, welche beim Gottesdienste von
den Priestern gebraucht werden. Die Thüren
derselben enthalten Originalzeichnungen von Fen=
stergemälden der Kirche, jedes ist durch eine große
Glasscheibe vor Schmutz geschützt. Die zwei größern
Schränke haben ringsum, die kleinern oben und
unten mit Drahtgeflecht bedeckte Oeffnungen zum
Luftdurchzuge. Von den letzteren dient einer zum
Beichtstuhle worin die Sitzbank auf= und nieder
geschlagen werden kann; es hängt darin ein Chor=
rock, Kragen und eine Stola zum täglichen Ge=
brauche. Der diesem gegenüberstehende aber ent=
hält einen Wasserbehälter, worauf das Gebet
verzeichnet ist, welches der Priester bei Hände=
waschung zum heiligen Dienste zu sagen hat; zur
Seite sind Gestelle zum Aufstellen der Teller und
zum Aufhängen der Kännchen, welche bei der
heil. Messe gebraucht werden. Unter allen die=
sen zieht sich ein Becken hin zum Auffangen des
benutzten Wassers, welches von da durch eine
damit verbundene Rinne nach Außen in's Sa=
crarium läuft. In kalten Wintertagen wird das=
selbe mit Schnee, zum Gebrauch statt Wasser
angefüllt. Unter diesem Becken sind zwei Schub=
lädchen, eins mit zwei Abtheilungen zur Aufbe=
wahrung der ungebrauchten und der zur Salbung

bei der Taufe gebrauchten Baumwolle; das an=
dere enthält Kleien zum Abtrocknen der hh. Oele
von dem Finger des Priesters. Darunter sind
zwei größere Schublaben zur Aufbewahrung der
Wachs= und Stearinreste. An der Rückseite der
Thüre ist eine Rolle mit einem Handtuche ange=
bracht; im obern Theile stehen die Schellen. An
deffen rechten Seiten hängt ein kleiner Weihwasser=
kessel mit Wedel und gesegnetem Wasser, welcher
bei besondern Festlichkeiten gebraucht wird, mit
deffen Weihwasser segnet sich der Priester vor
und nach Haltung des Gottesdienstes. Ueber dem
Kessel befindet sich die Abbildung von Bethsaida,
deffen Wunderwasser im alten Bunde Vorbild
des heiligen Wassers im neuen Bunde war.
Von zwei andern Schränken dient einer zur
Aufbewahrung der Altar= und Communiontücher,
der Alben, Humerale, Gürtel und Handtücher;
der andere zum Aufhangen der im täglichen Ge=
brauche befindlichen Alben, Humerale und Gürtel
desgleichen der Talare und Birete. Den Raum zwi=
schenbiesen beiden Schränken deckt ein grüner Vor=
hang, wohinter auf Brettern die Miffale, Rituale
und andere beimGottesdienste erforderlichen Bücher
stehen; auf Schiebern ruhen die Pulte der Meß=
bücher und die Canontafeln. Dort auch wird in
verschloffener Schublade der Weihrauch aufbe=
wahrt, sowie in den untern Räumen die Wachs=
kerzen. Darüber steht die Zeichnung des Fensterge=
mäldes der Taufkapelle mit entsprechendem Rahmen
umfaßt, davor aber das Brustbild des hochseligen
Papstes Pius IX.; weiter oben hangt das Por=

irait der Stifter der Orgel und der Glocken.
Von den beiden größern Schränken enthält der
eine die Chormäntel, welche über Sprengel von
Tannenholz hangen, die zum leichtern und zweck=
mäßigern Gebrauche zusammengelegt, ausgedehnt
und verkürzt werden können. Neben diesen hangen
auf beweglichen Latten die Vela, welche der Prie=
ster bei Tragung der Monstranze, oder des Ci=
boriums gebraucht; neben diesen hangen die
einzelnen Stolä, welche zu den Meßgewändern
nicht gehören; über denselben liegen auf beweg=
lichen Lattenboden die Kragen. Der obere Raum
dient zur Aufbewahrung der Teppiche und der
seidnen Seitentheile des Balbachins. Im andern
Schreine sind die Chorröcke aufbewahrt; der obere
Theil dient zur Aufbewahrung der Ziergegen=
stände der Altäre.

In der Mitte der Sakristei steht ein Schrank[a]
ähnlich einem Altare, indem in der Mitte sich
ein Crucifix erhebt, zu dessen Seiten zwei Leuchter
mit Kerzen und die Statuen eines Priesters mit
dem Kelche und eines Diacons mit Broben, als
Vorbilder der Liebe zu Gott und den Menschen
stehen. Dieser Schrank dient zur Aufbewahrung
der Paramente welche einzeln auf Lattenschiebern
liegen. Er hat zwei Abtheilungen, jede mit 13
Schiebern versehen; auch die Scheidewand bilden
Latten, welche weite Oeffnungen haben wie die
Schieber. Die beiden Köpfe des Schrankes sind
mit dichtem Drahtgitter, davor mit Flügelthüren
versehen, beim Oeffnen derselben wird Luftdurch=

---

[a] 2 Meter 72 Ctm. lang, 94 Ctm. breit und 1 Meter 5 Ctm. hoch.

zug bewirkt, ohne daß irgend ein Thierchen
einzubringen vermag. Auch die vordere Seite,
wo die Schieber ausgezogen werden, ist durch
Flügelthüren geschlossen. Für Erhaltung der
Kirchengewänder sind so eingerichtete Schränke
sehr zu empfehlen. Die Oberfläche desselben dient
als Tisch zum Auflegen der Paramente beim An-
und Auskleiden der Priester, sie ist überzogen mit
einem grünen, von Stickwerk in Seide umgebenen
Teppiche. Darüber steht ein Schränkchen zur
Aufbewahrung des Kelches und der hh. Oele; auf
der vorderen Seite der Thüre sind die Gebete
verzeichnet, welche der Priester bei Ankleiden zur
hl. Messe zu sprechen hat sowie der Name des h.
Kirchenpatrons. An dessen Rückseite steht, durch
einen Kupferdraht gehalten, das Directorium
oder Ordo divini officii vom laufenden Jahre;
oberhalb des Thürchens ist die Photographie des
h. Colegiums zu Rom, dort sind auch verzeichnet
die Orationes imperatae. Darunter ist eine Schublade mit zwei Abtheilungen, die eine für große, die
andere für kleine Hostien. Damit verbunden sind
zu jeder Seite drei Schublädchen zur Aufbewahrung der Corporalien, Purificatorien und Pallae.
Auch in diese bringt Luft durch Einrichtung des
Bodens hinzu. Darunter ist rechts ein Schublädchen mit der Krankenburse, links mit der
Burse zum Gebrauche bei Ertheilung der h. Communion. Auf der Rückseite des Schränkchens ist
unter Glasverschluß das Directorium der gestifteten heil. Messen. Daneben hangen unter Glas-
thürchen Todtenzettel der in letzter Zeit verstor-

benen Bischöfe, Priester und besonderen Wohlthäter
der Kirche, am linken Rande zu Büchlein verbunden
sowie in Rahmen mit Glas die Photographien
der Leichen des hochseligen Papstes Pius IX.
und des hochseligen Bischofs Matthias Eberhard
von Trier. Oberhalb der Thüre ist eine Statue
des guten Hirten mit Rosen umgeben, zu dessen
Seite hangen die Portraite der trierischen Bi=
schöfe seit Joseph von Hommer, sowie die Photo=
graphie des h. Vaters Leo XIII., zu dessen linken
Seite die des gegenwärtigen hochwürdigsten Herrn
Bischofs Dr. Michael Felix Korum. Hochder=
selbe erhielt die Bischofsweihe in Rom, das
bischöfliche Kreuz, was ihn in Christo mit seiner
Diöcese verband, vom Oberhirten der Kirche Papst
Leo XIII.; der höchste Kirchenfürst und heiligste
Vater gab ihn den Angehörigen des Bisthums
Trier als Fürst und Vater. Mit tiefsten Dank=
gefühlen küssen wir die ehrwürdigste Hand des er=
habenen Gebers; doch nur die Gewalt des Ge=
horsams vermochte den neugeweihten Bischof von
seinen bisherigen geistlichen Kindern zu trennen,
mit denen er in zärtlichster Vaterliebe verbunden
war und es geschah mit in tiefstem Schmerze ver=
wundeten Vaterherzen. Er verließ innigst liebende
Söhne und Töchter, doch solche fand er wieder
im neuen Wirkungskreise: bei bewillkommender
Begrüßung schon erblickte er der neuen geistlichen
Kinder Herzen in gleicher Liebe geöffnet, hörte
die kräftigen Liebesschläge derselben beim feier=
lichen Entgegenkommen: sein Vaterschmerz wurde
ausgesöhnt und getröstet: Herzschläge der Liebe

bildeten und bilden fortdauernd ein Echo gegen=
seitiger Beglückung. Seine bischöfliche Thätigkeit
wirkt unermüdet und in edler Selbstaufopferung
in seinem großen bischöflichen Sprengel; seine
Augen schauen, seine Ohren hören gleichsam in
der Allwissenheit Gottes, denn er erschaut die
religiösen Bedürfnisse und hört die nach Hülfe
seufzenden Herzen und es ist keine Gemeinde der
seiner Obhut anvertrauten, welche die Strahlen
seiner weisen Fürsorge nicht erleuchtet, die Wär=
me seiner aufopferndsten Liebe nicht belebt und
beglückt.

Unter den beiden letztern stehen die betreffen=
den Namen. An diese schließen sich die der
beiden letztern hochwürdigsten Herrn Weihbischöfe
Dr. Godehard Braun und Dr. Jacob Kraft an.

Die vor dem nördlichen Fenster stehende weiße
Maria=Statue wird bei den Rosenkranz=Bruder=
schaftsprozessionen feierlich getragen. Das große
Bild zur südlichen Seite ist eine Photographie
von Jerusalem, die Bilder zur Seite sind Photo=
graphien der wichtigsten Orte Palästinas.

III. Der Vorplatz zur Sakraments= Kapelle.

1. Neben der Sakristeithüre geht rechts und
links eine Treppe*) von Lava, jede in 18 Stu=
fen zur Kapelle des allerheiligsten Sakramentes.
Die Seiten dieses Treppenganges sind in Petre=
facten errichtet.

---

a) 1 Meter 26 Ctm. breit.

Zur Hälfte der Treppen jeder Seite ist eine
mit einem Kryftallrahmen umfaßte Schriftstelle
verzeichnet und zwar links, wo man hinauf zu
steigen pflegt: „Ich will hinüber an den Ort
des wunderbaren Zeltes gehen bis zum Hause
Gottes unter Jubel und Lobgesang*)"; rechts,
wo man herunterzugehen pflegt: „Haltet meine
Sabbate und habet Ehrfurcht vor meinem Hei=
ligthume^b)." Erkenne diese letzteren Worte als
liebevoller Nachruf des Herrn aus seinem Hei=
ligthume zu deiner Beglückung. Haft du wahre
Ehrfurcht vor dem Hause Gottes, dann wirst du
es auch seiner Bestimmung entsprechend benutzen;
hälft du die Sabbathe, d. h. die Tage des Herrn,
dann wirst auch du geheiligt für den Herrn und
dein ewiges Heil; denn der Herr hat diese Tage
angeordnet, uns zu überzeugen, daß er sich unsere
Heiligung angelegen sein lasse^c). Er hat diese
Tage erhöhet und verherrlicht, damit wir sie ach=
ten^d); er hat sie gesegnet und geheiligt^e) zu un=
serer Segnung und Heiligung. Er hat sie ein=
gesetzt zum Zeichen seines ewigen Bundes^f): die=
jenigen, welche diese Tage heiligen, die erkennt
er als Bundesgenossen an; er will ihnen alles
reichlich geben, was sie zum Lebensunterhalte
bedürfen, will sie schützen gegen ihre Feinde und
ihnen Kraft geben, selbe zu besiegen^g); er will sie
in sein Haus führen, sie in seinem Bethause er=
freuen^h); er will sie in seine himmlische Wohnung

a) Psalm 41, 5.   b) Levit 26, 2.   c) Ezech. 20, 12.   d) Sirach
33, 10.   e) Exod. 20, 11,   f) Exod. 23.   g) Lev 26, 2—10.   h) Isat
56, 6—7.

einführen, ihnen erhabene Namen geben[a]); wir
sollen an diesen Tagen im Herrn ruhen[b]), die
Gnade beseligender Liebe Gottes genießen, so ei=
nen Vorgeschmack des Himmels haben. Tod und
Untergang aber droht er denjenigen, welche seine
Sabbate nicht heilig halten[c]). Beachte also jeder,
der sein Heil sucht und liebt, des Herrn Mah=
nung: „Gedenke daß du den Sabbat heiligst[d])“.
„Haltet meine Sabbate und habet Ehrfurcht vor
meinem Heiligthume[e]).“

Oben am Gewölbebogen der Treppe steht zur
rechten Seite: „O Jesu! ich glaube an Dich.
O Jesu! ich hoffe auf Dich. O Jesu! von Herzen
liebe ich Dich“. Zur linken Seite: „O Jesu! Dir
lebe ich! O Jesu! Dir sterbe ich. O Jesu! Dein
bin ich im Leben und im Tode“. Ersteres Gebet
diene zur Vorbereitung beim Hinaufsteigen zum
Allerheiligsten, letzteres aber als Ausdruck dank=
barer Liebe beim Hinabsteigen. Verrichten wir
jedoch öfter, ja täglich diese Stoßgebete, damit wir
so die göttlichen Tugenden stets in uns beleben
und uns im Leben für Christus bestärken; denn
leben wir nicht für Jesus, und für ihn nicht bis
zum Tode, so sind und bleiben wir geistig todt,
indem Christus das Leben ist. Leben wir aber
für ihn, im Glauben an ihn und seine heil. Lehre,
in der Hoffnung auf ihn und seine beglückenden
Verheißungen, sowie in der Liebe zu ihm und so=
mit ihm verbunden durch die Liebe, als dem
Bande der Vollkommenheit, dann leben wir mit

---

a) Isai 56, 4—8. b) Exod. 16. c) Exod. 23. d) Exod. 20, 8,
e) Levit 26, 2.

ihm und seiner Gnade vereinigt, wir haben das wahre und hiermit ewig beglückende Leben.

2. Die Kapelle ist von dem beide Treppen verbindenden Gange durch eine zweite Communionbank getrennt; zu beiden Seiten derselben stehen die Worte der heiligen Schrift: „Dieses ist das Allerheiligste [a]"! zur Warnung ohne besondere Erlaubniß vom Priester die Thüre zu öffnen und einzutreten. Oben am Ende der Treppen ist eine Kasse, von prachtvollen Stufen aus Eisenbergwerken umfaßt, angebracht, mit der Aufschrift: „Erscheine nicht leer vor dem Angesichte des Herrn [b]"! Sei weise, wie die drei Weisen aus dem Morgenlande es waren, und opfere auch du eine Gabe frommer Verehrung in dankbarer Liebe für die große Gnade, dem Herrn hier nahen zu dürfen. Bei Zutritt zu einem Monarchen brachte man in der Vorzeit ein Geschenk der Verehrung mit: hier trittst du ein in das Cabinet des Königs der Könige: solltest du hier die Darbringung eines solchen Geschenkes unterlassen? brachten ihm nicht ebenso jene Weisen als Huldigungsgeschenke: Gold, Weihrauch und Myrrhen? Betrachte solche Gaben als Steuer, die du hier Gott dem Herrn entrichtest, als Tempelsteuer, wie man solche im alten Bunde gab und noch jetzt an die Tempel des bischöflichen Sitzes, als Kathedralsteuer, gibt: gib sie ihm als Tribut deiner Gottesliebe, als Gottesgabe zum Gottesdienste. Zur Besichtigung einer Schatzkammer zahlt man

a) Ezech. 41, 4.   b) Sir. 35, 6.

allenthalben eine Eintrittsgabe, wovon der Wächter
und Pfleger derselben besoldet wird: hier ist der ge=
genwärtig, in dem uns der göttl. Vater Alles gege=
ben: auch dieser Ort bedarf eines Hüters und Führers
zum Eintritt, welcher ebenfalls auf Besoldung An=
spruch zu machen hat: es sei dir also bezügliches
Opfer zugleich Gabe dankbarer Anerkennung. Doch
wie im Tempel zu Jerusalem bei Darstellung des
Erstgebornen Arme nur zwei Täubchen, Wohlha=
bende aber ein Lamm zu opfern hatten, so möge
auch hier nach Vermögen geopfert werden. Eine
freundliche Gruppirung von gleichen Stufen schließt
sich zu beiden Seiten der Kassenumfassung an,
geziert mit Aloes, Palmen und Feuerrosen, so
künstlich in Blech ausgearbeitet und übermalt,
daß sie von Naturpflanzen schwer zu unterscheiden
sind. Jede Gruppe hat zwei Durchbrüche oder
Nischen, wovon zwei zu Credenztischen und zwei
als Behälter für merkwürdige Gegenstände, wo=
rüber später, bestimmt sind. In der Nähe hier=
von befindet sich zu jeder Seite eine Nische mit
Steinen und Gegenständen aus Palästina; die
südliche enthält vierzehn Steinchen der vier=
zehn Leidenstationen des Kreuzweges Jesu zu Je=
rusalem, sowie viele andere Steine von den durch
den Herrn merkwürdig gewordenen Orten: sie
liegen auf Muscheln mit den Namen bezüglicher
Orte versehen, in freundlicher Gruppirung mit
Muscheln, Schneckenhäuschen und Ziersteinen.
Das Körbchen daselbst besteht aus Holz von Je=
rusalem, Bethlehem, Jericho, Emaus, vom Berge
Tabor und Libanon und vom Ufer des Jordans;

die darin befindlichen Blätter und Früchte sind
von Oelbäumen des Gartens Gethsemanie; der
Zweig mit vier Zapfen ist von einer Ceder des
Libanons; auch liegen darin mehrere Jerichoro=
sen. Die nördliche Nische enthält Steine, Harz
und Wasser aus dem todten Meere; ein größeres
Fläschchen mit Wasser aus der Quelle des Kerkers
zu Rom, wo der h. Apostel Petrus Gefangener
gewesen und eine Krone von Dornen, welche bei
Jerusalem gewachsen waren.

Die Füllungen der Communionbank sind Pas=
sionsblumen, Trauben und Ananas in Eisen ge=
gossen und in verschiedenen Farben bronzirt;
schöne Sinnbilder der übersüßen Liebe Jesu zu
uns in seinem blutigen und unblutigen hl. Opfer.
Die Lehne oder Tischplatte ist von Mahagoniholz.

3. Oberhalb jeder Stiege ist ein Glasgemälde
in den Fenstern[a]; das eine stellt dar die Him=
melfahrt Christi: Jesus steigt hinauf in der Luft
von Wolken umgeben; darunter schweben die bei=
den Engel in weißen Gewändern; unten stehen
Maria, die göttliche Mutter, und die hl. Apostel,
wovon einige knieen. Das Bild ist erhaben und
ergreift das Herz und Gemüth eines Jeden, der
es mit Aufmerksamkeit betrachtet[b]. Das auf der
entgegengesetzten Seite stellt die Herabkunft des
Herrn zum jüngsten Gerichte dar. Unten über
dem Erdkreise blasen nach allen Weltgegenden
hin vier Engel die Posaune, rufend zum jüngsten

---

a) Die Fenster sind 4 Meter 40 Ctm. hoch, 1 Meter 73 Ctm.
breit. b) Die Zeichnung dazu machte Herr Professor Deger zu Düs=
seldorf.

Gerichte. Christus, von Maria, den hl. Aposteln und vielen Heiligen der verschiedenen Zeiten von Adam an, umgeben, steigt vom Himmel herab. Oben strahlt das Kreuz, verehrt von zwei Engeln[a]. Die beide Fenster umgebenden Wände sind ganz mit blaugrauen Bergkrystallen bekleidet. Hinter jedem dieser beiden Fenster ist ein Schutzfenster gegen Zugluft auf den Hochaltar hin; der untere Theil derselben jedoch kann in die Höhe gezogen werden, was beim Kehren der Kirche des Staubes wegen nöthig erschien, weßhalb auch die gemalten Fenster unten frei stehen. Das Verdeck über diesem Theile der Kirche und dem Chore überhaupt ist ein blaues Gewölbe mit Sternen.

IV. Die Kapelle vom allerheiligsten Sakramente selbst.

1. Eine Stufe höher, denn der Gang liegt die hl. Kapelle; die vordere Ansicht der Stufe besteht aus Kupferkies, Kobaltkies, Fahlerz und Bleiglanz. In Mitte der Communionbank ist der Eingang. Vorn sind zu jeder Seite derselben Krystallfels= chen, von Muscheln durchbrochen, angebracht. Da= rüber erheben sich Reliquienbehältnisse, errichtet in schön geformten zackigen Stufen aus Eisenberg= werken, geschlossen an der vorderen und hinteren Seite mit Glasscheiben. Sie enthalten, freund= lich gruppirt treue Abbildungen des Schweißtuches Christi, des Kreuztitels, der Nägel; eine Dornen= krone, gefertigt aus Dornenzweigen und Palmzwei=

---

[a] Die Zeichnung hiervon, sowie von den drei andern Fensterge= mälden der Kapelle des allerh. Sakramentes machte Herr Molitor, Maler aus Düsseldorf.

gen von Jerusalem; Kreuze von Oelbaumholz aus
dem Garten Gethsemanie und Rosenkränze von
Oliven von dorten.

In den beiden Felschen sind Marmorplatten
angebracht; sie dienen als Credenztischchen, sowie
die in der Nähe befindlichen Muscheln zur Auf=
fassung des Wassers bei Abwaschung der Hände
des Priesters beim Lesen der' heiligen Messe.

Die Halbpfeiler zu jeder Seite bei Anfang
der Kapelle sind in Alabaster errichtet, umfaßt
an beiden Seiten mit einem Bande blaugrauer
Krystalle, welche am Gewölbebogen fortgehen:
an diesem Gurtbogen stehen auf weißgrauem
Grunde in großer Goldschrift die Worte: Sanctus,
Sanctus, Sanctus, Dominus Deus Sabaoth[a]).

Die Wände der Kapelle sind alle bekleidet mit
schönen weißen Bergkrystallen; die äußeren Fen=
sterbekleidungen[b]) bestehen aus den schönsten groß=
zackigen weißen Bergkrystallen, sowie auch der
Altar selbst. Die Rahmen der Fenster umgibt
eine blaugraue Krystalleinfassung. Die Fenster=
wangen sind mit Alabaster bekleidet. Das Ge=
wölbe ist ein Oelgemälde, darstellend in Tau=
bengestalt den hl. Geist in herrlichem Strahlen=
glanze, hier und dort von Engelsköpfchen durch=
brochen. Der Boden ist ein Mossaikteppich, ähn=
lich dem des Chores.

2. Die Kapelle hat drei Fenster in gleicher Größe,
wie die vorgenannten. Sie stellen in vortreff=
lichem Glasgemälde die Anbetung des Vaters und
des Lammes von den vierundzwanzig Aeltesten

---

a) Offenb. 4, 8. b) 47 Ctm. breit.

bar[a]. Im mittleren Fenster erblickt man den himmlischen Vater, sitzend auf einem Throne, gekleidet im Gewande ähnlich der Farbe des Steines Jaspis und Sardis. Ein Regenbogen wie Smaragd umgibt denselben. Vom Throne gehen Blitze aus; in h. Liebesgluth flammen, wie Lichter, sieben Engel daselbst; die h. Zahl sieben bezeichnet überhaupt die Engel. Der Boden vor dem Throne gleicht einem gläsernen Meere, ähnlich dem Krystalle. Vier Cherubim, wovon auch der Prophet Ezechiel[b] spricht, erscheinen in Verbindung mit dem Throne: sie singen den Lobgesang, den auch der Prophet Isaias, von Engeln gesungen, hörte[c]; er ist oben am Gawölbebogen verzeichnet. Diese Cherubim sind Engel des ersten Ranges, wie die Seraphim[d]. Johannes sah deren vier, denn diese Zahl ist Sinnbild der Vollkommenheit; sie hatten verschiedene Gestalten, als Sinnbilder ihrer vielfachen Thätigkeit auf Erden für das Heil der Menschen, nämlich als Diener der erlösenden Gottheit, die sich selbst in ihrer Wirksamkeit als königlich, sühnend, menschenfreundlich und göttlich offenbarte, daher die Gestalt eines Löwen, des Königs der Thiere; eines Stieres, der im Alterthume das versöhnende Opferthier war; eines Menschenantlitzes, als des menschenfreundlichen Gottes, und eines Adlers, der im Alterthume der Vogel Gottes hieß, und die Scharfsichtigkeit und Göttlichkeit bezeichnete. Der Vater hat das Buch der Geheimnisse in seiner Hand mit sieben Siegeln geschlossen[e].

---

a) Offenb. 4, 2—10. b) Ezechiel 1, 4. c) Isaias 6, 3. d) Isaias 6. e) Offenb. 5, 1.

Vor dem Throne steht ein Lamm mit Wundma-
len[a]), es ist das Lamm Gottes, welches durch seine
Leiden die Welt erlöst hat, aber auch einst als
Richter auftreten und das Buch, worin die Straf-
gerichte Gottes verzeichnet sind, eröffnen wird.
Weiter unten kniet Johannes, der Jünger der
Liebe, wie er auf der Insel Patmos betreffende
Offenbarung erhielt[b]); Maria, die seligste Jung-
frau, welche der Herr am Kreuze der kindlichen
Fürsorge dieses heil. Jüngers übergab, kniet als
Fürbitterin der Menschen demselben gegenüber.

Zur rechten Seite des Thrones entquillt der
Strom des lebendigen Wassers, glänzend wie Kry-
stall; es ist der Lebensstrom, wovon auch Ezechiel[c])
spricht; an seinen Ufern stehen Lebensbäume mit
Lebensfrüchten[d]); beide sind Bilder des ewigen
Glückes in Gott.

Die beiden Seitenfenster zeigen vierundzwanzig Aelteste als Sinnbild aller Heiligen im Himmel, die mit Christus herrschen, hier aber an-
betend ihre Kronen zu den Füßen des Vaters
und des Lammes niederlegen, Gott mit Harfen-
begleitung loben, und in ihren Händen die Opferschalen der Liebe als liebreiche Fürbitter haltend,
Gott die Gebete der Heiligen auf Erden darbringen[e]). Auch in diesen Fenstern erblickt man
als Fortsetzung des mittleren Bildes den Lebensstrom und die Lebensbäume.

3. Unter dem mittleren Fenster ist der Altar,
und es dient dies in seiner herrlichen Umfassung

---

a) Offenb. 5, 6. b) Offenb. 1, 9. c) Ezechiel 47, 12. d) Offenb.
22, 1—2 u. Ezech 47, 12. e) Offenb. 4, 10—11 u. 5, 8—9.

von langzackigen, weißen, sodann von wolken=
ähnlichen, grauen Bergkrystallen als Altarbild.
Zum Altare führt eine Stufe, welche zugleich das
Fußgerüst desselben und glänzend polirt ist. Ge=
wöhnlich deckt dasselbe ein sehr werthvoller Tep=
pich. Dieser ist ein herrliches Kunstwerk. Die
Inschrift der Stickerin und Stifterin lautet:
„Zur Zierde Deines Altars, Herr, nimm dieses
Opfer der Liebe in Liebe". In den vier Eckme=
daillons steht: „Der Kirche zu Arenberg — Wid=
mung aus Wien — Anna Treumann — 1870".
Der Altartisch hat vorn zwei Pfeiler, deren Ecken
Goldstäbe, deren Felder aber sehr schöner Kalk=
spath sind. Beide stehen oben in Verbindung
durch ein Band[a] vergoldeter Blumen und Früchte.
Darüber ruht die Altarplatte[b] aus Eichenholz,
welche weiß lackirt ist. Als Antipendium dient
ein Glasgemälde von außen beleuchtet; es stellt
die hl. Märtyrer unter dem goldenen Altare dar,
weßhalb auch darüber in goldener Schrift die
Worte stehen: „Ich sah unter dem Altare die
Seelen derjenigen, die getödtet worden um des
Wortes Gottes willen[c]." Der Ausdruck im Ge=
sichte und die Haltung dieser Heiligen geben die
Wünsche ihres Herzens kund, daß die Gerech=
tigkeit Gottes in den Strafgerichten über die
Feinde der Kirche verherrlicht werde, und man
allgemein Gott fürchte und sich bekehre; daher
ihr Ruf: „Wie lange, Herr! Du Heiliger und
Wahrhaftiger, richtest Du nicht und rächest nicht

---

a) 13 Ctm. breit. b) 2 Meter 51 Ctm. lang und 94 Ctm. tief.
c) Offenb. 6, 9.

unser Blut an denen, die auf Erden wohnen[a]".
Es sind im Gemälde blos acht Figuren, durch
Spiegelreflex aber erscheinen sie unendlich verviel=
fältigt. Auch jetzt wird die Kirche Gottes verfolgt;
planmäßiger denn je, geht man darauf aus, sie
in ihren Fundamenten zu zerstören, damit sie um
so sicherer und schneller gänzlich in Ruinen zu=
sammenstürze. Doch die Verfolger gedenken nicht,
daß ein allmächtiger Arm sie hält, der sie wohl
prüfen, aber nicht untergehen läßt; sie erkennen
nicht, daß sie gegen den Herrn selbst ankämpfen,
dessen geistlicher Leib die kath. Kirche ist. Der
römische Kaiser Valens, der arianischen Ketzerei
zugethan, war auch Verfolger der Kirche. In
einem Feldzuge gegen die Gothen kam er mit
seinem Heere an der Zelle des durch seine Hei=
ligkeit berühmten Einsiedlers Isaak vorbei. Als
dieser den Kaiser sah, rief er ihm zu: „Herr,
wo geht Ihr hin, nachdem ihr dem Sohne Got=
tes den Krieg angekündigt und seine Rache an=
gefacht habt? Er hat die Barbaren wider Euch
erweckt. Ersetzet den Schaden, den Ihr seiner
Ehre angethan habt, sonst werdet Ihr mit Eurer
Armee zu Grunde gehen." Schon im ersten Tref=
fen fielen zwei Drittel der Römer, und der Kaiser
fand in den Flammen der angezündeten Bauern=
hütte, wohin er verwundet getragen worden war,
seinen Tod. Wie der Herr dem Christenverfol=
ger Saulus einst zurief: „Saul, Saul! warum
verfolgst du mich[b]?" so ruft er nun auch jenen
zu; mögen sie gleich Saulus ihren Namen und

---

[a] Offenb. 6, 10.   [b] Apostelg. 9, 4.

ihr Leben ändern, den Namen der Kinder Gottes
annehmen und als solche ebenso eifrige Kämpfer,
wie einst Paulus, für die Kirche werden; also
aufhören als Feinde gegen sie zu kämpfen, damit
nicht auch die Heiligen, welche sie verfolgten, mit
jenen des Himmels nach den Strafgerichten des
Herrn rufen; dann werden auch sie, wie Julian,
der Abtrünnige, ihr bisheriges schmähliches Vorbild, bekennen müssen, daß Christus, den sie in
seiner Kirche verfolgten, sie besiegt habe.

4. Ueber dem Altartische knieen an beiden
Seiten Engel mit Leuchtern und Kerzen; die erste
Staffel ist errichtet aus weißen Kryftallen mit
kleinen Perlen. Am Rande derselben sind acht
kleine Armleuchter mit Kerzen zur Beleuchtung
an Festen; sie sind umschlungen von blühenden
Rosenzweigen; die Kerzen, welche daraus hervorgehen, sinnbilden die aufopferndste Liebe Jesu
im· allerheiligsten Sakramente zu unserer Beseligung. In der Mitte ist das Tabernakel, errichtet aus glänzenden Berg= und Glaskryftallen
in prachtvollen Farben. Im Innern ist dieses
mit weißer Seide bekleidet; der Boden ist ein
Polster mit weißer Seide überzogen. Die Thür
enthält die Schriftstelle: „Siehe die Hütte Got=
tes bei den Menschen*)!“ im Uebrigen ist sie
vergoldet und mit romanischen Verzierungen ver=
sehen. Eine zweite Staffel, ähnlich der ersten,
zieht sich oberhalb dieser an den beiden Seiten des
Tabernakels hin. Diese Aufsätze umschlossen von
herrlichen weißen Bergkryftallen, sind gedeckt mit

---

a) Offenb. 21, 3.

weißen Marmorplatten und dienen zur Auf=
stellung der Leuchter und Blumen zum Schmucke
des Altars, wovon die ersten aus Glassteinen
und indischen Muscheln, die letzteren künstlich von
Zink gefertigt sind. Vor dem Altare stehen zwei
hohe Candelaber, ähnlich den kleinen Leuchtern:
sie sind eine glänzende Zierde des Chores. Ueber
jenen befindet sich auf jeder Seite zwischen den
hervorstehenden Fenstereinfassungen ein breites
Band von schönen weißen Quarzen, zunächst um=
faßt mit Wölkchen, gebildet aus grauen Krystallen,
steigend bis zum Gewölbe; an jedem sind Engels=
köpfchen mit glänzendem Heiligenschein, welche
dasselbe auf's freundlichste decoriren.

5. Diese Kapelle ist zur Aufbewahrung des
allerh. Sakramentes bestimmt. Vor dem Altare
hängt die sogenannte ewige Lampe[a]), gefertigt aus
Neusilber: ihre Form ist einfach, aber sehr ge=
fällig. Das Licht darin deutet auf die Gegen=
wart Christi im allerh. Sakramente, der von sich
selbst sagt: Ich bin das Licht der Welt[b]). Es

---

[a]) Diese Lampe muß kirchlicher Vorschrift gemäß vor dem Tabernakel hangen und das Licht darin allzeit brenn   Sofern die Kirche
keine Mittel hat zum Ankauf des Oeles, soll durch Collecte dafür gesorgt werden. So auch gab Gott das Gebot bezüglich der Gottes-
lampe im alten Bunde. (Exod. 27, 20.) Wo solche Lampe nicht brennt
ist die Aufbewahrung des Allerheiligsten nicht zulässig. Der heil. Gregor der Große gab vor seinem Tode mehrere Grundstücke hin zur
Erhaltung solcher Lampen in der Kirche des heil. Paulus (Buttler
III. 583). Die heil. Euphrasia, Verwandte des Kaisers Theodosius des
Jüngern, nahm vom elterlichen Vermögen nur Oel für die Lampe
und Rauchwerk für den Gottesdienst an (Buttler IV. 15). Möchten
doch in jeder Gemeinde, wo arme Kirchen sind, auch solche Wohlthäter sein. Es soll Olivenöl benutzt werden als Sinnbild der Gnade;
wo solches nicht zu haben ist, Oel aus Samen gepreßt; Petroleum
darf nur bei äußerster Armuth und selbst da nur mit bischöflicher Erlaubniß gebraucht werden. Repertorium Rituam v. Hartmann Tom.
II. § 209. b) Joh. 8, 12.

bezeichnet den Herrn als das Licht des Glaubens,
den Stern der Hoffnung und das Feuer der
Liebe, das in seinen Strahlen geistige Freuden
und himmlischen Segen allen Empfänglichen zu=
strömt. Es brennt allzeit in der Lampe, weßhalb
diese auch ewige Lampe genannt wird, wie es
auch der Prophet Isaias[a] mit angezündeter Lampe
vergleicht; es ist so anwendbar die Schriftstelle:
„Das ist das ewige Feuer, das nimmer erlöschen
soll auf dem Altare[b]" sowie auch der Herr selbst
sagt: „Siehe ich bin bei euch alle Tage bis zum
Ende der Welt[c]". Diese Schlußworte des Evan=
geliums des h. Matthias leben fort in der Flamme
dieser Lampe. Man trage Fürsorge, daß dieses
Licht recht hell brennt und hierdurch auch unsere
Liebe und Frömmigkeit flammend bekundet werde;
ein düsteres Brennen oder gar Erlöschen desselben,
wäre kein gutes Zeugniß für die, welchen bezüg=
liche Besorgung anvertraut ist, sowie für die,
welche zu dessen Ueberwachung verpflichtet sind.
So aber soll auch die ewige Lampe, „die Liebe"
in unserm Herzen, als dem Heiligthume Gottes[d]:
in seinem lebendigen Tempel[e] stets brennen. Sie
wurde entzündet bei der Taufe mit dem Him=
melsfeuer, welches der Gottessohn, selbst auf diese
Erde gebracht hat und wovon er will, daß es
brenne[f]. In seinen Gnadenmitteln bietet er
das Oel der Gnade zur Unterhaltung desselben
an bis zu unserer Abberufung zu ihm jenseits
ins ewige Licht, um das wir ja auch für unsere

---

a) Isai 62, 1. b) Levit 6, 13. c) Matth. 28, 20. d) Matth. 22,
37. e) Korinth. 3, 36. f) Luc. 12, 49.

Verstorbenen beten. Möge sie denn brennen, wie die Lampen der klugen Jungfrauen im Evangelium und wir damit in den Himmel eingelassen und nicht wie die thörichten Jungfrauen, deren Lampen da am Erlöschen waren, ausgeschlossen wurden. Es brennen hier drei Lampen, erinnernd an den göttlichen Vater der Lichter, den Sohn als Licht der Welt, den heiligen Geist, der als Lichtflamme herabkam; sie sollen darstellen den ewigen Ruf der Heiligen im Himmel: „Heilig, heilig, heilig ist Gott, der Herr der Heerschaaren, der Allmächtige, der da war, der da ist, der da kommen wird[a]"; sie sollen erinnern an die Lampen vor dem Throne Gottes[b] im Himmel, Sinnbilder der Geister Gottes, der Cherubim, und uns mahnen in Heiligkeit und Liebe, wie die Engel, Gott allezeit zu verherrlichen.

6. Diese Kapelle ist die schönste unter allen andern der Kirche, wie sich's geziemt, denn sie ist das königliche Kabinet des höchsten Herrn, worin dieser Tag und Nacht unter den geheimnißvollen Gestalten des Brodes bei uns verweilt. Wie sehr auch Salomon, der weiseste König, sich wunderte, daß Gott, den der Himmel und die Himmel der Himmel zu fassen nicht vermögen, in einem Hause auf Erden wohnen wolle, so fügte er doch bei: „Es ist glaublich, daß Gott bei den Menschen wohne auf Erden[c]." Warum glaublich? Weil Gott es verheißen: und er sprach: „Der Herr hat verheißen, im Dunkeln zu wohnen; ich aber habe seinem Namen ein Haus gebaut, daß

---

a) Offenb. 4, 8.   b) Offenb. 4, 5.   c) Paral. 6, 18.

er daselbst wohne ewiglich[a]". Und wie er sprach:
„Der Herr hat gesagt, daß er wohnen wolle in
der Wolke[b]", so können wir sagen, daß er hier
im Dunkel, in der Wolke der Brodsgestalt bei
uns verweilt, und daß er so bei uns bleiben will
alle Tage bis zum Ende der Welt[c]. Ja, er hält
es als Pflicht seiner Liebe und Verehrung zum
Vater, in dessen Haus auf Erden zu verweilen;
denn er sprach einst zu Maria seiner h. Mutter,
und zu Joseph, seinem h. Nährvater, und zwar
in Gegenwart der Lehrer im Tempel zu Jerusalem: „Wußtet ihr nicht, daß ich in dem sein
muß, was meines Vaters ist[d]?" Dieser Tempel
war damals der einzige Tempel des wahren Gottes auf Erden: es wurden vermehrt die Gotteshäuser im neuen Bunde, und es stehen deren jetzt
überall, wo christliche Gemeinden leben: in allen zu
sein, drängt, ja verpflichtet ihn dieselbe Liebe und
Verehrung: als Gottes Sohn will er durch sein
Verweilen darin alle verherrlichen und die Menschen zur Liebe und Verehrung des Vaters mahnen
und ein hinziehendes Beispiel geben; er selbst will
darin der Magnet kindlichliebender Herzen zur
Verehrung des Vaters sein und opfert sich darin
auch täglich unblutig dem Vater zu dessen Verherrlichung und Beglückung der Menschenkinder auf.

Ja, da der Mensch selbst bei der h. Taufe geheiligt
und sein Leib zum Tempel seiner Seele, diese
zum Mitgliede des königlichen Priesterthums ein-
geweiht wird: so glaubt der Herr auch in einem

---

c) 2. Paral, 6, 1—2.   b) 3. König 8, 12.   c) Matth. 28, 20.
d) Luc. 2.

jeden dieser Tempel verweilen zu müssen, so lange
solcher in Bewahrung der Heiligkeit Tempel Got=
tes bleibt. Er will so der Seele Ehrfurcht vor
diesem Tempel durch seine Gegenwart einflößen
und sie in Liebe gleichfalls nöthigen, in demsel=
ben mit ihm und durch ihn den Vater zu ver=
herrlichen. Er will so zugleich Besitz, von den Her=
zen nehmen, die er für sich geschaffen, um darin
den Menschen, wie einst Israels Volk von der
Bundeslade im h. Zelte aus, auf den Wegen
Gottes nicht nur zu führen, sondern auch mit der=
selben Speise zu stärken wie die Seligen im
Himmel, mit sich selbst, damit sie zur Verherr=
lichung des Vaters dessen Willen vollführten, wie
die Seligen im Himmel ihn vollführen. Er wählte
diese arme Umhüllung, um uns darin allzeit ein
Vorbild in Demuth und Selbstverläugnung zur
Nachahmung dieser Tugenden zu sein; doch dies
Verweilen bei uns unter jener Gestalt ist zugleich
eine Erfindung seiner Liebe, in der er Eins mit
uns sein möchte, wie er es mit seinem himmlischen
Vater ist; er wollte daher hierin dienen zur Com=
munion d. h. zur Vereinigung mit uns, und wie
hätte er dies geeigneter und besser gekonnt? Um
diese Vereinigung bat er den Vater[a], und der
Vater erhörte ihn auch hierin: dies kundgebend
dankte er bei Einsetzung dieses Sakramentes dem
Vater; dieser zarten kindlichen Liebe Jesu zum
himmlischen Vater eingedenk und es als dank=
würdigstes Geschenk des Vaters und Jesu be=
trachtend, indem es den Ursprung, Besitzer und

---

a) Joh. 17, 22—23.

Geber alles Guten enthält, nennt es die Kirche
Eucharistie, d. h. Danksagung. Wir müssen uns
daher auch verpflichtet halten, in gläubiger Ver=
ehrung und dankbarer Liebe ihm nicht allein eine
möglichst prachtvolle Stätte zum Aufenthalte zu
bieten, sondern es soll unsere Liebe sich auch er=
finderisch bewähren.

7. Unsern Ureltern gab der Herr den Baum
des Lebens, dessen wundervolle Früchte Himmels=
früchte waren, weil sie den Menschen für den
Himmel unsterblich erhalten und nähren sollten;
er wurde ihnen entzogen, nachdem sie gesündigt:
mit reinem Herzen und [nach bestandener Prü=
fung sollten sie dessen Früchte genießen. Im alten
Bunde gab er während der Pilgerreise durch die
Wüste zum gelobten Lande im Manna Wunder=
brod, das alle Süße in sich enthielt und jeden
beliebigen Geschmack nach Neigung des Genießen=
den hatte[a]; aber obwohl es von oben herabkam,
war es nicht Himmelbrod weil der Verwesung
unterworfen; es war kein Brod des ewigen Rei=
ches, wo Alles ewig ist, Tod und Verwesung nicht
herrschen. Für den neuen Bund erwartete man
ein Himmelbrod, das der Messias aus dem Him=
mel mitbringe und der Herr hatte versprochen
sich selbst als lebendiges Himmelsbrod zu geben[b]
und gab es am Abende vor seinem Tode für die
Dauer seines Reiches auf Erden[c]. Er hat hierin
Gestalt, Geruch und Geschmack des Brodes und
Weines beibehalten, dadurch es als Speise und
Trank zu bezeichnen, und den Genuß angenehm

---

a) Weish. 16, 20. b) Joh. 6, 51—52. c) 1. Corinth. 11, 62.

zu machen, benennt es so auch Brod, Himmel=
brob. Als Schöpfer gab Jesus allen Geschöpfen
Gestalt nach seinem Willen: so steht ihm aber
auch das Recht zu, sich selbst eine beliebige Ge=
stalt zu geben: Weisheit und Liebe bestimmten
die bezeichnete. Gestalten sind blos sichtbare
Umhüllung betreffender Wesenheit, die das sterb=
liche Auge nicht erfassen, der forschende Geist nicht
erreichen kann, weil sie Geheimniß des Schöpfers ist.

8. Wie aber Christus insbesondere ein Stein
des Anstoßes als Gekreuzigter wurde, so warb
er es auch im Sakramente des Altars, und das
schon da, wo er es verkündigte*); er warb es hie=
rin, weil man Jesu Gegenwart im Sakramente
als unmöglich hielt. Es fehlte da der Glaube an
Jesu Allmacht, Weisheit und Liebe, und man ge=
dachte nicht seiner Wahrhaftigkeit: er weiß Alles
auf's weiseste einzurichten und thut es in Gottes=
liebe, in der für uns unbegreiflichen Liebe. Er
sprach bezüglich dieses Sakramentes: „Dies ist
mein Leib" und fordert zum Genusse auf: „Neh=
met hin und esset, dies ist mein Leib"! Es ist
also nicht unmöglich, indem es besteht. So hat
Christus gelehrt, so haben alle Christgläubigen
aller Jahrhunderte geglaubt, und ebenso hat es
sich in seinen Segnungen bewährt. Auf natür=
lich Weise wandelt Gott täglich Brod in unsern
Leib, Wein und Wasser in unser Blut: sollte er
nicht ein Gleiches auf übernatürliche Weise, auf
geheimnißvollem Wege thun in Betreff seiner
selbst? Haben schon des Philosophen Pythagoras

---

*) Joh, 6, 61—67.

Schüler gegen die Lehren dieses ihres Meisters
keine Einrede geduldet, sondern jeden Widerspruch
dadurch zurückgewiesen, daß sie sprachen: „Pytha=
goras hat es gelehrt"! wie viel mehr müssen wir
jede Einrede gegen das allerh. Sakrament ent=
schieden abweisen, da es Christus gelehrt: dieser
ist mehr denn der heidnische Weltweise. Kannst
du auch selbst durch vier deiner Sinne von der
Gegenwart Christi im heil. Sakramente dich nicht
überzeugen, einen hat der Herr hierzu geöffnet,
der darum jedem genügen muß, er ist das Gehör,
denn der Meister lehrt in verständlichsten Worten:
„Dies ist mein Leib": wirst du dich von den heidni=
schen Schülern des Weltweisen Pythagoras beschä=
men lassen? Als wahrhafter Gott konnte und durfte
er nicht täuschen, er nannte dies Heiligthum sein
Fleisch und Blut, es mußte also auch dies sein; als
allwissender Gott erschaute er den Glauben seiner
Kirche auch hierin; als heiliger Gott durfte er
nicht in so wichtiger Sache in Irrthum führen;
als gerechter Gott durfte er nicht so schwere Stra=
fen dem drohen, der durch unwürdige Communion
seinen Leib von gewöhnlicher Speise nicht unter=
scheide, wenn er diesen nicht im Sakramente gäbe;
doch zur Bestätigung dieser Wahrheit wies er
auf seine Himmelfahrt, und bekräftigte sie durch
einen Schwur, bezeichnete selbst auch dies Himmel=
brod als Unterpfand der Auferstehung und ewi=
gen Seligkeit für die, welche es würdig empfin=
gen: das Unterpfand aber muß den Werth des=
sen haben, wofür es als Unterpfand dienen soll*).

---

a) Joh. 6.

Wort, ist auch hier das Wort, sowie auch der Priester bei Ertheilung des sakramentalischen Segens keine Segensworte spricht, weil Christus auch hier die handelnde Person ist. Durch die Wirkung des heiligen Geistes wurde der göttliche Sohn zuerst Mensch in Maria, der Jungfrau; Gott wirkte diese Menschwerdung, nur Gott kann diese Wandlung des Brodes und des Weines in Christi Leib und Blut wirken. Wie auf Erden als Erlöser lebend, des Vaters Willen seine Speise war: so will er nun sich unserm Willen und dem Priester übergeben, damit er selbst unsere Speise werde. Seine Liebe lauscht auf unsere Wünsche; wo daher der Priester in jenen Wandlungsworten ihn ruft, da erscheint er. Bewundere den Gehorsam, die Demuth und Liebe Jesu hierin und ahme nach in deinen Lebensverhältnissen, gedenke besonders in Demuth, Gehorsam und

24

Liebe der Worte des Herrn, gesprochen zu den Priestern: „Wer euch höret, der höret mich".

8. Wohl nicht zu begreifen ist dies: doch es ist ja das Geheimniß des Glaubens, woran du glauben sollst; es ist das Geheimniß, was durch den Glauben erfaßt werden muß; die Vernunft soll aufnehmen, das durch den Glauben Erkannte und es benützen zum Heile der Seele: wo die Vernunft und Forschung der Wissenschaft nicht weiter in ein Geheimniß eindringen kann, da thut es der Glaube; wohl darf die Vernunft forschen zur Unterstützung, nicht aber zur Unter= grabung des Glaubens. Es ist dieses Geheimniß nicht wider die Vernunft, sondern über die Ver= nunft; es ist das Geheimniß der unbegreiflichen Liebe Gottes, das du lieben sollst und vollkommen ohne Rückhalt, ohne Zweifel lieben sollst, weil es deinen Gott enthält; er ist der Quell aller Seg= nungen, den du mit ganzem Vertrauen und sehn= suchtsvollster Hoffnung benutzen sollst. Kannst du deine Seele, dieses Bild der Gottheit, nicht begreifen, und du willst Gott selbst begreifen? Würdest du Gott begreifen können, so hörte er auf Gott zu sein, denn dieser ist das unendlich höchste Wesen. Würdest du in die Tiefe der Ge= heimnisse Gottes dringen können, so wären sie nicht mehr Geheimnisse Gottes und des h. Welt= apostels Bewunderung wäre eitel, in der er aus= ruft: „O Tiefe des Reichthums der Weisheit und Erkenntniß Gottes! Wie unbegreiflich sind seine Gerichte, und wie unerforschlich seine Wege, denn wer hat den Sinn des Herrn erkannt?

ober wer ist sein Rathgeber gewesen*)"? Er
kann unendlich mehr, als wir. zu begreifen ver=
mögen; er liebt mehr als wir ergründen können:
aber anbetungswürdig erscheint hier das Geheim=
niß des Glaubens, erstaunens= und liebenswür=
dig dies Geheimniß der Liebe. Umfasse es in
den göttlichen Tugenden, laß es durch diese in
dir wirken, und dein Inneres selbst wird be=
kennen müssen: „Im allerh. Sakramente ist Chris=
tus die Liebe". Du wirst mit Thomas, der un=
gläubig gewesen, rufen: „Mein Gott und mein
Herr"! Der Herr aber sprach zu diesem und so
auch zu Dir: „Selig, die nicht sehen und doch
glauben".

10. Doch es gedachte auch der Schöpfer schon
der Gegner dieses Sakramentes und bewährte
in Geschöpfen als möglich, was solch' Ungläubige
hinsichtlich des Sakramentes für unmöglich halten:
nämlich, daß in der kleinsten Partikel, die ohne
Leben erscheint, in den vielen consecrirten Hostien,
in den vielen Kirchen auf Erden, Christi leben=
diger Leib gegenwärtig sei, sowie auch in den
einzelnen Theilen gebrochener Hostien. Ist nicht
die ganze Wesenheit eines Baumes im Keime
des Samens, die ganze lebendige Wesenheit eines
Vogels in einem Punkte des Eies? und schuf Gott
nicht zahllose lebende Wesen mit allen Sinnes=
organen im Umfange eines kleinen Punktes? wie
will man also zweifeln, daß nicht auch in der klein=
sten Partikel des allerh. Sakramentes Christus
seiner Wesenheit nach vollständig gegenwärtig sei?

---

*) Römer 11, 33—35. ✠

Kann man den Nußbaum im Näglein der Nuß, oder den Vogel im Ei erschauen? und doch sind beide ihrer Wesenheit nach darin, denn anderst könnten sie nicht aus selben heraus kommen. Und sollte es dem Herrn, dem allmächtigen Worte Gottes, in der Liebe zu seinen Erlösten nicht ebenso möglich sein, sich zu gleicher Zeit Tausenden im allerh. Sakramente hinzugeben, wie er ja auch das eine von Menschen ausgesprochene Wort von Tausenden ganz und vollständig hören läßt! Und wird nicht aus einem Mohnsamenkörnlein, ausgesät, eine Pflanze mit Millionen solcher Samenkörnlein, wovon jedes ist, was das ausgesäte war, und welche alle ursprünglich in dem einen Körnlein waren, woraus sie hervorgegangen sind? Wie ferner das Bild im Spiegel bei Zerbrechen desselben, nicht gebrochen wird, sondern sich nach Zahl und Größe der einzelnen Stücke größer oder kleiner vervielfältigt zeigt, so wird auch bei Zerbrechen der Gestalten des Sakramentes, nicht Christus gebrochen, sondern nur die Gestalt zu ihrer Vervielfältigung, nicht das Wesen; so ändert sich auch die Wesenheit des Samens nicht, wo dieser aufkeimt, zur Pflanze wird; sowie auch nicht die Wesenheit der Made des Schmetterlings, obwohl daraus eine Raupe, aus dieser eine Puppe und aus dieser wieder ein Schmetterling wird. Man sage also auch nicht, daß es des Sohnes Gottes unwürdig erscheine in jener Weise gegenwärtig zu sein, oder im Speisekelche, in der Monstranz; alles dies thut er ja aus Liebe zum Vater und den Ebenbildern Gottes, für die er es

nicht unter seiner Würde hielt, Knechtsgestalt an=
zunehmen, am Kreuze zu sterben. Ist er als Gott
nicht allgegenwärtig, sollte er so nicht auch unter
jenen Gestalten als Gottmensch gegenwärtig sein,
wo er will? Auch unter diesen Gestalten bleibt er
Gott, wie er es war am Throne Gottes in Lam=
mesgestalt, angebetet von allen Engeln und Heiligen.

O Schwachgläubige, nährt euch mit diesem
Geheimniß und Gründer des Glaubens und euer
Glaube wird fest und stark; der du schwach in
Liebe bist, nimm fort und fort das Geheimniß
der Liebe in dir auf, und es wird dir sein Lie=
besfeuer mittheilen; du Hoffnungsschwacher, nimm
diesen Quell der Segnungen in dich auf und du
wirst reich an Gnaden: „Er ist es, in dem wir
stark sind".

V. Einiges im allgemeinen.

1. Das Gründungsfest hiesiger Gott gehei=
ligten Orte wird durch gnädige Bewilligung des
hochwürdigsten Herrn Bischofs Wilhelm Ar=
noldi am dritten Mittwoch nach Ostern gehal=
ten, als der Gedächtnißfeier des h. Gewandes,
was Jesu Leib deckte, der Nägel und der Lanze,
welche denselben am Kreuze durchbohrten. An
diesem Tage findet Nachmittags um zwei Uhr
in feierlicher Prozession die Abhaltung des heil.
Kreuzweges, sodann Predigt und Danksagung
mit sakramentalischem Segen[a] statt. An jedem
Sonn= und Feiertage wird ebenfalls in feierli=
cher Prozession gegen 5 Uhr Abends der Kreuz=

---

[a] Bischöfliche Genehmigung vom 1. Februar 1854.

weg hierselbst gehalten, an schönen Tagen im
Freien, anderst in der Kirche. Geschlossen wird
dieser heilige Dienst stets in der Kirche unter
Aussetzung des hochwürdigsten Gutes, durch einige
Gebete, worauf der sakramentalische Segen folgt[a].
An den anderen Tagen des Jahres wird in der
Kirche, an den hh. Kreuzwegen, in der Erlösungs=
kapelle oder an einem der anderen heiligen Orte
hierselbst gegen Abend eine Andacht gehalten.

2. Zum frommen Gebrauche bei Haltung je=
ner Andachten, sowie für Leidende und Verehrer
der Leiden Christi und Mariä, wurden eigene
Bücher verfaßt, wovon das Verzeichniß am Schluße
dieser Beschreibung folgt. Diese Bücher werden
gegen einen kleinen Mehrbetrag, als die betref=
fenden Kosten sich belaufen, überlassen, welcher
wie der Erlös von Bildchen[b] in Kupferstichen
und Photographien[c], für die hh. Orte hierselbst
verwandt wird. Zu kaufen sind selbe im Pfarr=
hause hieselbst.

3. Der Besuch dieser hh. Orten ist wie schon
in der Einleitung erwähnt wurde ein sehr er=
heblicher: Pilger aller Stände, jeden Geschlechtes
und Alters, selbst aus entfernten Ländern, er=
blickt man hier, und fast kein Tag vergeht, wo
nicht fromme Wallfahrer sich hier einfinden; selbst
viele Prozessionen aus anderen und oft weit ent=
fernten Ortschaften der Diözese Trier und der

---

a) Bischöfliche Genehmigung vom 8. September 1885. b) Ge=
zeichnet von Maler Joseph Minjon; gestochen von Herrn Nusser,
beide aus Düsseldorf, abgedruckt in der Carl Mayer'schen Kunstan=
stalt zu Nürnberg. c) Von Hof=Photograph Anselm Schmitz zu
Cöln.

Erzbiözese Cöln, besonders aber der benachbarten Diöcese Limburg, begrüßen alljährlich dieselben. Es erscheinen diese als geistliche Badeorte, wohin Kranke aller Seelenleiden, sowie auch körperlich Leidende aus den verschiedensten Gegenden hinreisen und theils durch Empfang der h. Sakramente, theils durch vertrauensvolle Gebete Aufheiterung und Stärke in ihren Leiden, Linderung, Besserung und Heilung derselben suchen und oft finden. Wie körperlich leidende häufig von einem Badeorte zum anderen gehen, um die ersehnte Gesundheit zu erlangen, so finden Seelenleidende hier alle Heilanstalten vereinigt, und zu jeder Tages- und Jahreszeit geöffnet und wirksam. Die herrliche freie Lage, die freundlichste und großartigste Aussicht, die gesundeste Bergluft, die Manigfaltigkeit und Eigenthümlichkeit der Anlagen, dabei das religiöse Leben so vieler Pilger, stärken Geist und Herz, erheben und erheitern das Gemüth, erquicken Leib und Seele, erzeugen und nähren fromme Regungen, gewähren die süßesten und heilsamsten Genüsse, weßwegen selbst manche Leidende auf Anrathen der Aerzte in den schönen Jahreszeiten sich Arenberg als Wohnort zu wählen pflegen, und dies mit bestem Erfolge.

4. So mein lieber Leser, habe ich Dir in vorstehender Beschreibung die Kirche und die übrigen hh. Orte zu Arenberg gezeigt: mögen heilsam die Eindrücke sein, welche sie deinem Herzen gemacht, und dies stets in heiliger Liebe damit verbunden bleiben; den werthen Freunden der-

selben aber äußere ich andurch den tiefgefühl=
testen Dank für jede liebe Gabe, deren so viele
opferwilligst zu diesen Gotteswerken bisher gege=
ben wurden in Geld, Gold=, Silber= und Per=
lenschmuck; in Ziersteinen, Bergkrystallen, Gläsern,
Erzen; in Muscheln und Corallen; in Statuen,
Gemälden und Fahnen; in heiligen Reliquien,
merkwürdige Gegenstände aus dem heiligen Lande,
und silbernen Gefäßen; in Gewändern, Leinen,
Wollen= und Sammttüchern, sowie in Teppichen;
in Kronleuchtern, Leuchtern und verschiedenen
andern Geräthen; in Bäumen, Sträuchern und
andern Zierpflanzen; in unentgeltlichen Dienst=
leistungen durch Rath und That, durch Handar=
beiten, Beifuhren, Collektiren und Empfehlungen:
schließlich spreche ich andurch auch meine lobende
Anerkennung den treuen, unverdrossenen und ge=
schäftsweisen Arbeitern meiner Pfarrgemeinde aus,
durch ihre Liebe zu betreffenden Arbeiten verherr=
lichten sie selbe. Alle welche für hiesige hh. Orte in
Liebe thätig gewesen sind weihten ihre Liebesopfer
und Dienstleistungen ihrem und meinem Herrn:
der Herr wird vergelten; ja Alles möge er reichlich
lohnen, auch für sie anerkennen alle Verdienste
und Segnungen, welche an diesen hh. Orten, durch
so viele fromme Gebete bis jetzt erworben wurden
und in aller Zukunft erworben werden[a]. Gott

---

a) Dies gilt auch Allen, welche der Herr in letzterer Zeit noch als
Wohlthäter zur Vollendung der heiligen Stätten hieselbst erweckte;
insbesondere Herrn Peter Joseph Weitenhaupt von Düsseldorf, Stifter
der ergreifenden Gruppe des Todes des heiligen Joseph; Herr Cle=
mens Mantell aus Coblenz, Stifter der so anziehenden Gruppe der
schlafenden Jünger am Oelberge; Herr Johann Baptist und Frau
Eva Sauerborn aus Lützel-Coblenz, Stifter der lieblichen Gruppe
der Verkündigung Mariä im h. Hause von Nazareth; Frau Wittwe

erhalte den frommen Sinn Aller, auch zur Erhal=
tung dieser hh. Orte. Die Namen der geehrten
Stifter bedeutenderer Gegenstände der Kirche
und der übrigen heiligen Orte sind an betreffen=
den Geschenken zur dankbaren Erinnerung für
zukünftige Zeit verzeichnet; aber auch im Buche
der Allwissenheit Gottes ist jede Gabe und der
Name eines jeden edlen Spenders, zur Beloh=
nung und einstigen allgemeinen Kundgebung am
Tage des Gerichts, aufgeschrieben.

Im Gebete hiesiger Pfarrgemeinde für die
werthen Wohlthäter wird fortleben wahre Dank=
barkeit und Liebe, doch Gott sei die Ehre in
Allem. Amen.

<hr>

van der Bergh aus Coblenz, Stifterin der herrlichen Statue Mariä
in der Grotte von Lourdes; ferner den 10 opferwilligen Bergwerk-
und Hütten-Besitzern und Beamten an der Sieg, Ruhr und Lintorf,
in ihren reichen Sendungen werthvoller Ziersteine, sowie dem uner-
müdlichen Vermittler zu Hüngersberg bei Wissen und den vielen Berg-
leuten, welche den erfreulichsten und löblichsten Eifer hierbei bewährten.
Diese Ziersteine werden größtentheils zu der in Bau begriffenen Kapelle des heiligen Herzens Jesu verwendet, zu deren Stiftung der
Herr sicherlich auch ein liebreiches Herz erwählen und anregen wird.

Register.

Verzeichniß der Bücher,

welche vom Verfasser dieses Büchleins zum Besten der hl. Orte herausgegeben wurden.

————◆|◆————

1. Die Liebe im Leiden. Ein vollständiges Gebet- und Betrachtungsbuch für Leidende und Verehrer der Leiden Jesu und Mariä. 1 Mark 50 Pfg.
2. Der heilige Kreuzweg Jesu Christi in zwölf verschiedenen Andachten, jede in vierzehn Stationen. 1 Mark.
3. Die Klage im Leiden. Ein Buch der Belehrung und des Trostes für Leidende. 75 Pfg.
4. Der Trost im Leiden. Ein Erbauungsbuch für Leidende. 50 Pfg.
5. Die im Herrn Entschlafenen wissen von uns in fortdauernder Liebe. 75 Pfg.
6. Andacht zum heil. Herzen Jesu. 5 Pfg.
7. Kreuzweg-Andacht: Die armen Seelen im Fegfeuer und die um sie Trauernden auf dem Kreuzwege. 15 Pfg., im Hundert 10 Pfg.
8. Der h. Kreuzweg Jesu Christi zum Gebrauche an den hl. Stationen in der Kirche zu Arenberg. 5 Pfg.
9. Die Beschreibung der Gott geheiligten Orte zu Arenberg. 1 Mark.

————◆◉◆————

Lightning Source UK Ltd.
Milton Keynes UK
UKHW021115220119

335965UK00011B/1059/P

9 780260 991195